JN219142

わかりやすく学べる
特別支援教育と障害児の心理・行動特性

河合 康・小宮三彌 編著
Kawai, Yasushi　Komiya, Mitsuya

Special needs education
psychological and behavioral characteristics
of children with disabilities

北樹出版

執筆者・担当一覧　　　　　　　　　　　　　　　　　（五十音順）

編者

河合　　康　（上越教育大学・教授）　　　　Ⅰ部扉・Ⅰ部①1・②1・③
小宮　三彌　（健康科学大学・特任教授）　　Ⅱ部扉・Ⅱ部③

....

池田　吉史　（上越教育大学・准教授）　　　Ⅲ部②
笠原　芳隆　（上越教育大学・教授）　　　　Ⅰ部④7・Ⅱ部④
小林　優子　（上越教育大学・准教授）　　　Ⅱ部②
坂口　嘉菜　（上越教育大学・講師）　　　　コラム3
佐藤　将朗　（上越教育大学・准教授）　　　Ⅱ部①
里見　達也　（山梨県立大学・准教授）　　　Ⅱ部⑧
長澤　正樹　（新潟大学・教授）　　　　　　Ⅰ部④6・Ⅲ部扉・Ⅲ部①
藤井　和子　（上越教育大学・教授）　　　　Ⅰ部④8・Ⅱ部⑥
三浦　光哉　（山形大学・教授）　　　　　　Ⅰ部②2・④2・3
村中　智彦　（上越教育大学・教授）　　　　Ⅰ部④4・Ⅱ部⑦・Ⅲ部③
八島　　猛　（上越教育大学・准教授）　　　Ⅰ④5・Ⅱ⑤
吉利　宗久　（岡山大学・教授）　　　　　　Ⅰ部①2・④1

はしがき

　本書は、大学院・大学・短期大学や専門学校の授業で、初めて障害児・者の教育や福祉などを学ぶ学生を対象として編集した入門用の教科書です。障害のある子どもや人々の教育や心理について知りたい方や、将来、教師や保育士及び福祉士を目指していいる方々にも活用いただけるよう最低限必要な知識や内容を盛り込むようにしました。障害児・者を正しく理解し、これらの人々に対する教育・指導や福祉のあり方を考える上で必要な知識や事項を網羅し、わかりやすい内容と文章で記述し、学習しやすい体裁をとりました。

　わが国における障害のある子どもへの教育は、2006年の教育基本法の改正により、「障害」という用語が示され、国や地方公共団体に対して、障害児・者に教育上必要な支援を講じなければならないとされました。そして翌年の2007年に「特殊教育」から「特別支援教育」への転換がなされました。「特殊教育」は障害の種類と程度に応じて、特別な場で行われる教育のことを指していましたが、「特別支援教育」においては、特別な教育的ニーズがある者一人ひとりに対して、あらゆる場所において必要な支援を行うことが求められています。

　また、この間、国際的には「障害者の権利に関する条約」をめぐる動きがあり、日本は2007年に条約に署名し、2014年に批准を行いました。その経緯の中で、2011年に障害者基本法が改正され、障害を理由とする差別の禁止が明示されました。また、2012年に中央教育審議会より「共生社会に向けたインクルーシブ教育システム構築のための特別支援教育の推進（報告）」が出され、日本においても「インクルーシブ教育」がキーワードとなりました。また、「障害者の権利条約」を批准するに当たっては「障害者差別解消法」の成立が不可欠であり、同法は2013年に成立し、2016年に施行されています。これに伴い、「合理的配慮」という用語がもうひとつのキーワードとしてクローズアップされています。今後は、あらゆる障害種について、こうした流れを踏まえながら、一人ひとりに適した教育や福祉のプログラムを作成し、実践していく取り組みが必要になっています。

そこで本書では、一人ひとりの特別な教育的ニーズに対応した支援を行う上で必要となる基礎的な知識や事項を3部に分けて構成しました。第Ⅰ部では、「特別支援教育の基本的理解」について、障害のある子どもの教育の歩み、特殊教育から特別支援教育への転換、インクルーシブ教育、特別支援教育の制度、特別支援教育をめぐる教育課程、及び、今後の特別支援教育を展望する上で重要となる8項目を取り上げて解説します。第Ⅱ部では、「障害児（者）の基本的理解」という内容で、障害の種別ごとに障害の定義や概念、障害の状態や程度、心理・行動特性、教育的支援に生かす視点などについて触れます。第Ⅲ部では、通常の学校を含めて、近年、関係者の関心が高まっている「発達障害」について別立てで取り上げ、学習障害（LD）、注意欠陥多動性障害（ADHD）、自閉症スペクトラム障害（ASD）などの子どもの心理・行動特性と支援の手がかりを解説します。また、各章ごとに、コラムを掲載してありますのでご活用いただければと思います。

　編者としては本書の全体の構想を考え、執筆者は現在それぞれの分野で研究及び教育や実践で活躍されている専門の先生にお願いしました。ご多忙の中、ご協力いただいた先生方に深く感謝申し上げます。編者の力不足で、用語の不統一や、紙面の都合で内容に関して十分に意を尽くせなかったところもあるかと思いますが、これらは編者が責を負うところであります。

　最後になりましたが、本書の出版に際しましてご尽力いただきました北樹出版の社長木村哲也様と細部にわたり様々なご配慮をいただきました編集部長の古屋幾子様に心より御礼申し上げます。

　　平成30年3月

編者　河合　康・小宮三彌

目次

第Ⅰ部 特別支援教育の基本的理解

1 特別支援教育とは …………………………………………………… 2
- 1 障害のある子どもに対する教育の歩みと意義 ………………………… 2
  - （1）外国における障害のある子どもの教育の始まりと展開　(2)
  - （2）日本の戦前における障害のある子どもへの教育の始まりと展開　(3)
  - （3）戦後における特殊教育の始まりと展開　(7)
  - （4）特殊教育から特別支援教育への転換　(8)
- 2 特別支援教育とインクルーシブ教育 ………………………………… 11
  - （1）インクルーシブ教育の登場と進展　(11)
  - （2）わが国のインクルーシブ教育に対する取り組み　(15)
  - （3）今後の課題　(19)

2 特別支援教育の制度 ……………………………………………… 21
- 1 特別支援教育の法的位置づけ ………………………………………… 21
  - （1）法律の体系と日本国憲法・教育基本法　(21)
  - （2）学校教育法における特別支援教育に関する規定　(22)
- 2 多様な学びの場における教育形態 …………………………………… 28
  - （1）特別支援学校　(29)
  - （2）特別支援学級　(33)
  - （3）通級指導教室　(35)
  - （4）通常の学級　(38)

3 特別支援教育をめぐる教育課程 ………………………………… 41
- 1 教育課程とは …………………………………………………………… 41
- 2 特別支援学校（旧、盲学校、聾学校、養護学校）の学習指導要領 …… 42

（1）歴史的変遷　(42)
　（2）特別支援学校学習指導要領の構成と内容　(44)
　（3）柔軟で弾力的な教育課程の編成　(45)
3　通常の学校における特別支援教育をめぐる教育課程 …………………… 48

4　特別支援教育の課題と展望 …………………………………… 51

1　合理的配慮 ……………………………………………………………… 51
　（1）「合理的配慮」とは　(51)
　（2）「合理的配慮」と「基礎的環境整備」の関係　(52)
　（3）「合理的配慮」の具体例と対象　(53)
2　交流及び共同学習 ……………………………………………………… 54
　（1）学習指導要領や報告書等での交流及び共同学習の変遷　(54)
　（2）交流及び共同学習の実際　(56)
3　キャリア教育 …………………………………………………………… 58
　（1）キャリア教育の背景　(58)
　（2）キャリア教育の取り組みと推進の手順　(59)
　（3）キャリア教育の課題　(61)
　（4）キャリア教育と障害者雇用　(61)
4　授業づくり・支援ツール ……………………………………………… 62
　（1）子どもが「わかる・動ける」授業づくり　(62)
　（2）「わかる・動ける」授業づくりのステップ　(63)
　（3）支援ツールの活用　(64)
5　医療的ケア ……………………………………………………………… 65
　（1）学校における医療的ケア　(65)
　（2）教員等が特定行為を行うための手続き　(66)
　（3）特別支援学校における医療的ケアの現状　(67)
　（4）今後の課題　(67)
6　個に応じた指導 ………………………………………………………… 69

目 次 vii

  （1）個々の違いとその対応　(69)

  （2）個に応じた指導のために　(70)

 7　関係機関・保護者との連携……………………………………………72

  （1）チームで進める特別支援教育　(72)

  （2）関係機関との連携　(72)

  （3）保護者との連携　(74)

 8　自立活動…………………………………………………………………75

  （1）特別支援教育における自立活動の位置づけ　(75)

  （2）学校における自立活動　(75)

  （3）自立活動の目標と内容　(76)

  （4）個別の指導計画作成　(78)

第Ⅱ部　障害児（者）の基本的理解

1　視覚障害……………………………………………………………………82

 1　視覚障害の概要…………………………………………………………82

  （1）視覚障害の定義　(82)

  （2）視覚障害の分類　(85)

 2　視覚障害児（者）の心理・行動特性 …………………………………87

  （1）触覚的認知　(87)

  （2）視覚表象　(87)

  （3）知識・概念形成　(88)

  （4）言語　(88)

  （5）行動・動作　(89)

  （6）視覚的認知　(89)

 3　視覚障害児（者）への支援 ……………………………………………89

  （1）基本的視点　(89)

  （2）探索能力の向上　(90)

  （3）読み書き指導　(91)

（4）歩行能力の向上　(92)
　　　（5）盲人としての生活への適応　(92)

② 聴覚障害……………………………………………………………… 94
　1　聴覚障害の概要………………………………………………………94
　　　（1）音を聞く仕組み　(94)
　　　（2）聴覚障害の原因　(95)
　　　（3）聴覚障害の評価法　(95)
　2　聴覚障害児（者）の心理・行動特性…………………………………97
　　　（1）音声の知覚　(97)
　　　（2）認知・社会性の発達　(98)
　　　（3）障害認識・障害受容　(100)
　3　聴覚障害児（者）への支援…………………………………………101
　　　（1）聴覚障害児のための教育の場　(101)
　　　（2）聴覚活用・発声発音指導　(101)
　　　（3）視覚的なコミュニケーション手段（手話・指文字）　(102)

③ 知的障害……………………………………………………………… 104
　1　知的障害の概要………………………………………………………104
　　　（1）用語について　(104)
　　　（2）知的障害の定義　(105)
　　　（3）知的障害の原因　(106)
　2　知的障害児（者）の心理・行動特性…………………………………109
　　　（1）知的特徴　(109)
　　　（2）身体面と運動機能面の特徴　(110)
　　　（3）抽象能力と概念化　(111)
　3　知的障害児（者）への支援…………………………………………112
　　　（1）早期発見・早期療育及び保育者の支援　(112)
　　　（2）運動機能　(112)

（3）知覚機能や類概念化を高めること　(113)

4　肢体不自由（運動障害） ……………………………………… 115

1　肢体不自由の概要 ……………………………………………… 115
　　　（1）運動とその発達　(115)
　　　（2）肢体不自由（運動障害）とは　(115)
　　　（3）肢体不自由起因疾患　(116)
　　　（4）日常生活動作と肢体不自由児（者）　(117)

2　肢体不自由児（者）の心理・行動特性 ……………………… 117
　　　（1）肢体不自由児（者）の心理特性　(117)
　　　（2）脳性疾患（脳性まひ）児（者）の心理・行動特性　(119)

3　肢体不自由児（者）への支援 ………………………………… 121
　　　（1）支援の手順とポイント　(121)
　　　（2）支援の内容例　(123)

5　病弱・身体虚弱 …………………………………………………… 127

1　病弱・身体虚弱の概要 ………………………………………… 127
　　　（1）病弱・身体虚弱とは　(127)
　　　（2）病弱教育とは　(127)
　　　（3）病弱児（者）の病気の種類　(128)

2　病弱児（者）の心理・行動特性 ……………………………… 129
　　　（1）乳児期　(129)
　　　（2）幼児期前期　(130)
　　　（3）幼児期後期　(130)
　　　（4）児童期　(130)
　　　（5）青年期　(131)

3　病弱児（者）への支援 ………………………………………… 132
　　　（1）自己管理の支援　(132)
　　　（2）自尊感情の支援　(134)

6 言語障害……………………………………………………………… 138
1 言語障害の概要…………………………………………………… 138
（1）構音障害　(139)
（2）吃音　(140)
（3）言語発達の遅れ　(141)
2 言語障害児（者）の心理・行動特性 …………………………… 142
3 言語障害児（者）への支援 ……………………………………… 143
（1）言語障害のある児童生徒への支援における教師の態度　(143)
（2）自立活動としての言語障害児への指導　(144)
（3）個別の指導計画に基づく指導　(144)

7 情緒障害……………………………………………………………… 148
1 情緒障害の概要…………………………………………………… 148
（1）情緒障害と関連用語　(148)
（2）EDの定義　(149)
2 情緒障害児（者）の心理・行動特性 …………………………… 150
（1）ED児にみられる中核症状　(150)
（2）ED児にみられる周辺症状　(151)
3 情緒障害児（者）への支援 ……………………………………… 152
（1）情緒障害児短期治療施設での支援　(152)
（2）学校教育での支援　(152)
（3）選択性かん黙児への支援　(154)
（4）ED児への適応状態を高める支援　(155)

8 重複障害……………………………………………………………… 158
1 重複障害の概要…………………………………………………… 158
（1）重複障害　(158)
（2）重症心身障害　(158)

目　次　xi

　　（3）重度・重複障害　(159)
　2　重複障害児（者）の心理・行動特性 ……………………………………… 160
　　（1）発達の特性　(160)
　　（2）コミュニケーションの特性　(160)
　　（3）行動の特性　(161)
　3　重複障害児（者）への支援 ………………………………………………… 161
　　（1）重症心身障害児の医療・福祉的な支援の考え方　(161)
　　（2）重度・重複障害児教育の指導の考え方　(162)
　　（3）事例を通した重複障害児の支援の実際　(163)

第Ⅲ部　発達障害児（者）の基本的理解

① 学習障害（LD） ……………………………………………………………… 172
　1　学習障害の概要 ……………………………………………………………… 172
　　（1）学習障害の定義　(172)
　　（2）学習困難（Learning Difficult）という捉え方　(173)
　　（3）学習障害の原因、出現率　(173)
　　（4）学習障害の判断　(174)
　2　学習障害児（者）の心理・行動特性 ……………………………………… 174
　3　学習障害児（者）への支援：三層モデル ………………………………… 175
　　（1）一次支援　(175)
　　（2）二次支援（小集団・個別学習指導）　(177)
　　（3）三次支援　(178)
　　（4）合理的配慮とAT（Assistive Technology）の活用　(182)

② 注意欠陥多動性障害 ………………………………………………………… 185
　1　注意欠陥多動性障害の概要 ………………………………………………… 185
　　（1）定義　(185)
　　（2）概念　(185)

（3）出現率　(187)
　　　（4）原因　(188)
　　　（5）併存症　(189)
　２　注意欠陥多動性障害児（者）の心理・行動特性 ………………………… 189
　　　（1）脳病理　(189)
　　　（2）認知機能　(190)
　　　（3）二次的な困難　(192)
　３　注意欠陥多動性障害児（者）への支援 ………………………………… 192
　　　（1）実態把握　(192)
　　　（2）薬物療法　(193)
　　　（3）行動療法　(193)

③ 自閉症スペクトラム障害 ………………………………………………… 195
　１　自閉症スペクトラム障害の概要 …………………………………………… 195
　　　（1）診断基準　(195)
　　　（2）スペクトラム　(196)
　　　（3）有病率　(197)
　　　（4）高機能自閉症　(197)
　　　（5）発生要因　(198)
　２　自閉症スペクトラム児（者）の心理・行動特性 ………………………… 199
　　　（1）言語コミュニケーション障害と心の理論　(199)
　　　（2）感覚知覚異常　(200)
　３　自閉症スペクトラム障害児（者）への支援 …………………………… 201
　　　（1）自閉症教育の始まり　(201)
　　　（2）現在の自閉症教育　(202)
　　　（3）TEACCHプログラムによる支援　(203)
　　　（4）視覚手がかりによる支援　(205)

第Ⅰ部　特別支援教育の基本的理解

　第Ⅰ部では特別支援教育についての基本的枠組みを理解することを目的とします。1では、障害のある子どもに対する外国と日本における教育の歩みを振り返ります。続いて、戦後の障害のある子どもに対する教育は「特殊教育」というかたちで始まりましたが、2007年に「特別支援教育」へと転換していった経緯についてまとめます。「特殊教育」と「特別支援教育」の違いをしっかり理解して下さい。そして、「特別支援教育」に転換した後で、学校教育現場で重要な観点となっている「インクルーシブ教育」について学びます。

　2では特別支援教育に関する法律についての理解を深めるとともに、「インクルーシブ教育」を推進する上で重要となる「多様な学びの場」における現状を理解します。3では、特別支援教育をめぐる教育課程についてまとめています。特に、特別支援学校の教育課程は知的障害がある場合と無い場合で異なる点や、通常の学校の学習指導要領においても障害のある子どもに関する記述が増えてきている点について学んで下さい。4では、今後、特別支援教育を考えていく上でキーワードとなる「合理的配慮」、「交流及び共同学習」、「キャリア教育」「授業づくり・支援ツール」、「医療的ケア」、「個に応じた指導」、「関係機関・保護者との連携」、「自立活動」についての現状と課題を整理するとともに、今後について展望します。以上の点を理解することで、特別支援教育について、今後、様々な視点から考えていく力を身に付けてもらえることを期待しています。

1 特別支援教育とは

1 障害のある子どもに対する教育の歩みと意義
(1) 外国における障害のある子どもの教育の始まりと展開

　障害児に対する教育が始まるのは、視覚障害や聴覚障害の領域でした。その始めは1760年にパリに僧侶であるド・レペ (de l'Epée, M., 1712-1789) が私財を投げ打って創設した聾学校でした。この学校では手話を用いた指導を行い、その成果が認められ、その後、国立となり、世界各地に聾学校が作られるようになりました。しかし、指導法については1778年にハイニッケ (Heinicke, S., 1727-1790) がライプチヒに設立した聾学校のように、手話法ではなく口話法で行う学校もありました。この手話法と口話法のいずれが聴覚障害児の教育にとって適切であるかという問題は、長年、論争がなされました。最終的には1880年にミラノで開かれた聾教育国際会議で、口話法が望ましいと結論づけられ、その後、口話法が主流となっていきました。

　世界で最初の盲学校は、ド・レペの聴覚障害教育の成果をみていたアユイ (Haüy, V., 1745-1822) という青年により、1784年にパリに作られました。アユイは凸字を用いた教育を行い成果を挙げ、1786年には自分の理論と実践をまとめた「盲教育論」という書物を書いています。「盲教育論」は様々な言語に翻

図1-1-1　（左から）ド・レペ、ハイニッケ、アユイ、ブライユ、セガン
（精神薄弱問題史研究会編 (1988a) 口絵写真より）

訳され、その後、ヨーロッパやアメリカに盲学校が作られていきました。また、パリの盲学校の生徒であったブライユ（Braille, L., 1809-1852）は1829年に現在の6点からなる点字を完成させました。点字の開発は、その後の盲教育の進展に大きな役割を果たしました。点字を示す英語の単語である braille はブライユの名前から採られていることからも彼の功績の大きさがわかります。

知的障害児については、教育の可能性が認識されにくかったため、感覚障害の場合よりも取り組みが遅れますが、フランスで開始されます。そのきっかけとなったのが、パリの聾学校の校医であったイタール（Itard, G., 1774-1838）が行ったアヴェロンの野生児に対する教育実践でした。この野生児は幼少期にアヴェロンの森に捨て去られ、10歳を過ぎた頃に発見されました。しかし、同年齢の子どものような成長・発達はみられず、当時の精神科医たちは「不治の白痴」とみなしていました。しかし、イタールは、野生児の発達の遅れは幼少期に人間社会と接することがなかったためであると考え、野生児に対して教育を行いました。当時、人間の認識は生まれつきのものであるのか、生まれた後の経験によるものであるのかが問われていましたが、イタールは後者の立場に立っていました。イタールの教育実践は一定の成果を挙げ、すべての子どもに教育の可能性があることを示しました。その後、イタールの弟子であるセガン（Séguin, E.O., 1812-1880）が知的障害児の教育に取り組み「生理学的教育法」を体系化しました。その後、セガンはアメリカに渡り、ヨーロッパだけでなく、アメリカにおいても彼の知的障害児に対する考え方や指導法が広がりました。

肢体不自由児の教育は整形外科学の進歩と関係が深かったため、ドイツでの取り組みが他の国を先導しました。現存する最初の教育施設は1833年にミュンヘンに設立されています。その後のドイツにおける肢体不自由児者に対する取り組みは、教育と医療と職業教育の3つを備える必要があるという考え方に基づいたクリュッペルハイムにおいて実践が積み重ねられていきました。

（2）日本の戦前における障害のある子どもへの教育の始まりと展開

世界で障害のある子どもに対する教育が広がっていた時期は、日本においては江戸時代に当たります。江戸時代の寺子屋に障害のある子どもが学んでいた

という記録はありますが、江戸幕府は鎖国政策を採っていたため、世界での障害児教育についての情報は入ってきませんでした。しかし、幕末になるとペリーの黒船が来航するなど、外国と渡り合っていく必要性が出てきました。そのためには、海外の実情を知ることが重要となり、幕府は欧米に使節団を送りました。その中で、教育や医療や福祉などを担当したのが福沢諭吉（1834-1901）であり、福沢は帰国後の1866年に「西洋事情」を出版しました。福沢はその中で海外における障害のある子どもに対する教育の様子をまとめ、西洋文明の一部としての障害児教育について紹介しました。しかし、幕末の国内は大混乱の時期であったため、障害児に対する取り組みは明治維新を待たなければなりませんでした。

　明治新政府が教育についての政策を示したものは、1872年に出された「学制」です。「学制」の中では、障害児のための学校について様々な障害を総称していると思われる「廃人学校」という用語が用いられていました。しかし、実際に「廃人学校」が作られることはありませんでした。その理由としては、「学制」が出されたのは、富国強兵・殖産興業という国家の目的を達成するためには教育が重要であるという考えに基づくものであったため、障害児はこうした目的には合わない者とみなされる傾向が強かったからです。「学制」やその後の法令により、一般の子どもに対する教育は量的・質的に充実していきましたが、障害児については逆に、就学猶予・免除というかたちで、教育の機会から段々と遠ざけられていきました。

　そのような中でも、障害児に対する教育への取り組みが始まりますが、それは外国と同様に視覚障害児と聴覚障害児に対してでした。日本における最初の障害児のための学校は、1878年に古川太四郎（1845-1907）によって京都に設立された京都盲唖院でした。東

図1-1-2　（左から）古川太四郎、小西信八、石井亮一
（津曲裕次編（2004）　p.31, 48, 62より）

京でも1880年に宣教師のフォールズ（Faules, H., 1843-1930）の呼びかけにより楽善会訓盲院が設立され、1885年には公立となり名前が東京盲唖学校となりました。この学校で中心的役割を担ったのが小西信八（1854-1938）でした。小西は、海外では聴覚障害児の教育は口話法で行われていることを紹介し、日本に広めました。また、当時、視覚障害児は文字に様々な工夫をして凹凸をつけて、文字を学んでいましたが、海外では点字を用いていることを知り、同僚の石川倉次（1859-1944）に日本語版の点字の作成を託し、彼を支援しました。そして、石川は1890年に、日本語のかなの点字を完成させました。

　京都と東京の盲唖学校に続いて、各地に盲唖学校が設立されていきますが、ほとんどが私立で財政的に経営が苦しい状況でした。また、「盲唖」とあるように、視覚障害と聴覚障害という異なる障害の子どもが同じ学校で一緒に教育を受けていました。こうした状況に対して、「大正デモクラシー」といわれているように、大正時代に権利思想や平等思想が広がっていく中で、1923年に日本で最初の障害児のための法律である「盲学校及聾唖学校令」が出されました。この法律により、道府県に対して盲学校と聾唖学校を別々に設置する義務が課されることになり、公教育に位置づけられることになりました。その後、盲学校と聾唖学校に就学する子どもは増えていき、1944年の時点では、現在の視覚障害と聴覚障害の特別支援学校の児童生徒数を超える子どもたちがそれぞれの学校で教育を受けていました。

　一方、知的障害児は差別や偏見の対象となることが多く、就学猶予・免除となっていました。こうした中で、石井亮一（1867-1937）が1891年に設立した滝乃川学園において、日本で初めて知的障害児に対する教育的な取り組みが始まりました。石井はセガンを尊敬しており、セガンの生理学的教育法を採り入れていました。その後、石井の滝乃川学園に影響を受けて、他の地域でも知的障害児のための教育的取り組みが広がっていきました。しかし、教育法上の根拠がなかったため、学校ではなく施設という位置づけでした。戦前における知的障害児のための学校は、大阪市長の理解と熱意により1940年に作られた思斉学校のみでした。

　先に述べたように明治時代に就学率は向上していきましたが、当時は一定の

学力を習得しないと進級できない仕組み（課程主義：＜現在は年齢とともに上の学年・学校に進める年齢主義＞）であったため、留年せざるをえない、いわゆる学業不振児の存在が問題となってきました。こうした児童への対応としての最初の取り組みが、1890年に長野県の松本尋常小学校に設けられた「落第生学級」という特別な学級でした。1896年には長野尋常小学校にも「晩熟生学級」が設けられています。その後、1907年の文部省訓令により、師範学校附属小学校に特別な学級を設けることが求められました。このようにして、大正から昭和の初期に、現在の特別支援学級に相当する学級が設けられるようになっていきました。

肢体不自由教育の始まりはドイツの整形外科学が導入されたことと関係がありました。日本で初めての肢体不自由教育は、東京大学医学部の整形外科の初代教授の指導を受けた、元体操教師の柏倉松蔵（1882-1964）が1921年に東京に設立した柏学園で行われました。また、2代目の教授である高木憲次（1888-1963）はドイツ留学中に、クリュッペルハイムにおける実践に感銘を受け、日本にも同様の「夢の楽園教療所」の設立の必要性を唱えました。彼の望みは長年の努力により実現し、1942年に東京に整肢療護園が設立されました。ただし、柏学園も整肢療護園もいずれも学校ではなく、施設という位置づけでした。戦前における肢体不自由児のための学校は、1932年に東京に設けられた光明学校のみですが、その背景には東京市長の理解と支援があったことや高木が指導・助言を行ったことが挙げられます。

病弱教育は、当時、亡国病といわれていた結核への対応というかたちで始まりました。最初は、学校の休みを利用して、環境の良い山や海で健康の増進や体力の向上を目指した特別な指導が行われました。しかし、短期間では十分な効果が得られないということで、

図1-1-3　（左から）石川倉次、柏倉松蔵、高木憲次
（精神薄弱問題史研究会編（1988b）口絵写真より）

年間を通じて療養と教科指導を行う機関が必要であると考えられるようになりました。その最初の機関が、1917年に白十字会により、神奈川県の茅ヶ崎に設けられた白十字会林間学校でした。

戦時中の1941年に出された「国民学校令」と関連する規則で「養護学校」と「養護学級」という用語が用いられました。しかし、「国民学校令」の目的は国民を鍛錬育成して戦争に勝利することにあったため、実際には身体虚弱児のための養護学級が増加したのみで、他の障害種の教育が進展することはありませんでした。

（3）戦後における特殊教育の始まりと展開

戦後の日本の教育は、障害のある子どもも含めて、1946年に制定された日本国憲法の第26条と1947年の教育基本法と学校教育法に基づいて始まりました。学校教育法の第1条では「この法律で学校とは、小学校、中学校、高等学校、大学、盲学校、聾学校、養護学校及び幼稚園とする」と規定され、盲学校、聾学校、養護学校（以下、「盲・聾・養護学校」とする）が学校教育体系の一環であることが明示されました。また、都道府県に対する盲・聾・養護学校の設置義務と保護者に対する就学義務も規定され、法令上、盲・聾・養護学校の義務教育が確立することになりました。さらに、障害児に対する教育の基本的枠組みを定めたのが第6章の「特殊教育」であり、盲・聾・養護学校と特殊学級についての規定がなされました。

しかし、戦後の混乱と窮乏の中にあっては、小学校と中学校の整備が優先され、盲・聾・養護学校の義務制の実施時期は政令で別に定めるとされ、実質的に延期されることになりました。また、保護者に対する就学猶予・免除についても、戦前の規定を引き継ぐかたちで残されました。このように戦後の「特殊教育」は、「盲・聾・養護学校教育の義務制の延期」と「就学猶予・免除」の克服という大きな課題を抱えてスタートすることになりました。

しかし、戦前から比較的実績を積んでいた盲学校と聾学校については、1948年から学年進行というかたちで義務制が実施されました。一方、養護学校は実体をほとんど備えていなかったため義務制の実施は見送られました。しかし、

1952年に文部省初等中等教育局に「特殊教育室」が設置され、特殊教育行政が統一・強化されて以降、諸施策が講じられるようになりました。その中でも1956年に制定された「公立養護学校整備特別措置法」が大きな役割を果たしました。同法により、養護学校は義務教育の対象ではなかったのですが、養護学校の建築費、教職員の給与、教材費等が国庫負担されることになり、その後、養護学校の数が増加していきました。また、1959年には、中央教育審議会から「特殊教育の充実振興についての答申」が出され、1950年代後半より、養護学校と同様に特殊学級数も飛躍的に増加することになりました。

その後、盲・聾・養護学校及び特殊学級の在籍者が増加することに伴い、障害の状況が重度・重複化、多様化してくるようになりました。こうした状況を踏まえて、1969年に文部省の特殊教育総合研究調査協力者会議が「特殊教育の基本的な施策のあり方について（報告）」をまとめ、特殊教育の方向性を示しました。また、1971年の中央教育審議会答申「今後における学校教育の総合的な拡充整備のための基本的施策について」においても「特殊教育の積極的な拡充整備」が取り上げられ、障害児に対して特殊教育の機会を確保するために、国が行政上、財政上の措置を講ずるべきであることが示されました。

こうした動きを経て、1973年に「学校教育法中養護学校における就学義務及び養護学校の設置義務に関する部分の施行期日を定める政令」が出され、1979年度より養護学校教育を義務制とすることが示されました。こうして、どんなに障害が重い子どもにも教育が保障されることとなり、障害を理由とする就学猶予・免除者が激減することになりました。

（4）特殊教育から特別支援教育への転換

養護学校教育の義務制以降、障害児の重度・重複化や多様化への対応が積極的に講じられるようになり、障害の重い子どもに対する教育の保障という点では、日本は国際的にみて勝るとも劣らない水準を確保することになりました。

一方、1990年代初頭において、日本の「特殊教育」の対象の比率は約1％であり、この値は他の先進諸国に比べて著しく低率でした（例えば、アメリカでは約12％、イギリスでは約20％といわれていました）。この原因は、日本の「特殊

教育」は通常の学級に在籍している比較的障害が軽い子どもを対象としてこなかったことにあり、この点が問題として認識されるようになってきました。

そのような中、1992年3月に「通級による指導に関する充実方策について（審議のまとめ）」が出され、翌年より、通常の学級に在籍する比較的障害が軽い子どもを対象とした「通級による指導」が制度化されることになりました。これにより、日本の「特殊教育」は、①盲・聾・養護学校、②特殊学級、③通級指導教室、という3つの特別な場で行われる教育のことを指すことになりました。

また、この審議のまとめの後半では、わが国で初めて学習障害の問題が取り上げられ、その後の検討課題等が示されました。これを受けて、文部省は1992年に「学習障害及びこれに類する学習上の困難を有する児童生徒の指導方法に関する調査研究協力者会議」を設け、同会議が1999年に「学習障害児に対する指導について（報告）」をまとめました。そこでは、学習障害の定義、判断基準・実態把握基準、指導方法、指導の形態と場などが示されました。

このように、学習障害などの通常の学級に在籍する障害のある児童生徒に対する関心が高まる中で、文部科学省は2001年に「21世紀の特殊教育の在り方について～一人一人のニーズに応じた特別な支援の在り方について～（最終報告）」をまとめました。ここでの重要な点は、従来の特殊教育が特別な場に限定された教育であったのに対し、一人ひとりの「特別な教育的ニーズ」に対応した教育へと転換しようという点にありました。

この最終報告を踏まえて、「特別支援教育の在り方に関する調査研究協力者会議」は2003年に「今後の特別支援教育の在り方について（最終報告）」を出しました。この報告では、タイトルにも含まれている「特別支援教育」について、「これまでの特殊教育の対象だけでなく、その対象でなかったLD、ADHD、高機能自閉症も含めて障害のある児童生徒に対してその一人一人の教育的ニーズを把握し、当該児童生徒の持てる力を高め、生活や学習上の困難を改善又は克服するために、適切な教育や指導を通じて必要な支援を行う」ことであると定義しています。そして、新たな具体的な施策として、①多様なニーズに適切に対応するための「個別の教育支援計画」の策定、②校内や関係機

> **コラム1　「特別な教育的ニーズ」の語源**
>
> 　特別支援教育においてキーワードとなる「特別な教育的ニーズ」という用語はイギリスで生まれました。1978年に出された「ウォーノック報告」（Warnock Report）では、障害種別カテゴリーを撤廃し、「特別な教育的ニーズ」（Special Educational Needs）という概念を用いることを提唱しました。そして、全学齢児童生徒の5～6人に1人に「特別な教育的ニーズ」があると推定しました。「特別な教育的ニーズ」という概念のねらいは、従来の障害種別に応じた画一的な教育措置ではなく、一人ひとりの子どもの具体的なニーズに即応した柔軟な教育措置を講じようとした点にありました。また、それまで適切な教育を受けることなく通常の学級に放置されていた子どもにもニーズに応じた教育を与えようとするものでした。「特別な教育的ニーズ」という概念が提唱された背景については、①多くの子どもが複数の障害を併せもつようになっており、単一のカテゴリーに分類するのが困難である、②医学的観点に基づく障害カテゴリーは教育学的にみてあまり意味がない、③障害カテゴリーは否定的なラベリングをもたらす、④カテゴリー化により、子どもの障害と子どもが必要としている教育形態が混同されてしまう可能性がある、言い換えれば、同じ障害カテゴリーに属する子どもはすべて同じ教育措置を必要とするという固定的な考えをもたらす、⑤どのカテゴリーにも該当しない子どもが取り残される、⑥カテゴリー化は健常児者と障害児者の間の違いを強調するものである、といった点が挙げられていました。イギリスでは「1981年教育法」で「特別な教育的ニーズ」という概念を法的に位置づけ、現在に至っています。
>
> 　この障害の種類と程度に応じた教育から「特別な教育的ニーズ」に応じた教育への転換は、1994年のサラマンカ宣言（Salamanca Statement）で提唱された「特別ニーズ教育」という概念により、国際的に共通した考え方となりました。

関との連絡調整を行うキーパーソンである「特別支援教育コーディネーター」の指名、③従来の盲・聾・養護学校に代わって、障害種にとらわれない「特別支援学校」を設けること、などの新しい提言がなされました。

　また、この報告をまとめるに際しては、LD、ADHD、高機能自閉症に関する実態調査が行われ、これらの児童生徒が通常の学級に6～7％存在することが明らかにされ、こうした児童生徒に対する教育的対応の必要性が関係者の間で認識されるようになっていきました。

　中央教育審議会は、2003年の報告を受けて、同報告の提言のうち、学校制度の見直しが必要な点に関して、2005年に「特別支援教育を推進するための制度の在り方について（答申）」をまとめました。この答申を受けて、学校教育法が改正され、2007年4月より、障害のある子どもの教育は「特殊教育」から

「特別支援教育」に制度的に転換されることになりました。

「特殊教育」と「特別支援教育」の大きな違いは、前者が障害の種類と程度に応じて、特別な場で行う教育であったのに対して、後者は一人ひとりのニーズに応じて、通常の学級も含めたあらゆる場において教育を行う点にあります。また、学校だけでなく、医療、福祉、労働等の関係機関と「連携」して教育を進めていくことが重要であるという点に留意しなければなりません。

2　特別支援教育とインクルーシブ教育
（1）インクルーシブ教育の登場と進展
(1)　特別支援教育の出発

2007年の改正学校教育法による特別支援教育の本格実施に際し、文部科学省は「特別支援教育の推進について（通知）」（2007年4月1日付通知19文科初第125号）を発出しました。そして、その理念を実現するための取り組みとして、①特別支援教育に関する校内委員会の設置、②実態把握、③特別支援教育コーディネーターの指名、④関係機関との連携を図った「個別の教育支援計画」の策定と活用、⑤「個別の指導計画」の作成、⑥教員の専門性の向上を列挙しました。これらの仕組みは、通常の学校においても着実に浸透しつつあります（図1-2-1）。実際に、わが国の義務教育段階における特別支援教育の場（2016年5月現在）に目を向けると、特別支援学校（70,939人、全児童生徒の0.7％）に加えて、特別支援学級（217,839人、2.2％）、通級による指導（98,311人、1.0％）が活用されており、通常の学校の役割はますます大きくなっています（文部科学省，2017）。さらに、文部科学省（2012）は、小・中学校の「通常の学級に在籍する発達障害の可能性のある特別な教育的支援を必要とする児童生徒」が6.5％に上り、その大部分（83.0％）は通級による指導を受けていない実態を明らかにしています。今後、通常の学級・学校における特別支援教育のいっそうの推進が求められます。その背景には、インクルーシブ教育（inclusive education）に向けた国際的な動向があります。

12　第Ⅰ部　特別支援教育の基本的理解

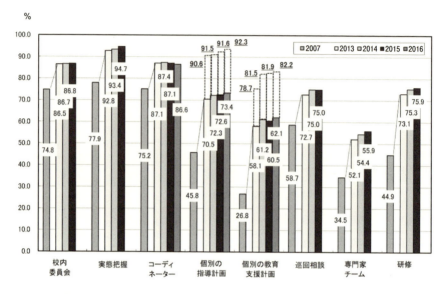

図1-2-1　特別支援教育体制に関する項目別実施状況率（2007〜2016年度）

注）数値は、幼保連携型認定こども園・幼稚園・小学校・中学校・高等学校の合計（割合）である。なお、点線箇所は、作成する必要のある該当者がいない学校数を調査対象校数から引いた場合の作成率を示す
（文部科学省（2017）平成28年度特別支援教育体制整備状況調査結果について．
http://www.mext.go.jp/a_menu/shotou/tokubetu/material/__icsFiles/afieldfile/2017/04/07/1383567_02.pdf
（2017年9月20日参照））

(2) 国連における権利保障の動き

　国際社会における障害のある人の権利保障の動きは、1960年代におけるノーマライゼーション（normalization）理念の広がりによる人権意識の高まりを受け、1970年代には具体的な成果を示しました。例えば、国連は、1971年に「知的障害者の権利に関する宣言」（Declaration on the Rights of Mentally Retarded Persons, 第26回総会）、1975年に「障害者の権利に関する宣言」（Declaration on the Rights of Disabled Persons, 第30回総会）を採択し、障害のある人の権利保障に向けた加盟各国の努力を後押ししました。さらに、こうした宣言を実行するために、1981年を国際障害者年（International Year of Disabled Persons）とし、障害のある人の社会への「完全参加と平等」（full participation and equality）が推進されました。翌1982年には、国際障害者年の成果を効果的に発展させる

「障害者に関する世界行動計画」(World Programme of Action Concerning Disabled Persons, 第37回総会)の採択とともに、1983年から1992年を「国連障害者の10年」(United Nations Decade of Disabled Persons)と宣言し、計画的な問題解決が図られてきました。アジア太平洋地域では、それに続く取り組みとして、「アジア太平洋障害者の10年」(1993〜2002)が決議され、現在もインクルーシブな社会を促進するために「第3次アジア太平洋障害者の10年」(2013〜2022)が継続されています。

(3) インクルーシブ教育論の登場

このような世界的な潮流は、教育分野にも影響を与えてきました。ブラウン(Brown, 1997, 3)によれば、障害のある子どものための教育的な対応の発展経緯は、①1950年代以前「忘却と隠蔽」(forget and hide)、②1950年代から60年代「選別と分離」(screen and segregation)、③1970年代から80年代「判別と援助」(identify and help)、④1990年代以降の「包摂と支援」(include and support)に区分できます。換言すれば、一連の概念変遷は概ね図1-2-2のように示されます。障害のある子どもが教育の対象から除外されるエクスクルージョン(排除)、通常教育とは隔離された特別な場をあてがわれるセグリゲーション(分離)、部分的な通常教育との接点に留まるインテグレーション(統合)、そし

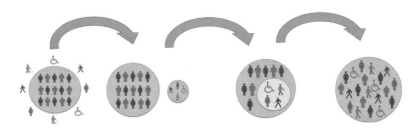

図1-2-2　障害のある子どもに対する教育概念の変遷

(Planchamp, C. (2016) Segregation, integration, inclusion: What is the history of educating children with special needs? http://lepole.education/en/index.php/pedagogical-culture/63-the-inclusive-school?showall=&start=1（2017年9月20日参照）より一部改変)

て、通常教育の一員として学ぶインクルージョン（包摂）へと展開してきました。本来あるはずの障害のある子どもの教育を受ける権利が、ようやくインクルーシブ教育の視点で議論されるようになったといえます。

(4) インクルーシブ教育の模索

インクルーシブ教育をめぐっては、1994年にユネスコとスペイン政府が共催した「特別なニーズ教育に関する世界会議：アクセスと質」(World Conference on Special Needs Education: Access and Quality) において採択された「サラマンカ宣言」(Salamanca Statement) が大きな役割を果たしました。サラマンカ宣言は、「インクルーシブな方向性をもつ通常の学校こそが、差別的な態度と戦い、すべての人を受け入れる地域社会を創造し、インクルーシブな社会を構築し、万人のための教育を実現するための最も効果的な手段」であることを強調しました。そして、その「行動の枠組み」においても、「インクルーシブな学校の基本原則は、すべての子どもが彼らのもつ困難や相違にかかわらず、可能なときはいつでも一緒に学ぶべきである」ことが確認されると同時に、「インクルーシブな学校教育は、特別なニーズをもつ子どもと級友との連帯を築くための最も効果的な手段である。子どもを特別な学校（もしくは学校内に常設的に設置された特別な学級やセクション）に措置することは、通常の学級における教育が子どもの教育的、社会的ニーズに応じることができない、あるいは、子どもの福祉や他の子どもの福祉の必要性を明白に実証できる場合の、まれなケースのみに推奨される例外であるべきである」ことが論じられました。

(5) インクルーシブ教育の促進

2006年12月、国連（第61回総会）は「障害者の権利に関する条約」(Convention on the Rights of Persons with Disabilities：CRPD) を採択しました。CRPDの第24条は、障害のある人の教育に関する権利を明記する中で、インクルーシブ教育を盛り込んでいます。具体的には、その第1項において「締約国は、この権利を差別なしに、かつ、機会の均等を基礎として実現するため、障害者を包容するあらゆる段階の教育制度 (inclusive education system at all levels) 及び生涯学習を確保する」ことを掲げ、目的として「(a) 人権や多様性の尊重」、「(b) 最大限の能力発達」、「(c) 社会への効果的な参加促進」を挙げています。

そして、それらの権利を確保するための方策として、第 2 項が「(a) 障害者が障害に基づいて一般的な教育制度（general education system）から排除されないこと及び障害のある児童が障害に基づいて無償のかつ義務的な初等教育から又は中等教育から排除されないこと」、「(b) 障害者が、他の者との平等を基礎として、自己の生活する地域社会において、障害者を包容し、質が高く、かつ、無償の初等教育を享受することができること及び中等教育を享受することができること」、「(d) 障害者が、その効果的な教育を容易にするために必要な支援を一般的な教育制度の下で受けること」などを示しています。

CRPD は、インクルーシブ教育そのものについての明確な定義をしていません。ただし、UNESCO（2005, 13）は、「インクルーシブ教育とは、どのように一部の学習者を通常の教育に統合できるかというよりも、学習者の多様性に応えるために教育システムや他の学習環境をいかにして変容させるかに主眼を置いたアプローチである」と述べています。批准国の歴史や文化などの条件を加味しながら、通常の教育環境において多様なニーズに対応するために、学校教育システムを変革していくことが求められています。わが国も、2014年 1 月に CRPD を批准し（140番目の締約国）、その内容に即した教育システムの構築に着手しています。

（2）わが国のインクルーシブ教育に対する取り組み
(1) インクルーシブ教育の実現に向けた制度改革

わが国においても、CRPD の批准に向けた制度改革が進められてきました。とりわけ、2011年の改正障害者基本法は、障害を理由とする差別の禁止（第 4 条第 1 項）はもちろんのこと、社会的障壁（障害のある人が生活を営む上で障壁となるような社会における事物、制度、慣行、観念その他一切のもの）を除去する措置を求めました（第 4 条第 2 項）。すなわち、障害のある人が日常の社会生活において受ける制限は、障害のみに起因するものではなく、社会における様々な障壁との関係によって生み出されるとする「社会モデル」の考え方を踏まえた改正がなされました。そして、教育に関しても、同法（第16条）は「国及び地方公共団体は、障害者が、その年齢及び能力に応じ、かつ、その特性を踏ま

えた十分な教育が受けられるようにするため、可能な限り障害者である児童及び生徒が障害者でない児童及び生徒と共に教育を受けられるよう配慮しつつ、教育の内容及び方法の改善及び充実を図る等必要な施策を講じなければならない」ことを規定しました。この方向性は、2013年制定の障害者差別解消法や2016年の改正発達障害者支援法などの関係法規にも反映されています。これからの学校では、「社会モデル」に基づく、インクルーシブ教育の取り組みが求められることになります。

(2) 日本型インクルーシブ教育システムの構想

このような動きに応じて、文部科学省は、2012年の中央教育審議会「共生社会の形成に向けたインクルーシブ教育システム構築のための特別支援教育の推進（報告）」に示された5つの観点に基づく取り組みを促進しています。中央教育審議会の報告では、第一に「これまで必ずしも十分に社会参加できるような環境になかった障害者等が、積極的に参加・貢献していくことができる社会」を「共生社会」と位置づけ、その形成に向けて、「障害者の権利に関する条約に基づくインクルーシブ教育システムの理念が重要であり、その構築のため、特別支援教育を着実に進めていく必要がある」ことが述べられました。そして、基本的な方向性として、「障害のある子どもと障害のない子どもが、できるだけ同じ場で共に学ぶこと」を目指し、「それぞれの子どもが、授業内容が分かり学習活動に参加している実感・達成感を持ちながら、充実した時間を過ごしつつ、生きる力を身に付けていけるかどうか、これが最も本質的な視点であり、そのための環境整備が必要である」ことが示されました。

第二に、就学相談・就学先決定の在り方について言及されました。そこでは、保護者を含めた関係者が教育的ニーズと必要な支援に関する共通理解を深めるための、早期からの専門的な教育相談・支援の充実が求められました。さらに、学校教育法施行令（第22条の3）に規定する「就学基準に該当する障害のある子どもは特別支援学校に原則就学するという従来の就学先決定の仕組みを改め、障害の状態、本人の教育的ニーズ、本人・保護者の意見、教育学、医学、心理学等専門的見地からの意見、学校や地域の状況等を踏まえた総合的な観点から就学先を決定する仕組み」が提言されました。この就学先の決定システムにつ

いては、すでに「学校教育法施行令の一部改正について（通知）」（2013年9月1日付25文科初第655号）によって周知されているように、特別支援学校に就学するための就学基準が、特別支援学校に入学可能な障害の程度を示すものとして機能することになりました（図1-2-3参照）。合わせて、多くの市町村教育委員会に設置されてきた「就学指導委員会」についても、早期からの教育相談・支援や就学先決定時のみならず、その後の一貫した支援についても助言を行う「教育支援委員会」と改めることが提起されました。

　第三に、「障害のある子どもが十分に教育を受けられるための合理的配慮及びその基礎となる環境整備」が掲げられました。これまでも、学校では、障害のある児童生徒等への様々な配慮が行われてきましたが、「合理的配慮」という新しい概念が提示されました。現段階では、その確保についての理解は必ずしも十分ではなく、学校・教育委員会、本人・保護者の双方で情報が不足していることが指摘されています。詳しくは、後述（④-1参照）されますが、法令あるいは財政措置に基づいて整備される「基礎的環境整備」を踏まえ、過度の負担を課さない限り、個々の障害のある人の状態等に応じて提供される「合理的配慮」が今後の重要な教育課題のひとつとなります。

　第四に、「多様な学びの場の整備と学校間連携等の推進」が提示されました。日本型インクルーシブ教育システムを構築する上で、「多様な学びの場として、通常の学級、通級による指導、特別支援学級、特別支援学校それぞれの環境整備の充実を図っていくことが必要である」ことが指摘され、特に通常の学級における少人数学級の実現や複数教員による指導などの工夫が求められました（②-2参照）。同時に、「域内の教育資源の組合せ（スクールクラスター）により、域内のすべての子ども一人一人の教育的ニーズに応え、各地域におけるインクルーシブ教育システムを構築することが必要である」とし、学校間連携による地域の教育資源の活用が重要視されています。そして、障害のある児童生徒と、障害のない児童生徒等の双方にとって、社会性や豊かな人間性を育み、多様性を尊重する心を育むことができる学校・学級間の活動として、「交流及び共同学習」（④-2参照）の推進が取り上げられました。

　最後に、「特別支援教育を充実させるための教職員の専門性向上等」に対す

18　第Ⅰ部　特別支援教育の基本的理解

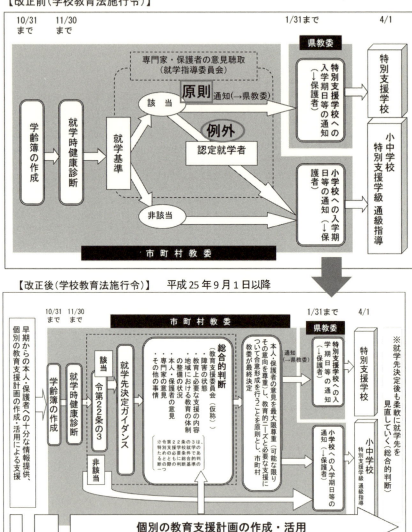

図1-2-3　障害のある児童生徒の就学先決定について（手続きの流れ）

（文部科学省（2013）教育支援資料——障害のある子供の就学手続と早期からの一貫した支援の充実．初等中等教育局特別支援教育課）

る期待が示されました。インクルーシブ教育システム構築のためには、すべての教師が、特別支援教育に関する一定の知識・技能を有していることが求められます。しかし、特別支援学校教員の特別支援学校教諭免許状（当該障害種または自立教科の免許状）取得率は約7割（75.8％、2016年5月1日現在）であり、小・中学校の特別支援学級では約3割（30.9％）に留まっています（文部科学省, 2017）。インクルーシブ教育の原則となる通常の学級をはじめ、継続的な研修などによる教師の専門性の担保が急がれます。

（3）今後の課題

以上のように、インクルーシブ教育が世界的な趨勢となり、わが国における試みも進展しつつあります。その一方で、解決すべき課題も残されています。荒川（2017, 183）も指摘するように、インクルーシブ教育システムを担う仕組みとされる交流及び共同学習など、現段階で示された取り組みの多くが、従来の特別支援教育体制の充実策に留まっている側面があります。「通級による指導」については、義務教育標準法の改正（2017年4月1日施行）により、各校の課題などに応じて予算の範囲内で担当教員を配置する加配定数の扱いが改められ、対象となる児童生徒数に応じて安定的に教員を配置する基礎定数化が実現しました（児童生徒13人に1人）。2018年度には、高校においても「通級による指導」の制度が導入されます。また、2017年3月に公示された小・中学校の新学習指導要領では、特別支援学級や通級による指導における個別の指導計画等の全員作成が求められています。こうした取り組みをいっそう発展させながら、インクルーシブ教育の本質を踏まえた、通常教育そのものの改革の視点をより深化させなければなりません。

【引用・参考文献】

荒川智（2017）　特別支援教育政策の論点とインクルーシブ教育システム―歴史的経緯も含めて．柘植雅義　インクルーシブ教育の未来研究会（編），特別支援教育の到達点と可能性―2001～2016年：学術研究からの論考．金剛出版，180-183.

Brown, W. H. (1997) Inclusion：A time to include and support young children. *Dimension of Early Childhood*, 25(3), 3-5.

文部科学省（2012）　通常の学級に在籍する発達障害の可能性のある特別な教育的支援を必

要とする児童生徒に関する調査結果について．初等中等教育局特別支援教育課.
文部科学省（2017）　特別支援教育資料（平成28年度）．初等中等教育局特別支援教育課.
文部省（1978）　特殊教育百年史．東洋館出版.
精神薄弱問題史研究会編（1988a）　人物でつづる障害者教育史（世界編）．日本文化科学社.
精神薄弱問題史研究会編（1988b）　人物でつづる障害者教育史（日本編）．日本文化科学社.
津曲裕次編（2004）　写真・絵画集成　日本の障害児教育．第2巻．日本図書センター.
UNESCO（2005）Guidelines for Inclusion: Ensuring access to education for all.
　http://unesdoc.unesco.org/images/0014/001402/140224e.pdf（2017年9月20日参照）

2 特別支援教育の制度

1 特別支援教育の法的位置づけ
(1) 法律の体系と日本国憲法・教育基本法

図2-1-1は特別支援教育を含めて教育についての法律の体系を示したものです。ひとつの法律ですべての内容を示すことは難しいため、細かい内容は下位の法律に委ねるかたちになっています。

まず、一番上位の日本国憲法の第26条で、以下の通り、障害のある子どもを含めて、ひとしく教育を受ける権利があることや、無償で義務教育が提供されることが示されています。

```
日本国憲法 (1946) 第26条
        ↓
    教育基本法 (1947)
        ↓
    学校教育法 (1947)
        ↓
  学校教育法施行令 (政令)
  学校教育法施行規則 (省令)
        ↓
通達、通知、告示 (例:学習指導要領) 等
```

図2-1-1 教育に関する法律の体系

第26条 すべて国民は、法律の定めるところにより、その能力に応じて、ひとしく教育を受ける権利を有する。
2 すべて国民は、法律の定めるところにより、その保護する子女に普通教育を受けさせる義務を負ふ。義務教育は、これを無償とする。

日本国憲法を踏まえて、教育基本法は1947年に制定されましたが、「障害」という用語はどこにも用いられていませんでした。しかし、2006年に行われた改正の第4条「教育の機会均等」の第2項に新たに「国及び地方公共団体は、障害のある者が、その障害の状態に応じ、十分な教育を受けられるよう、教育上必要な支援を講じなければならない。」という規定が加えられました。障害のある人々に教育の機会均等を保障するために、国と地方公共団体が必要な支援を講じなければならない点を示したことには大きな意義があります。

(2) 学校教育法における特別支援教育に関する規定

　学校の種別を規定した第1条では、障害のある子どもに対する学校は「特別支援学校」という名称を用いることが規定され、小学校・中学校等と並んで、学校教育の一環となっていることが示されています。

> **第1条**　この法律で、学校とは、幼稚園、小学校、中学校、義務教育学校、高等学校、中等教育学校、特別支援学校、大学及び高等専門学校とする。

　障害のある子どもに対する教育を規定しているのは「第8章　特別支援教育」です。最初の条文である第72条は下の枠内の通りです。まず、冒頭の部分で特別支援学校には、視覚障害者、聴覚障害者、知的障害者、肢体不自由者、病弱者を対象とする5種類があることが示されています。各障害別の学校数、学級数、児童生徒数については、表2-2-1（29頁）をみて下さい。

　条文の後半には特別支援学校の目的が規定されていますが、その目的は2つあります。ひとつは小・中学校等に「準ずる教育」を行うことですが、ここで留意しなければならないのは、「準ずる」とは「準優勝」などの場合に使われる「レベルが低い」という意味ではなく、「基準」「水準」などの場合に使われる「等しい」という意味であるという点です。しかし、障害があることを踏まえて、後半の「障害による学習上……」の目的が加わっているのです。

> **第72条**　特別支援学校は、視覚障害者、聴覚障害者、知的障害者、肢体不自由者又は病弱者（身体虚弱者を含む。以下同じ。）に対して、幼稚園、小学校、中学校又は高等学校に準ずる教育を施すとともに、障害による学習上又は生活上の困難を克服し自立を図るために必要な知識技能を授けることを目的とする。

　第73条では、特別支援学校は自分の学校が対象とする障害を明らかにする必要があることが規定されています。特別支援学校には、従来通りの単一の障害を対象とするものから、5障害すべてを対象とするものまで様々な形態があります。形態別の学校数と学級数については表2-2-3（31頁）をみて下さい。

> **第73条**　特別支援学校においては、文部科学大臣の定めるところにより、前条に規定する者に対する教育のうち当該学校が行うものを明らかにするものとする。

第74条は、特別支援学校の「センター的機能」についての規定です。特別支援学校には、自校の子どもに対して教育を行うのに加えて、通常の学校の要請に応じて、助言や援助を行う努力義務があります。2005年に出された中央教育審議会の答申である「特別支援教育を推進するための制度の在り方について（答申）」においては、センター的機能の例として、①小・中学校等の教員への支援機能、②特別支援教育等に関する相談・情報提供機能、③障害のある幼児児童生徒への指導・支援機能、④福祉、医療、労働などの関係機関等との連絡・調整機能、⑤小・中学校等の教員に対する研修協力機能、⑥障害のある幼児児童生徒への施設設備等の提供機能、を挙げています。インクルーシブ教育を進めるためには、特別支援学校のセンター的機能を有効に活用することが重要になります。

> **第74条**　特別支援学校においては、第72条に規定する目的を実現するための教育を行うほか、幼稚園、小学校、中学校、義務教育学校、高等学校又は中等教育学校の要請に応じて、第81条第1項に規定する幼児、児童又は生徒の教育に関し必要な助言又は援助を行うよう努めるものとする。

　第75条では特別支援学校への就学の対象となる5障害の障害の程度について規定されています。文末の「政令で定める」に当たるのが学校教育法施行令第22条の3であり、表2-1-1に示す通りとなっています。この内容は、特別支援学校への就学基準と呼ばれています。

> **第75条**　第72条に規定する視覚障害者、聴覚障害者、知的障害者、肢体不自由者又は病弱者の障害の程度は、政令で定める。

　第76条は特別支援学校に置かれる部について規定されています。幼稚部、小学部、中学部、高等部を置くことができるため、在籍する児童生徒の年齢の幅が広くなっています。その一方で、高等部のみの特別支援学校もみられます。こうした学校には、比較的障害が軽い子どもが在籍し、就労を目指した教育が行われる傾向があります。

表2-1-1　特別支援学校への就学基準（学校教育法施行令第22条の3）

区　分	程　度
視覚障害者	両眼の視力がおおむね0.3未満のもの又は視力以外の視機能障害が高度のもののうち、拡大鏡等の使用によっても通常の文字、図形等の視覚による認識が不可能又は著しく困難な程度のもの
聴覚障害者	両耳の聴力レベルがおおむね60デシベル以上のもののうち、補聴器等の使用によっても通常の話声を解することが不可能又は著しく困難な程度のもの
知的障害者	一　知的発達の遅滞があり、他人との意思疎通が困難で日常生活を営むのに頻繁に援助を必要とする程度のもの 二　知的発達の遅滞の程度が前号に掲げる程度に達しないもののうち、社会生活への適応が著しく困難なもの
肢体不自由者	一　肢体不自由の状態が補装具の使用によっても歩行、筆記等日常生活における基本的な動作が不可能又は困難な程度のもの 二　肢体不自由の状態が前号に掲げる程度に達しないもののうち、常時の医学的観察指導を必要とする程度のもの
病弱者	一　慢性の呼吸器疾患、腎臓疾患及び神経疾患、悪性新生物その他の疾患の状態が継続して医療又は生活規制を必要とする程度のもの 二　身体虚弱の状態が継続して生活規制を必要とする程度のもの

> **第76条**　特別支援学校には、小学部及び中学部を置かなければならない。ただし、特別の必要のある場合においては、そのいずれかのみを置くことができる。
> 2　特別支援学校には、小学部及び中学部のほか、幼稚部又は高等部を置くことができ、また、特別の必要のある場合においては、前項の規定にかかわらず、小学部及び中学部を置かないで幼稚部又は高等部のみを置くことができる。

　第77条は教育課程について規定されていますが、この点については、41頁からの3で詳しく説明します。

　第78条、第79条には特別支援学校に置かれている寄宿舎に関する規定が成れています。第80条に規定されている通り、特別支援学校の設置義務は都道府県にあります。そのため、学区域が広くなり、通学が難しい子どももいるため、寄宿舎の規定があるのです。

> **第78条**　特別支援学校には、寄宿舎を設けなければならない。ただし、特別の事情のあるときは、これを設けないことができる。

> 第79条　寄宿舎を設ける特別支援学校には、寄宿舎指導員を置かなければならない。
> 2　寄宿舎指導員は、寄宿舎における幼児、児童又は生徒の日常生活上の世話及び生活指導に従事する。

> 第80条　都道府県は、その区域内にある学齢児童及び学齢生徒のうち、視覚障害者、聴覚障害者、知的障害者、肢体不自由者又は病弱者で、その障害が、第75条の政令で定める程度のものを就学させるに必要な特別支援学校を設置しなければならない。

　第72条から第80条までは特別支援学校に関する規定でしたが、第81条は通常の学校における特別支援教育について記されています。第１項が2007年度からの特別支援教育への転換に伴い、新たに設けられた条文であり重要です。冒頭の下線部では「……学校においては」とあり、学校の「どこで」とは記されていません。したがって、支援を必要とする子どもについてはあらゆる場において必要な教育を行わなければならなくなったことに留意する必要があります。

> 第81条　幼稚園、小学校、中学校、義務教育学校、高等学校及び中等教育学校においては、次項各号のいずれかに該当する幼児、児童及び生徒その他教育上特別の支援を必要とする幼児、児童及び生徒に対し、文部科学大臣の定めるところにより、障害による学習上又は生活上の困難を克服するための教育を行うものとする。

　第81条の第２項は特別支援学級についての規定がなされています。法律上示されているのは５障害ですが、その他に表2-1-2に示す通り、言語障害者と自閉症・情緒障害者があり、全部で７種類の特別支援学級があります。各障害別の特別支援学級の数や児童生徒数については表2-2-4（33頁）をみて下さい。

> 第81条
> 2　小学校、中学校、義務教育学校、高等学校及び中等教育学校には、次の各号のいずれかに該当する児童及び生徒のために、特別支援学級を置くことができる。
> 　　1　知的障害者　　2　肢体不自由者　　3　身体虚弱者
> 　　4　弱視者　　　　5　難聴者
> 　　6　その他障害のある者で、特別支援学級において教育を行うことが適当なもの
> 3　前項に規定する学校においては、疾病により療養中の児童及び生徒に対して、特別支援学級を設け、又は教員を派遣して、教育を行うことができる。

第3項に規定されている特別支援学級は、療養中の病院に置かれていることが多く、一般に「院内学級」と呼ばれています。

表2-1-2　特別支援学級及び通級による指導の対象となる児童生徒の障害の種類と程度

特別支援学級		通級による指導	
知的障害者	知的発達の遅滞があり、他人との意思疎通に軽度の困難があり日常生活を営むのに一部援助が必要で、社会生活への適応が困難である程度のもの		
肢体不自由者	補装具によっても歩行や筆記等日常生活における基本的な動作に軽度の困難がある程度のもの	肢体不自由者、病弱者及び身体虚弱者	肢体不自由、病弱又は身体虚弱の程度が、通常の学級での学習におおむね参加でき、一部特別な指導を必要とする程度のもの
病弱者及び身体虚弱者	一　慢性の呼吸器疾患その他疾患の状態が持続的又は間欠的に医療又は生活の管理を必要とする程度のもの 二　身体虚弱の状態が持続的に生活の管理を必要とする程度のもの		
弱視者	拡大鏡等の使用によっても通常の文字、図形等の視覚による認識が困難な程度のもの	弱視者	拡大鏡等の使用によっても通常の文字、図形等の視覚による認識が困難な程度の者で、通常の学級での学習におおむね参加でき、一部特別な指導を必要とするもの
難聴者	補聴器等の使用によっても通常の話声を解することが困難な程度のもの	難聴者	補聴器等の使用によっても通常の話声を解することが困難な程度の者で、通常の学級での学習におおむね参加でき、一部特別な指導を必要とするもの
言語障害者	口蓋裂、構音器官のまひ等器質的又は機能的な構音障害のある者、吃音等話し言葉におけるリズムの障害のある者、話す、聞く等言語機能の基礎的事項に発達の遅れがある者、その他これに準じる者（これらの障害が主として他の障害に起因するものではない者に限る。）で、その程度が著しいもの	言語障害者	口蓋裂、構音器官のまひ等器質的又は機能的な構音障害のある者、吃音等話し言葉におけるリズムの障害のある者、話す、聞く等言語機能の基礎的事項に発達の遅れがある者、その他これに準じる者（これらの障害が主として他の障害に起因するものではない者に限る。）で、通常の学級での学習におおむね参加でき、一部特別な指導を必要とする程度のもの
自閉症・情緒障害者	一　自閉症又はそれに類するもので、他人との意思疎通及び対人関係の形成が困難である程度のもの 二　主として心理的な要因による選択性かん黙等があるもので、社会生活への適応が困難であるもの	自閉症者	自閉症又はそれに類するもので、通常の学級での学習におおむね参加でき、一部特別な指導を必要とする程度のもの
		情緒障害者	主として心理的な要因による選択性かん黙等があるもので、通常の学級での学習におおむね参加でき、一部特別な指導を必要とする程度のもの
		学習障害者	全般的な知的発達に遅れはないが、聞く、話す、読む、書く、計算する又は推論する能力のうち特定のものの習得と使用に著しい困難を示すもので、一部特別な指導を必要とする程度のもの
		注意欠陥多動性障害者	年齢又は発達に不釣り合いな注意力、又は衝動性・多動性が認められ、社会的な活動や学業の機能に支障をきたすもので、一部特別な指導を必要とする程度のもの

＊　「障害のある児童生徒等に対する早期からの一貫した支援について（通知）」25文科初第756号（平成25年10月4日）に基づき作成

1993年から小学校と中学校で実施されている通級による指導（9頁参照）についての具体的な規定は学校教育法ではみられませんが、法的根拠となるのは学校教育法施行規則の第140条と第141条です。第140条は、在籍する学校に設けられている通級指導教室に通う形態で「自校通級」と呼ばれています。これに対して第141条は、他の学校で指導を受ける形態で「他校通級」と呼ばれています。ただし、どちらの条文にも「通級」という用語は用いられておらず、「特別の指導」と「特別の教育課程」という用語がキーワードになります。

　対象となる障害の種類と程度は表2-1-2の右欄の通りになっています。知的障害者は対象になっていませんが、これは、1992年の「通級による指導に関する充実方策について（審議のまとめ）」において、知的障害の場合は固定式の学級で指導を行うことが適切であるとされたことによります。学習障害者と注意欠陥多動性障害者は2006年から加えられました。通級による指導を受けている児童生徒数については36頁の表2-2-7を見て下さい。

　「特別の指導」と「特別の教育課程」については、特別支援学校に設けられている自立活動を取り入れることなどが挙げられます。時間数については、小学校・中学校については、年間35単位時間（週1時間）から280単位時間（週8時間）までが標準とされています。ただし、学習障害者と注意欠陥多動性障害者の場合は、年間10単位時間（月1時間程度）から280単位時間（週8時間）までとなっており、柔軟な対応ができるようになっています。高等学校でも2018年度から通級による指導が開始されましたが、年間7単位を超えない範囲で卒業認定の単位に含めることができます。

第140条　小学校、中学校若しくは義務教育学校又は中等教育学校の前期課程において、次の各号のいずれかに該当する児童又は生徒（特別支援学級の児童及び生徒を除く。）のうち当該障害に応じた<u>特別の指導</u>を行う必要があるものを教育する場合には、文部科学大臣が別に定めるところにより、（中略）<u>特別の教育課程</u>によることができる。

1　言語障害者　　2　自閉症者　　3　情緒障害者　　4　弱視者
5　難聴者　　6　学習障害者　　7　注意欠陥多動性障害者
8　その他障害のある者で、この条の規定により<u>特別の教育課程</u>による教育を行うことが適当なもの

> **第141条** 前条の規定により特別の教育課程による場合においては、校長は、児童又は生徒が、当該小学校、中学校、義務教育学校又は中等教育学校の設置者の定めるところにより他の小学校、中学校、義務教育学校、中等教育学校の前期課程又は特別支援学校の小学部若しくは中学部において受けた授業を、当該小学校、中学校若しくは義務教育学校又は中等教育学校の前期課程において受けた当該特別の教育課程に係る授業とみなすことができる。

2　多様な学びの場における教育形態

　2017（平成29）年5月1日現在、義務教育段階の全児童生徒数は、約1,900万人です。そのうち、特別支援教育の対象数は、特別支援学校に約7万人（0.69％）、小学校・中学校の特別支援学級に約20.1万人（2.00％）、及び通級による指導に約9万人（0.89％）、合計で約36.2万人（3.38％）です。

　このような障害のある児童生徒に対する教育の場として、中央教育審議会による2012（平成24）年7月23日の「共生社会の形成に向けたインクルーシブ教育システム構築のための特別支援教育の推進（報告）」では、障害児が健常児と同じ場で共に学ぶことを追求するとともに、個別の教育的ニーズのある幼児児童生徒に対して、自立と社会参加を見据えて、その時点で教育的ニーズに最も的確に応える指導を提供できる、多様で柔軟な仕組みを整備することが重要であると指摘し、小・中学校における通常の学級、通級による指導、特別支援学級、特別支援学校といった、連続性のある「多様な学びの場」を用意しておくことの必要を示しています。図

図2-2-1　障害のある子どもの学びの場（文部科学省資料より）

2-2-1は、4つの学びの場を基本としながら、さらに具現化した学びの場の構造図を表しました。

(1) 特別支援学校
(1) 特別支援学校の学校数と児童生徒数の推移

2016（平成28）年5月1日現在、特別支援学校の障害別学校数及び幼児児童生徒数は、視覚障害84校5,587人、聴覚障害120校8,425人、知的障害761校126,541人、肢体不自由349校31,889人、病弱149校19,559人、計1,463校192,001人です（表2-2-1）。設置者は、都道府県教育委員会がほとんどですが、国立、市立、私立も若干みられます。特別支援学校在籍者数の推移をみてみると、1989（平成元）年と比較して、病弱が3.2倍、知的障害が2.3倍、肢体不自由が1.6倍と大幅に増加しているのに対して、聴覚障害が微増、視覚障害が微減です（表2-2-2）。これに伴って、病弱、知的障害、肢体不自由を主とする特別支援学校数も増加しています。これら増加の背景には、特別支援学校に一本化されたことにより複数の障害種を設置することができるようになったこと、特殊教育から特別支援教育へ転換されたことによる特別支援学校の専門的指導と卒業後の進路指導の評価などが考えられます。

学部では、その多くが小学部・中学部・高等部を併置していますが、近年、単独の高等特別支援学校も増加しています。幼稚部や高等部に別科や専攻科を併置している特別支援学校は、以前の盲学校や聾学校など限定されています。

表2-2-1 特別支援学校の在籍幼児児童生徒数（2016（平成28）年5月1日現在）

区分	学校数	学級数	在籍幼児児童生徒数				
			計	幼稚部	小学部	中学部	高等部
視覚障害	84	2,242	5,587	204	1,719	1,304	2,360
聴覚障害	120	2,842	8,425	1,158	3,080	1,872	2,315
知的障害	761	30,181	126,541	248	35,914	27,985	62,394
肢体不自由	349	12,319	31,889	123	13,562	8,292	9,912
病弱	149	7,481	19,559	30	7,410	5,389	6,730
総計	1,463	55,065	192,001	1,763	61,685	44,842	83,711

30 第Ⅰ部 特別支援教育の基本的理解

表2-2-2 特別支援学校の障害別学校数及び幼児児童生徒数の推移

年度	計	視覚障害	聴覚障害	知的障害	肢体不自由	病弱
平成元	95,008 (938)	6,006 (70)	8,319 (108)	54,976 (475)	19,600 (188)	6,107 (97)
平成2	93,497 (947)	5,599 (70)	8,169 (108)	54,457 (482)	19,248 (188)	6,024 (99)
平成3	91,534 (960)	5,228 (70)	8,149 (107)	53,624 (493)	19,113 (193)	5,420 (97)
平成4	89,584 (963)	4,919 (70)	7,997 (107)	52,634 (498)	18,859 (191)	5,175 (97)
平成5	88,041 (964)	4,773 (70)	7,842 (107)	52,145 (500)	18,438 (190)	4,843 (97)
平成6	87,219 (968)	4,696 (70)	7,557 (107)	51,657 (502)	18,396 (191)	4,913 (98)
平成7	86,834 (967)	4,611 (70)	7,257 (107)	52,102 (501)	18,131 (192)	4,733 (97)
平成8	86,293 (975)	4,442 (71)	6,999 (107)	52,102 (511)	18,314 (191)	4,436 (95)
平成9	86,444 (978)	4,323 (71)	6,841 (107)	52,824 (512)	18,046 (192)	4,410 (96)
平成10	87,445 (983)	4,199 (71)	6,826 (107)	53,561 (514)	18,464 (195)	4,395 (96)
平成11	88,814 (988)	4,172 (71)	6,824 (107)	54,987 (519)	18,467 (196)	4,364 (95)
平成12	90,104 (992)	4,089 (71)	6,818 (107)	57,078 (523)	17,886 (196)	4,233 (95)
平成13	92,072 (996)	4,001 (71)	6,829 (107)	58,866 (525)	18,289 (198)	4,087 (95)
平成14	94,171 (993)	3,926 (71)	6,719 (106)	61,243 (523)	18,362 (198)	3,921 (95)
平成15	96,473 (995)	3,882 (71)	6,705 (106)	63,382 (523)	18,537 (199)	3,967 (96)
平成16	98,796 (999)	3,870 (71)	6,573 (106)	65,690 (528)	18,756 (202)	3,907 (92)
平成17	101,612 (1,002)	3,809 (71)	6,639 (106)	68,328 (535)	18,713 (198)	4,123 (92)
平成18	104,592 (1,006)	3,688 (71)	6,544 (104)	71,453 (543)	18,717 (197)	4,190 (91)
平成19	108,173 (1,013)	5,637 (71)	8,340 (102)	92,912 (592)	29,917 (249)	18,919 (106)
平成20	112,334 (1,026)	5,763 (84)	8,413 (106)	96,924 (619)	30,363 (282)	18,934 (124)
平成21	117,035 (1,030)	5,798 (83)	8,461 (116)	102,084 (632)	31,086 (295)	18,926 (129)
平成22	121,815 (1,039)	5,774 (82)	8,591 (116)	105,920 (656)	31,530 (296)	19,337 (131)
平成23	126,123 (1,049)	5,882 (86)	8,660 (118)	111,468 (673)	31,612 (314)	19,589 (138)
平成24	129,994 (1,059)	5,894 (87)	8,533 (120)	115,355 (681)	32,007 (324)	19,190 (139)
平成25	132,570 (1,080)	5,940 (85)	8,624 (120)	118,225 (706)	32,050 (334)	19,653 (143)
平成26	135,617 (1,096)	5,750 (85)	8,569 (118)	121,568 (725)	31,814 (340)	19,955 (145)
平成27	190,626 (1,436)	5,716 (83)	8,625 (118)	124,146 (745)	32,089 (345)	20,050 (145)
平成28	193,464 (1,463)	5,587 (84)	8,425 (120)	126,541 (761)	31,889 (349)	19,559 (149)

* （ ）内は学校数である。
* 平成18年までは学校種（盲学校・聾学校・知的障害養護学校・肢体不自由養護学校・病弱養護学校）ごとに集計。平成19年以降は、複数の障害種を対象としている学校はそれぞれの障害種ごとに重複してカウントしている。

(2) 複数の障害種に対応する特別支援学校

特別支援学校制度化により、ひとつの特別支援学校に複数の障害種を設置することができるようになりました。

表2-2-3には、全国の特別支援学校における障害種別を示しました。最も多いのが知的障害単独校で全体の48%（540校）を占めています。2つの障害種を設置している特別支援学校は35%（196校）、5つの障害種すべてを設置している特別支援学校は1.5%（17校）あります。全体の78%がひとつの障害種の

特別支援学校ですが、今後は地域の実情や教育条件等により学校を再編し複数の障害種を設置する特別支援学校が増加するものと予想されます。

一方、特別支援学校制度化以降、知的障害の児童生徒の急速な増加や軽度の知的障害の生徒が一般就労を目指す高等部進学を希望することが多くなったため、各都道府県や政令指定都市では、高等部単独の高等特別支援学校を設置することが増えてきました。なお、北海道、東京都、大阪府及び福岡県などでは、中等度から重度の知的障害の生徒を受け入れたり、視覚障害や聴覚障害を対象

表2-2-3　特別支援学校の障害種別数（2016（平成28）年5月1日現在）

区　分	学校数	学級数	区　分	学校数	学級数
視	63	1,157	知・病	15	612
聴	86	1,770	肢・病	26	966
知	540	16,499	視・肢・病	1	33
肢	129	4,120	聴・知・肢	3	200
病	58	932	聴・知・病	1	46
視・知	1	61	知・肢・病	29	1,127
視・病	1	17	聴・知・肢・病	1	56
聴・知	11	269	視・聴・知・肢	1	84
知・肢	142	6,537	視・聴・知・肢・病	17	596
			総　計	1,225	35,081

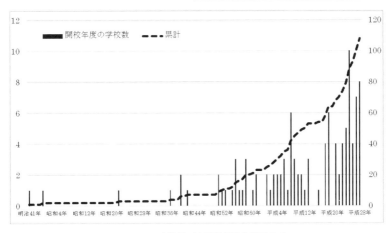

図2-2-2　高等特別支援学校数と開校年度

とした高等特別支援学校もみられます。

　2016（平成28）年度現在、高等特別支援学校は、全国に112校（分校1校、私立3校含む）が設置されています（図2-2-2）。特別支援学校が制度化されてから、10年間で52校設置され倍増しています。

(3) 特別支援学校の中での「多様な学びの場」の選択

　特別支援学校は、インクルーシブ教育システムの推進とともに、特に知的障害特別支援学校の教室不足、児童生徒の通学不便、小・中・高等学校の過疎化による校舎活用、居住地での活動の制約など様々な問題に対応するため、教育形態を多様化させ、本校の他に地域の小学校、中学校、高等学校の校舎内や敷地内に分校・分教室を併置・設置したり、二重学籍・登録（東京都の副籍、埼玉県の支援籍、横浜市の副学籍など）を認めたり、高等学校内の学科に特別支援学校を設置（神奈川県）するなどしています。

　これらの急激な動きは、本人・保護者が居住地において、「支援つき通常の学校」「支援つき通常の学級」「特別支援学級」「特別支援学校の分校・分教室」などの中から、適切と考える学びの場が選択できることにもつながります。

(4) 地域のセンター的役割としての特別支援学校

　特別支援学校は、「21世紀の特殊教育の在り方について（最終報告）」（文部科学省，2001）の中で、新たな役割として「センター的機能」、さらに、「共生社会の形成に向けたインクルーシブ教育システム構築のための特別支援教育の推進（報告）」（文部科学省，2015）の中で、地域内の教育資源の組み合わせである「スクールクラスター」を効果的に発揮するよう提言されました。これまでは、どちらかというと特別支援学校内における児童生徒への指導・支援が主でありましたが、地域に向けてその専門性やノウハウを発信する役割と機能が付け加えられました。これにより、特別支援学校では、校内に「地域支援部」を新たに組織し、「特別支援教育コーディネーター」を配置するなどして、保育所・幼稚園、小学校、中学校、高等学校等に在籍する幼児児童生徒の教育相談、教材・教具の提供、心理検査の実施と解釈など、多種多様な指導・助言を積極的に行うようになりました。

（2）特別支援学級
(1) 特別支援学級の学級数と児童生徒数

　2016（平成28）年5月1日現在、小・中学校における特別支援学級の障害別学級数及び児童生徒数は、知的障害26,136学級、106,365人、肢体不自由2,918学級、4,418人、病弱・身体虚弱1,917学級、3,208人、弱視470学級、552人、難聴1,057学級、1,617人、言語障害621学級、1,708人、自閉症・情緒障害24,109学級、99,971人、計57,228学級、217,839人です（表2-2-4）。障害種の内訳では、知的障害が49％、次いで自閉症・情緒障害が46％で全体の95％を占めています。また、教員一人当たりの児童生徒数は3.5人であり、手厚さがうかがえます。

　特別支援学級数と在籍児童生徒数は、1989（平成元）年度と比較すると、学級数が2.7倍、児童生徒数が2.7倍であり、年間約2,000学級10,000人以上増加しています（表2-2-5）。児童生徒数の激増については、特別支援学級としての個別的な指導の必要性が理解されたことや実際の指導について保護者や関係者から評価されてきたことによるものと推測されます。

　一方で、特別支援学級在籍の児童生徒の中には、学校教育法施行令第22条の3に該当（特別支援学校対象）する児童生徒が、小学校特別支援学級に12,423人、中学校特別支援学級に4,870人在籍しています。この背景には、インクルーシブ教育システムの理念や本人・保護者の意見を可能な限り尊重したことも影響されていると推測されます。障害種の内訳は表2-2-6の通りです。

表2-2-4　特別支援学級の障害別学級数及び児童生徒数（平成28年5月1日）

学校別 障害種別	小学校 学級数	小学校 児童数	中学校 学級数	中学校 生徒数	合計 学級数	合計 児童生徒数
知的障害	17,565	71,831	8,571	34,534	26,136	106,365
肢体不自由	2,130	3,302	788	1,116	2,918	4,418
病弱・身体虚弱	1,335	2,265	582	943	1,917	3,208
弱視	369	441	101	111	470	552
難聴	741	1,155	316	462	1,057	1,617
言語障害	499	1,554	122	154	621	1,708
自閉症・情緒障害	16,747	72,032	7,362	27,939	24,109	99,971
計	39,386	152,580	17,842	65,259	57,228	217,839

表2-2-5 小・中学校の特別支援学級数及び在籍児童生徒数の推移

学校別 年度	学級数 小学校	中学校	合計	児童生徒数 小学校	中学校	合計
平成元年度	14,420	6,893	21,313	53,701	28,352	81,053
平成2年度	14,388	6,895	21,283	49,971	27,191	77,162
平成3年度	14,403	6,877	21,280	48,271	25,996	74,267
平成4年度	14,523	6,929	21,452	47,044	24,851	71,895
平成5年度	14,644	6,975	21,619	45,650	23,600	69,250
平成6年度	14,835	7,014	21,849	44,319	22,632	66,951
平成7年度	15,125	7,167	22,292	43,850	22,189	66,039
平成8年度	15,511	7,260	22,771	44,061	22,101	66,162
平成9年度	15,982	7,418	23,400	44,542	22,139	66,681
平成10年度	16,329	7,573	23,902	45,726	22,248	67,974
平成11年度	17,160	7,907	25,067	47,369	22,720	70,089
平成12年度	18,009	8,247	26,256	49,513	23,408	72,921
平成13年度	19,046	8,665	27,711	52,551	24,689	77,240
平成14年度	20,206	9,150	29,356	55,963	25,864	81,827
平成15年度	21,384	9,537	30,921	59,419	26,514	85,933
平成16年度	22,436	9,887	32,323	63,115	27,736	90,851
平成17年度	23,706	10,308	34,014	67,685	29,126	96,811
平成18年度	24,994	10,952	35,946	73,151	31,393	104,544
平成19年度	26,297	11,644	37,941	78,856	34,521	113,377
平成20年度	27,674	12,330	40,004	86,331	37,835	124,166
平成21年度	29,053	13,014	42,067	93,488	41,678	135,166
平成22年度	30,367	13,643	44,010	101,019	44,412	145,431
平成23年度	31,507	14,300	45,807	107,597	47,658	155,255
平成24年度	32,773	14,870	47,643	113,961	50,467	164,428
平成25年度	34,133	15,610	49,743	120,906	53,975	174,881
平成26年度	35,570	16,482	52,052	129,018	58,082	187,100
平成27年度	37,324	17,262	54,586	139,526	61,967	201,493
平成28年度	39,386	17,842	57,228	152,580	65,259	217,839

表2-2-6 小・中学校における学校教育法施行令第22条の3に該当する児童生徒数

(平成27年5月1日)

区分	小学校	中学校
知的障害　特別支援学級	10,373人（73.4％）	4,203人（74.6％）
肢体不自由　特別支援学級	866人（6.1％）	253人（4.5％）
病弱　特別支援学級	421人（3.0％）	151人（2.7％）
視覚障害　特別支援学級	97人（0.3％）	38人（0.7％）
聴覚障害　特別支援学級	197人（1.4％）	71人（1.3％）
重複障害　特別支援学級	566人（4.0％）	156人（2.8％）

(2) 特別支援学級の弾力的な運用

　特別支援学級では、特殊教育から特別支援教育に転換されて以降、校内支援体制の整備、交流及び共同学習の推進、インクルーシブ教育システムの理念浸透、学びの連続性などにより、様々に弾力的な運用が行われています。

　例えば、通常の学級の中で特別な指導を必要としている児童生徒がいる場合、特別支援学級担当教員が時間割を工夫して、特別支援学級での授業が行われていない時間帯や放課後の時間帯を活用して指導を行っている場合があります。また、通常の学級在籍の児童生徒が特別支援学級在籍の児童生徒と一緒に指導を受けている場合などがあります。

　弾力的に取り扱う場合には、特別支援学級に在籍していることの意味を十分に理解した上で、特別支援学級在籍の児童生徒の学習保障を明確にしていかなければなりません。

(3) 通級指導教室

(1) 通級による指導とは

　通級による指導は、「通級による指導に関する充実方策について（審議のまとめ）」（文部省,1992）の報告を受けた後、学校教育法施行令を改正して1993（平成5）年度から制度化されました。

　通級による指導とは、小・中学校の通常の学級に在籍している児童生徒が教科学習や集団適応の面で困難となっており、指導内容や指導方法で特別な配慮が必要とされる場合、通常の学級から特定の時間に「通級指導教室」に場を移して、特別な指導を受ける教育形態のひとつです。2018（平成30）年度からは、発達障害児等への指導の必要性から高等学校でも制度化されることとなりました。都道府県教育委員会では、モデル校を指定しその取り組みを開始しました。

(2) 通級による指導の対象者

　2016（平成28）年5月1日現在、通級による指導を受けている児童生徒数は、言語障害36,793人、自閉症15,876人、情緒障害11,824人、弱視179人、難聴2,091人、学習障害14,543人、注意欠陥多動性障害16,886人、肢体不自由92人、病弱・身体虚弱27人です（表2-2-8）。障害種の中では、言語障害が37.4％と圧倒的

に多く、次いで注意欠陥多動性障害（17.2％）、自閉症（16.1％）、学習障害（14.8％）、情緒障害（12.0％）の順となっています。教育形態では、自校通級（50.2％）が年々増えてきており、他校通級（44.1％）よりも多くなりました。巡回指導は5.7％で微減傾向です。

表2-2-7　通級による指導を受けている児童生徒数（2016（平成28）年5月1日）

学校別 障害種別	小学校				中学校				合計			
	計	自校	他校	巡回	計	自校	他校	巡回	計	自校	他校	巡回
言語障害	36,413	15,154	19,986	1,273	380	157	179	44	36,793	15,311	20,165	1,317
自閉症	13,551	6,770	6,314	467	2,325	1,035	1,084	206	15,876	7,805	7,398	673
情緒障害	9,783	5,278	4,060	445	2,041	863	1,064	114	11,824	6,141	5,124	559
弱視	161	20	130	11	18	2	14	2	179	22	144	13
難聴	1,677	289	1,209	179	414	67	275	72	2,091	356	1,484	251
学習障害	11,636	8,110	2,408	1,118	2,907	1,843	696	368	14,543	9,953	3,104	1,486
注意欠陥 多動性障害	14,625	8,579	5,045	1,001	2,261	1,136	846	279	16,886	9,715	5,891	1,280
肢体不自由	69	10	29	30	23	2	3	18	92	12	32	48
病弱・身体虚弱	13	5	6	2	14	5	7	2	27	10	13	4
計	87,928	44,215	39,187	4,526	10,383	5,110	4,168	1,105	98,311	49,325	43,355	5,631

　通級による指導を受けている児童生徒数は、制度化時から年々増加傾向にあり、全体で約6倍も増加しています（表2-2-8）。その中でも特に、学習障害、注意欠陥多動性障害、自閉症、情緒障害などのいわゆる発達障害を対象とした通級による指導が激増しています。

　通級による指導対象の判断に当たっては、その根拠を明確にすることが必要であり、経験のある教員等の観察・検査、専門医による診断、専門家チームの判断や巡回相談での意見、校内支援委員会の判断、さらには保護者の意見や同意を踏まえた上で、総合的かつ慎重に判断することが重要です。また、通級による指導に要する適応性や指導時間も考慮することが大切となります。

　(3)　通級による指導の指導内容と指導時間

　通級による指導を行う際の指導内容や指導時間は、2006年の「学校教育法施行規則第73条の21第1項の規定による特別の教育課程について定める件の一部を改正する件」により以下のように改正されました。学習障害（LD）及び注

2 特別支援教育の制度 37

表2-2-8　通級による指導を受けている児童生徒数の推移

区分	言語障害 小学校	中学校	計	自閉症 小学校	中学校	計	情緒障害 小学校	中学校	計	弱視 小学校	中学校	計	難聴 小学校	中学校	計
平成7	13,467	19	13,486				1,524	334	1,858	126	6	132	1,077	129	1,206
8	16,592	46	16,639				1,586	348	1,934	130	14	144	1,107	168	1,275
9	19,443	74	19,217				1,762	396	2,158	141	14	155	1,220	169	1,389
10	20,372	89	20,461				1,883	437	2,320	136	16	152	1,234	169	1,403
11	21,862	82	21,944				2,008	450	2,458	129	15	144	1,240	159	1,369
12	23,180	110	23,290				2,184	476	2,660	134	12	146	1,197	223	1,420
13	24,725	125	24,850				2,571	515	3,086	148	12	160	1,235	231	1,466
14	26,329	124	26,453				3,016	504	3,520	164	9	173	1,325	285	1,610
15	27,599	119	27,718				3,619	565	4,184	150	12	162	1,348	233	1,581
16	28,738	132	28,870				4,389	644	5,033	137	15	152	1,448	246	1,694
17	29,683	224	29,907				5,764	1,072	6,836	133	25	158	1,536	280	1,816
18	29,527	186	29,713	3,562	350	3,912	2,365	533	2,898	128	10	138	1,495	282	1,777
19	29,134	206	29,340	4,975	494	5,467	2,628	569	3,197	134	24	155	1,618	305	1,923
20	29,635	225	29,860	6,301	746	7,047	3,009	580	3,589	137	16	153	1,616	299	1,915
21	30,112	278	30,390	7,195	869	8,064	3,822	888	4,710	139	16	155	1,580	339	1,919
22	30,813	253	31,066	8,031	1,117	9,148	4,742	995	5,737	160	24	184	1,646	337	1,983
23	31,314	293	31,607	9,007	2,335	10,342	5,218	1,114	6,332	111	19	130	1,710	341	2,051
24	32,390	284	32,674	9,744	1,530	11,274	6,137	1,313	7,450	141	20	179	1,704	352	2,056
25	33,305	301	33,606	10,680	1,628	12,308	7,189	1,424	8,613	156	23	161	1,674	370	2,044
26	34,071	304	34,375	11,363	1,977	13,340	7,783	1,609	9,392	160	30	190	1,796	385	2,181
27	34,908	357	35,265	12,067	2,100	14,167	8,863	1,760	10,623	139	22	161	1,691	384	2,075
28	36,413	380	36,793	13,551	2,325	15,876	9,783	2,041	11,824	161	18	179	1,677	414	2,091

区分	学習障害 小学校	中学校	計	注意欠陥多動性障害 小学校	中学校	計	肢体不自由 小学校	中学校	計	病弱・身体虚弱 小学校	中学校	計	総計 小学校	中学校	計
平成7							6	-	6	7	5	12	16,207	493	16,700
8							5	-	5	4	6	10	19,424	582	20,006
9							4	1	5	2	2	4	22,272	656	22,928
10							4	2	6	-	-	-	23,629	713	24,342
11							5	2	7	-	-	-	25,214	708	25,922
12							4	3	7	19	5	24	26,718	829	27,547
13							2	1	3	-	-	-	28,681	684	29,565
14							2	1	3	2	6	8	30,838	929	31,767
15							-	1	1	6	-	6	32,722	930	33,652
16							1	1	1	4	2	6	34,717	1,040	35,757
17							4	1	5	14	2	16	37,134	1,604	38,728
18	1,195	156	1,351	1,471	160	1,631	5	1	6	16	6	22	39,764	1,684	41,448
19	2,156	329	2,485	2,406	230	2,636	11	-	11	16	8	24	43,078	2,162	45,240
20	3,149	533	3,682	3,087	319	3,406	13	1	14	9	10	19	46,956	2,729	49,685
21	4,039	687	4,726	3,659	354	4,013	19	3	22	4	18	22	50,569	3,452	54,021
22	5,542	1,113	6,653	5,277	521	5,798	16	8	24	27	15	42	56,254	4,383	60,637
23	6,455	1,358	7,813	6,312	714	7,026	6	3	9	31	19	50	60,574	5,196	65,253
24	7,714	1,636	9,350	7,596	921	8,517	16	1	17	14	6	20	65,456	6,063	71,519
25	8,785	1,934	10,769	9,105	1,219	10,324	19	7	26	11	2	13	70,924	6,958	77,882
26	9,554	2,452	12,006	10,593	1,620	12,213	35	5	40	9	4	13	75,364	6,386	83,750
27	10,474	2,681	13,155	12,554	2,019	14,573	61	7	68	11	7	18	80,768	9,337	90,105
28	11,636	2,907	14,543	14,625	2,261	16,886	69	23	92	13	14	27	87,928	10,383	98,311

意欠陥多動性障害（ADHD）の児童生徒は、月1回程度の指導や、ある単元・題材において集中指導することで効果が期待できることから年間10〜280時間（月1〜週8単位時間程度）が標準とされています。

指導内容	自立活動及び教科指導の補充
標準年間指導時間	年間35〜280単位時間（週1〜8単位時間程度） ただし、学習障害者（LD）及び注意欠陥多動性障害者（ADHD）は、年間10〜280単位時間（月1〜週8単位時間程度）

(4) 通級による指導の教育形態と個別の指導計画の作成

通級による指導の教育形態には、自校通級（学校の中に設置されている教室に通って指導を受けている）、他校通級（他の小・中学校や特別支援学校に設置されている通級指導教室に通って指導を受けている）、巡回による指導（他の小・中学校や特別支援学校の教師または教育センターや教育委員会等の教師が出向いてきて指導を受けている）などがあります。

また、弾力的な運用として、「学校独自で通級指導教室（特別支援教室）を設置しての通級による指導」や「特別支援学級における通級による指導」もみられます。これらは、校内の特別支援体制を駆使した取り組みでしょう。

東京都では、2016（平成28）年度から順次すべての公立小学校で発達障害の児童が在籍校で指導が受けられるようにするため「特別支援教室」を設置し、巡回指導教員（現在の通級の担当教員）が拠点校から各小学校に出向き、在籍学級担任との相談の上、児童の障害の状態に応じた指導を実施しています。

なお、平成29年4月に改訂された学習指導要領においては、通級による指導を受けている児童生徒には、「個別の指導計画」を作成することが明記されました。いずれの教育形態においても「個別の指導計画」を明確に作成して、児童生徒の課題改善・克服に向けて取り組むことが重要となります。

(4) 通常の学級

(1) 通常の学級に在籍する障害のある児童生徒数

通常の学級には、学習障害、注意欠陥多動性障害、自閉症スペクトラム障害などの発達障害をはじめとして、障害の診断・判断を受けていたり、その他

"気になる児童生徒"も少なからず学んでいます。

2012（平成24）年度に実施した文部科学省による「通常の学級に在籍する発達障害の可能性のある特別な教育的支援を必要とする児童生徒に関する調査」では、「学習面又は行動面で著しい困難を示す」が6.5％、「学習面で著しい困難を示す」が4.5％、「行動面で著しい困難を示す」が3.6％、「学習面と行動面ともに著しい困難を示す」が1.6％という結果でした。つまり、学級に2～3人程度の発達障害の疑いのある児童生徒がいることになります。

一方で、本来は特別支援学校の対象である児童生徒が、2015（平成27）年5月1日現在、小学校の通常の学級に1,504人、中学校の通常の学級に761人在籍しています（表2-2-9）。この背景には、地域に特別支援学校や校内に特別支援学級が設置されていなかったり、通学距離が遠いといった理由の他、インクルーシブ教育システムの理念のもとに本人・保護者の意見がかなり反映しているものと推測されます。

(2) 通常の学級に在籍する障害のある児童生徒への対応

特別支援教育が制度化されて以来、この発達障害の児童生徒の支援・指導のあり方が注目され、これまで様々な対策が行われてきています。

文部科学省（2003）は、「今後の特別支援教育の在り方について（最終報告）」を刊行し、全国の小・中学校で特別支援教育推進モデル事業をスタート（校内委員会の設置、特別支援教育コーディネーターの配置、特別支援教育専門家チームの組織、巡回相談・巡回指導の実施）させました。そして、毎年、特別支援教育

表2-2-9　小・中学校における学校教育法施行令第22条の3に該当する児童生徒

（平成27年5月1日）

区分	小学校	中学校
通常の学級に在籍している　知的障害	684人（4.8％）	319人（5.7％）
通常の学級に在籍している　肢体不自由	383人（2.7％）	169人（3.0％）
通常の学級に在籍している　病弱	132人（0.3％）	90人（1.6％）
通常の学級に在籍している　視覚障害	103人（0.7％）	54人（1.0％）
通常の学級に在籍している　聴覚障害	264人（1.9％）	120人（2.1％）
通常の学級に在籍している　重複障害	41人（0.3％）	9人（0.2％）
計	1,504人	761人

の体制整備状況を公表（校内体制、特別支援教育コーディネーターの配置、個別の教育支援計画と個別の指導計画の作成、教員研修、巡回相談の実施）し、体制整備の構築を促してきました。

　このことにより、各学校では、特別支援教育コーディネーターが中心となって、発達障害の児童生徒や気になる児童生徒への理解促進、専門家による巡回指導・教育相談の実施、関係機関との連携強化、個別の教育支援計画・個別の指導計画の作成と実施などによって校内の支援体制を構築する一方、通級による指導の開始や特別支援学級の設置など教育形態も整備してきています。さらに、発達障害等の児童生徒に対する支援の広がりとして、「ユニバーサルデザイン教育」も浸透し始めています。

【引用・参考文献】
中央教育審議会（2012）　共生社会の形成に向けたインクルーシブ教育システム構築のための特別支援教育の推進（報告）.
文部科学省（2001）　21世紀の特殊教育の在り方について（最終報告）.
文部科学省（2003）　今後の特別支援教育の在り方について（最終報告）.
文部科学省（2012）　通常の学級に在籍する発達障害の可能性のある特別な教育的支援を必要とする児童生徒に関する調査.
文部科学省初等中等教育局特別支援教育課（2013）　教育支援資料～障害のある子供の就学手続と早期からの一貫した支援の充実～.
文部科学省（2014）　平成26年度特別支援教育体制整備状況調査結果について.
文部科学省（2017）　特別支援学校小学部・中学部学習指導要領.
文部科学省初等中等教育局特別支援教育課（2017）　特別支援教育資料（平成28年度）.
文部省（1992）　通級による指導に関する充実方策について（審議のまとめ）.
特別支援教育ハンドブック編集委員会編（2005）　特別支援教育ハンドブック＜加除式＞. 第一法規出版.

3 特別支援教育をめぐる教育課程

1 教育課程とは

　学校において編成する教育課程については、「特別支援学校教育要領・学習指導要領解説　総則編（幼稚部・小学部・中学部）」において、「学校教育の目的や目標を達成するために、教育の内容を児童生徒の心身の発達に応じ、授業時数との関連において総合的に組織した各学校の教育計画である」（文部科学省, 2018a）とされています。

　法律上、「教育課程」という用語が用いられるのは図2-1-1（21頁）の「学校教育法」においてです。特別支援学校については、第77条で次の通り示されています。

> **第77条**　特別支援学校の幼稚部の教育課程その他の保育内容、小学部及び中学部の教育課程又は高等部の学科及び教育課程に関する事項は、幼稚園、小学校、中学校又は高等学校に準じて、<u>文部科学大臣が定める</u>。

　末尾の下線部の「文部科学大臣が定める」に該当するのが図2-1-1の「学校教育法施行規則」です。小学部は第126条、中学部は第127条、高等部は第128条で示されています。以下では、小学部の第126条を例にみていくことにします。

> **第126条**　特別支援学校の小学部の教育課程は、<u>国語</u>、<u>社会</u>、<u>算数</u>、<u>理科</u>、<u>生活</u>、<u>音楽</u>、<u>図画工作</u>、<u>家庭及び体育</u>の各教科、<u>特別の教科である道徳</u>、<u>外国語活動</u>、<u>総合的な学習の時間</u>、<u>特別活動</u>並びに<u>自立活動</u>によって編成するものとする。
> 2　前項の規定にかかわらず、知的障害者である児童を教育する場合は、生活、国語、算数、音楽、図画工作及び体育の各教科、特別の教科である道徳、特別活動並びに自立活動によって教育課程を編成するものとする。ただし、必要がある場合には、外国語活動を加えて教育課程を編成することができる。

条文は2つの項で構成されています。第1項の下線部は小学校と全く同じです。この構成は22頁で述べた特別支援学校の目的のひとつである「準ずる教育」が「同じ教育」であることと一致しています。そして、障害に対応した指導が必要であるため、通常の学校にはない「自立活動」が加わっています（「自立活動」については75頁からの④-8を読んで下さい）。

第1項でこのように基本的な枠組みが示されていますが、第2項で知的障害がある場合は別に定められています。構成をみてみると、社会、理科、家庭、総合的な学習の時間がなく、外国語活動は学校の判断により加えることができることがわかります。また、教科の目標と内容も小学校とは異なっていますが、この点については次の2の(2)で説明します。

教科等の構成はこのように学校教育法施行規則で規定されていますが、具体的な目標や内容は示されていません。そこで、学校教育法施行規則第129条で次の通り、学習指導要領（幼稚部については教育要領）について示されています。

> 第129条　特別支援学校の幼稚部の教育課程その他の保育内容並びに小学部、中学部及び高等部の教育課程については、この章に定めるもののほか、教育課程その他の保育内容又は教育課程の基準として文部科学大臣が別に公示する特別支援学校幼稚部教育要領、特別支援学校小学部・中学部学習指導要領及び特別支援学校高等部学習指導要領によるものとする。

「学習指導要領」という用語はよく耳にするかと思いますが、「学校教育法」→「学校教育法施行規則」→「学習指導要領」という流れの中で位置づけられていることを理解しておいて下さい。次に、特別支援学校学習指導要領の具体的な内容についてみていくことにします。

2　特別支援学校（旧、盲学校、聾学校、養護学校）の学習指導要領
（1）歴史的変遷

障害のある子どもに対する最初の学習指導要領は、盲学校と聾学校について、1957年から1960年にかけて小学部から高等部まで定められました。養護学校については、1962年から1963年に精神薄弱、肢体不自由、病弱の小学部と中学部の学習指導要領が出されました。同じ時期に、盲学校と聾学校の最初の学習指

導要領の改訂が行われました。この時期までの学習指導要領の構成は基本的に通常の学校と同じであり、障害に対応した特別な領域はありませんでした。例えば、盲学校における点字の指導は国語で、また、歩行訓練は体育でというように、教科の中で障害に対応した指導が行われていました。

　一方、養護学校数が増加し、それまで就学猶予・免除の対象であった障害の重い子どもが就学するようになるのに伴い、1960年代後半になると、次第に障害に対応した指導の必要性が認識されてくるようになります。そして、1971年から1972年の学習指導要領の改訂ですべての障害種において「養護・訓練」という通常の学校にはない、新しい領域が設けられることになりました。その他、精神薄弱養護学校の小学部に「生活」という教科が新しく設けられました。現在は、小学校でも「生活」という教科がありますが、最初に採り入れたのは精神薄弱養護学校だったのです。また、養護学校の高等部の学習指導要領も出されて、すべての障害種について小学部から高等部までの学習指導要領がそろうことになりました。

　1979年の改訂では、それまで障害種別に分かれていたものが一本化されました。1989年の改訂では、幼稚部についても幼稚部教育要領が出されました。

　1999年の改訂では、1971年の改訂で新設された「養護・訓練」の名称が「自立活動」に改められました。また、自立活動と重複障害のある子どもの指導に際しては「個別の指導計画」を作成することが義務づけられました。そして、2009年の改訂では、「個別の指導計画」はすべての子どもに対して、教科等についても作成が義務づけられました。さらに、2007年の特殊教育から特別支援教育への転換を踏まえて、学校、医療、福祉、労働等の関係機関が連携して、一人ひとりのニーズに対応できるようにするために「個別の教育支援計画」を作成する義務が記されました。また、「自立活動」の区分に新たに「人間関係の形成」が加えられました。この背景には発達障害のある子どもに対する対応の必要性が認識されるようになってきたことが挙げられます。そして、2017年に特別支援学校幼稚部教育要領と特別支援学校小学部・中学部学習指導要領の改訂がなされました。以下では、その具体的な内容をみていきます。

（２）特別支援学校学習指導要領の構成と内容

表３-２-１は、特別支援学校小学部・中学部学習指導要領の構成を示したものです。第１章～第６章までは小学校の学習指導要領と同じで、第７章に特別支援学校における独自の領域である「自立活動」が設けられています。

表３-２-１　特別支援学校小学部・中学部学習指導要領の構成

```
前文
第１章　総則
第２章　各教科
  第１節　小学部
    第１款　視覚障害者、聴覚障害者、肢体不自由者又は病弱者である児童に対する教育を行う
          特別支援学校
    第２款　知的障害者である児童に対する教育を行う特別支援学校
  第２節　中学部＊
第３章　特別の教科　道徳
第４章　外国語活動
第５章　総合的な学習の時間
第６章　特別活動
第７章　自立活動
```

＊：下位の第１、２款の規定は小学部の「児童」が「生徒」となっている以外は同じ。

また、「第２章　各教科」が１で述べたように、知的障害がある場合（第２款）と無い場合（第１款）に分かれています。知的障害がない場合は、通常の学校と同じ目標と内容になり、内容の系列は学年に応じて設けられています。それに対して、知的障害がある場合は、目標と内容が異なり、また、内容の系列は段階で示されています。その理由は、知的機能の障害は同一学年であっても個人差が大きく、学力や学習状況も異なるからです。2017年の改訂までは、小学部３段階、中学部１段階、高等部２段階でしたが、改訂により、中学部が２段階となりました。加えて、通常の学校と同じように、目標と内容が、育成すべき３つの資質・能力である、「知識及び技能」、「思考力、判断力、表現力等」、「学びに向かう力、人間性等」の観点から整理され、詳しく示されました。また、各段階における３つの資質・能力を明らかにするために段階ごとの目標を新しく設けました。表３-２-２は知的障害特別支援学校小学部の国語の例を示したものです。2017年の改訂で、特別支援学校小学部・中学部学習指導要領の４分の３は知的障害がある場合の教科に当てられるようになりました。

表3-2-2　知的障害特別支援学校小学部の国語の例

<table>
<tr><td rowspan="4">国語科の目標</td><td colspan="3">言葉による見方・考え方を働かせ、言語活動を通して、国語で理解し表現する資質・能力を次のとおり育成することを目指す。</td></tr>
<tr><td colspan="3">(1) 日常生活に必要な国語について、その特質を理解し使うことができるようにする。【知識及び技能】</td></tr>
<tr><td colspan="3">(2) 日常生活における人との関わりの中で伝え合う力を身に付け、思考力や想像力を養う。【思考力、判断力、表現力等】</td></tr>
<tr><td colspan="3">(3) 言葉で伝え合うよさを感じるとともに、言語感覚を養い、国語を大切にしてその能力の向上を図る態度を養う。【学びに向かう力、人間性等】</td></tr>
<tr><td></td><td>1段階</td><td>2段階</td><td>3段階</td></tr>
<tr><td>知識及び技能</td><td>ア　日常生活に必要な身近な言葉が分かり使うようになるとともに、いろいろな言葉や我が国の言語文化に触れることができるようにする。</td><td>ア　日常生活に必要な身近な言葉を身に付けるとともに、いろいろな言葉や我が国の言語文化に触れることができるようにする。</td><td>ア　日常生活に必要な国語の知識や技能を身に付けるとともに、我が国の言語文化に触れ、親しむことができるようにする。</td></tr>
<tr><td>思考力、判断力、表現力等</td><td>イ　言葉をイメージしたり、言葉による関わりを受け止めたりする力を養い、日常生活における人との関わりの中で伝え合い、自分の思いをもつことができるようにする。</td><td>イ　言葉が表す事柄を想起したり受け止めたりする力を養い、日常生活における人との関わりの中で伝え合い、自分の思いをもつことができるようにする。</td><td>イ　出来事の順序を思い出す力や感じたり想像したりする力を養い、日常生活における人との関わりの中で伝え合う力を身に付け、思い付いたり考えたりすることができるようにする。</td></tr>
<tr><td>学びに向かう力、人間性等</td><td>ウ　言葉で表すことやそのよさを感じるとともに、言葉を使おうとする態度を養う。</td><td>ウ　言葉がもつよさを感じるとともに、読み聞かせに親しみ、言葉でのやりとりを聞いたり伝えたりしようとする態度を養う。</td><td>ウ　言葉がもつよさを感じるとともに、図書に親しみ、思いや考えを伝えたり受け止めたりしようとする態度を養う。</td></tr>
</table>

(3) 柔軟で弾力的な教育課程の編成

　特別支援学校の教育課程も通常の学校に「準ずる教育」が基本ですが、2つ以上の障害がある子どもや、障害があるために学習場面において様々なつまずきや困難がある子どもがいます。そのため、学習指導要領と学校教育法施行規則において、柔軟で弾力的な教育課程が編成できるような規定がされています。以下では、それぞれについてみていきます。

　(1) 特別支援学校学習指導要領

　特別支援学校学習指導要領では「重複障害者等に関する教育課程の取扱い」の項において柔軟で弾力的な教育課程が編成できることが示されています。以

下ではその内容をみていくことにします。枠の中は学習指導要領での規定です。

障害があると、学習するのに時間がかかり、障害のない子どもと同じペースで学習をすることがむずかしい場合があります。そのため、障害の状態により、特に必要がある場合は、目標や内容の一部を取り扱わないことができるとされています。その際には、一人ひとりの学習の核となり、学習が発展していく基礎となるような内容を十分に検討して、選択する必要があります。

> 各教科及び外国語活動の目標及び内容に関する事項の一部を取り扱わないことができること。

障害がある場合は、年齢相当の学年の目標や内容を学習することがむずかしい場合があります。そのため、下の学年や下の学部の教科等の目標や内容を取り入れることができるようになっています。その内容は、幼稚部教育要領まで下げることができるようになっています。こうした対応は、一般に、「下学部・下学年適用の教育課程」と呼ばれています。

> ○各教科の各学年の目標及び内容の一部又は全部を、当該各学年より前の各学年の目標及び内容の一部又は全部によって、替えることができること。また、道徳科の各学年の内容の一部又は全部を、当該各学年より前の学年の内容の一部又は全部によって、替えることができること。
> ○視覚障害者、聴覚障害者、肢体不自由者又は病弱者である児童に対する教育を行う特別支援学校の小学部の外国語科については、外国語活動の目標及び内容の一部を取り入れることができること。
> ○中学部の各教科及び道徳科の目標及び内容に関する事項の一部又は全部を、当該各教科に相当する小学部の各教科及び道徳科の目標及び内容に関する事項の一部又は全部によって、替えることができること。
> ○中学部の外国語科については、小学部の外国語活動の目標及び内容の一部を取り入れることができること。
> ○幼稚部教育要領に示す各領域のねらい及び内容の一部を取り入れることができること。

知的障害のある子どもの状態等は様々です。なかには、小学部の3段階や中学部の2段階の内容を習得し、目標を達成している子どももいます。こうした場合、小学校や中学校の教科等の対応する目標や内容を取り入れることができます。この規定は、2017年の改訂で新たに盛り込まれました。この背景として

は、(2)で述べたように知的障害の教科の目標・内容が通常の学校と同じように「育成するべき３つの資質・能力」から整理され、通常の学校との連続性や関連性が明らかになったことが挙げられます。

> 知的障害者である児童に対する教育を行う特別支援学校の小学部に就学する児童のうち、小学部の３段階に示す各教科又は外国語活動の内容を習得し目標を達成している者については、小学校学習指導要領第２章に示す各教科及び第４章に示す外国語活動の目標及び内容の一部を取り入れることができるものとする。
> また、知的障害者である生徒に対する教育を行う特別支援学校の中学部の２段階に示す各教科の内容を習得し目標を達成している者については、中学校学習指導要領第２章に示す各教科の目標及び内容並びに小学校学習指導要領第２章に示す各教科及び第４章に示す外国語活動の目標及び内容の一部を取り入れることができるものとする。

　知的障害以外の４障害の特別支援学校では通常の学校と同じ教育を行うことが原則ですが、知的障害を併せもつ子どももいます。こうした子どもの場合は、独自の教科の目標や内容が示されている知的障害のある子どもと同様な教育課程を編成できるようになっています。こうした対応は、一般に「知的障害教育代替の教育課程」等と呼ばれています。

> 視覚障害者、聴覚障害者、肢体不自由者又は病弱者である児童又は生徒に対する教育を行う特別支援学校に就学する児童又は生徒のうち、知的障害を併せ有する者については、各教科の目標及び内容に関する事項の一部又は全部を、（中略）知的障害者である児童又は生徒に対する教育を行う特別支援学校の各教科の目標及び内容の一部又は全部によって、替えることができるものとする。（後略）

　障害の程度が重い子どもの中には、教科等の学習をすることがむずかしい子どももいます。このような場合、教科等に替えて、自立活動の授業時数を増やした教育課程を編成することができるようになっています。一般に、「自立活動を主とした教育課程」と呼ばれています。ただし、道徳と特別活動は必ず行わなければならないことに留意しなければなりません。

> 重複障害者のうち、障害の状態により特に必要がある場合には、各教科、道徳科、外国語活動若しくは特別活動の目標及び内容に関する事項の一部又は各教科、外国語活動若しくは総合的な学習の時間に替えて、自立活動を主として指導を行うことができるものとする。

ここまで述べてきた内容は、訪問教育を行う場合にも適用することができます。

(2) 学校教育法施行規則

学校教育法施行規則においては、第130条で次のような規定がなされ、柔軟な教育課程が編成できるようになっています。

> 第130条　特別支援学校の小学部、中学部又は高等部においては、特に必要がある場合は、第126条から第128条までに規定する各教科（次項において「各教科」という。）又は別表第3及び別表第5に定める各教科に属する科目の全部又は一部について、合わせて授業を行うことができる。
> 2　特別支援学校の小学部、中学部又は高等部においては、知的障害者である児童若しくは生徒又は複数の種類の障害を併せ有する児童若しくは生徒を教育する場合において特に必要があるときは、各教科、道徳、外国語活動、特別活動及び自立活動の全部又は一部について合わせて授業を行うことができる。

この規定のポイントは、教科等を「合わせて」授業を行うことができるという点です。障害のある子どもの場合、教科等を別々に学ぶよりも、生活の流れに即して、体験活動などを通じて学んだ方が効果的なこともあるため、この規定があります。よくみられる指導形態としては、「日常生活の指導」、「生活単元学習」、「遊びの指導」、「作業学習」などがあります。その際には、単なる体験や経験に終わらないように、各教科等のどの目標や内容が授業の中に組み込まれているのかを確認しておくことが重要になります。

3　通常の学校における特別支援教育をめぐる教育課程

2017年の新しい小学校学習指導要領においては、第1章「総則」の「第4　児童の発達の支援」の「2　特別な配慮を必要とする児童への支援」の冒頭で以下の通り、通常の学級に在籍している子どもも含めて、特別支援学校のセンター的機能を活用しながら、障害のある子どもに対応する必要性を示しています。

> 障害のある児童などについては、特別支援学校等の助言又は援助を活用しつつ、個々の児童の障害の状態等に応じた指導内容や指導方法の工夫を組織的かつ計画的に行うものとする。

通常の学校に置かれている特別支援学級も、基本的には小学校・中学校等の目的・目標を達成することが求められています。その一方で、学校教育法施行規則第138条において、以下の通り「特別の教育課程」によることができるとされています。

> **第138条**　小学校、中学校若しくは義務教育学校又は中等教育学校の前期課程における特別支援学級に係る教育課程については、特に必要がある場合は、（中略）特別の教育課程によることができる。

　この特別支援学級における「特別の教育課程」について、この節の始めで記した新しい小学校学習指導要領第1章第4の2の中で以下の通り記されています。まず、特別支援学校に設けられている「自立活動」を取り入れることが示され、次に、2の（3）で述べた特別支援学校における柔軟な教育課程の編成についても同じように行うことができるとされています。

> （ア）　障害による学習上又は生活上の困難を克服し自立を図るため、特別支援学校小学部・中学部学習指導要領第7章に示す自立活動を取り入れること。
> （イ）　児童の障害の程度や学級の実態等を考慮の上、各教科の目標や内容を下学年の教科の目標や内容に替えたり、各教科を、知的障害者である児童に対する教育を行う特別支援学校の各教科に替えたりするなどして、実態に応じた教育課程を編成すること。

　また、27頁と28頁で述べた通級による指導における「特別の教育課程」についても、以下の通り、自立活動の内容を参考とすることや、その際には在籍する通常の学級における各教科等との関連を図るように教師が連携する必要性が記されています。

> 　障害のある児童に対して、通級による指導を行い、特別の教育課程を編成する場合には、特別支援学校小学部・中学部学習指導要領第7章に示す自立活動の内容を参考とし、具体的な目標や内容を定め、指導を行うものとする。その際、効果的な指導が行われるよう、各教科等と通級による指導との関連を図るなど、教師間の連携に努めるものとする。

　加えて2017年の学習指導要領の改訂では、以下の通り「個別の指導計画」と

「個別の教育支援計画」という用語が明示されました。特に、特別支援学級と通級による指導ではこの2つの計画の作成が義務づけられました。

> 障害のある児童などについては、家庭、地域及び医療や福祉、保健、労働等の業務を行う関係機関との連携を図り、長期的な視点で児童への教育的支援を行うために、個別の教育支援計画を作成し活用することに努めるとともに、各教科等の指導に当たって、個々の児童の実態を的確に把握し、個別の指導計画を作成し活用することに努めるものとする。特に、特別支援学級に在籍する児童や通級による指導を受ける児童については、個々の児童の実態を的確に把握し、個別の教育支援計画や個別の指導計画を作成し、効果的に活用するものとする。

また、「第2章 各教科」のすべての教科の「指導計画の作成と内容の取り扱い」の中で、以下の点が明示され、障害のある子どもに対して合理的配慮を提供すべきことが示されました。

> 障害のある児童などについては、学習活動を行う場合に生じる困難さに応じた指導内容や指導方法の工夫を計画的、組織的に行うこと。

2017年に改訂された通常の学校の学習指導要領では、総則における障害のある子どもに関する記述が、2009年の学習指導要領の5倍に増えています。また、2009年には記されていなかった各教科について、障害のある子どもに対する配慮の必要性が明記されており、通常の学校において特別支援教育を踏まえて教育課程を編成する必要性が強まっているといえます。

【引用・参考文献】
時事通信出版局（2017） 小学校「新学習指導要領」新旧対照本．時事通信社．
文部科学省（2017） 学習指導要領等の改訂Ⅰ～Ⅲ．特別支援教育，No.65-67.
文部科学省（2018a） 特別支援学校教育要領・学習指導要領解説 総則編（幼稚部・小学部・中学部）．開隆堂出版．
文部科学省（2018b） 特別支援学校教育要領・学習指導要領解説 各教科等編．開隆堂出版．
文部科学省（2018c） 特別支援学校教育要領・学習指導要領解説 自立活動編．開隆堂出版．
浦崎源次（2011） 特別支援教育と教育課程．石部元雄・柳本雄次編，特別支援教育─理解と推進のために─＜改訂版＞．福村出版，68-85.

4 特別支援教育の課題と展望

1 合理的配慮
(1)「合理的配慮」とは

わが国は、2014年1月に国連「障害者の権利に関する条約」(Convention on the Rights of Persons with Disabilities, 以下、権利条約)を批准しました。権利条約の目的は、「全ての障害者によるあらゆる人権及び基本的自由の完全かつ平等な享有を促進し、保護し、及び確保すること並びに障害者の固有の尊厳の尊重を促進すること」(第1条)です。つまり、障害のある人が「障害に基づく差別」を受けることなく、社会のあらゆる機会に等しく参加することが目指されています。「障害に基づく差別」には、「合理的配慮」の否定をはじめとするあらゆる形態の差別が含まれます。この「合理的配慮」は、すでにわが国の法規にも導入されています。権利条約の理念に即した障害者施策の推進が図られる中、2011年に障害者基本法が改正されました。同法は、障害に基づく差別の禁止とともに、「合理的配慮」の提供を規定しています(第4条)。さらに、それらの取り組みの具体化のために、2013年に障害者差別解消法が制定(2016年4月施行)されています。

権利条約は、「合理的配慮」について「障害者が他の者との平等を基礎として全ての人権及び基本的自由を享有し、又は行使することを確保するための必要かつ適当な変更及び調整であって、特定の場合において必要とされるものであり、かつ、均衡を失した又は過度の負担を課さないもの」と定義しています。わが国でも、権利条約批准に向けた議論の中で、「合理的配慮」をめぐる具体的な検討が進められました。教育分野については、文部科学大臣の諮問機関である中央教育審議会による審議が行われました。そこでは、「合理的配慮」が「障害のある子どもが、他の子どもと平等に『教育を受ける権利』を享有・行使することを確保するために、学校の設置者及び学校が必要かつ適当な変更・

調整を行うことであり、障害のある子どもに対し、その状況に応じて、学校教育を受ける場合に個別に必要とされるもの」であり、「学校の設置者及び学校に対して、体制面、財政面において、均衡を失した又は過度の負担を課さないもの」と定義されました（文部科学省, 2012）。

　すなわち、「合理的配慮」とは、「障害者一人一人の必要を考えて、その状況に応じた変更や調整などを、お金や労力などの負担がかかりすぎない範囲で行うこと」（日本障害フォーラム, 2014）という解釈ができます。そして、学校においても、極端な負担がない限り、幼児児童生徒の実態や教育的ニーズに応じた個別的な配慮が求められることになります。その内容の決定・提供に当たっては、設置者・学校と本人・保護者との合意形成が重視されなければなりません。「合理的配慮」の決定後も、一人ひとりの発達の程度、適応の状況等を勘案しながら、必要に応じて「合理的配慮」を見直していくことも求められます。

（2）「合理的配慮」と「基礎的環境整備」の関係

　「合理的配慮」の提供においては、「基礎的環境整備」の充実が前提となります。文部科学省（2012）によれば、「基礎的環境整備」は、「合理的配慮」の基礎となる教育環境の整備であり、法令や財政措置に基づいて国・都道府県・市町村の役割として推進されます。その観点としては、①ネットワークの形成・連続性のある多様な学びの場の活用、②専門性のある指導体制の確保、③個別の教育支援計画や個別の指導計画の作成等による指導、④教材の確保、⑤施設・設備の整備、⑥専門性のある教員、支援員等の人的配置、⑦個に応じた指導や学びの場の設定等による特別な指導、⑧交流及び共同学習の推進、の8観点が示されています。「合理的配慮」は、「『基礎的環境整備』を基に個別に決定されるものであり、それぞれの学校における『基礎的環境整備』の状況により、提供される『合理的配慮』は異なる」ことになります（図4-1-1参照）。このように、「合理的配慮」は、一人ひとりの幼児児童生徒の状態等に応じて、多様かつ個別的に提供されますが、表4-1-1に示すような3観点11項目を含む取り組みが想定されています。

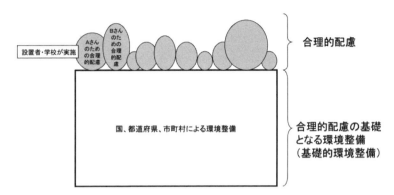

図4-1-1 合理的配慮と基礎的環境整備の関係（文部科学省（2012）より引用）

表4-1-1 学校における「合理的配慮」の観点

①教育内容・方法
①-1　教育内容 　①-1-1　学習上又は生活上の困難を改善・克服するための配慮 　①-1-2　学習内容の変更・調整 ①-2　教育方法 　①-2-1　情報・コミュニケーション及び教材の配慮 　①-2-2　学習機会や体験の確保 　①-2-3　心理面・健康面の配慮
②支援体制
②-1　専門性のある指導体制の整備 ②-2　幼児児童生徒，教職員，保護者，地域の理解啓発を図るための配慮 ②-3　災害時等の支援体制の整備
③施設・設備
③-1　校内環境のバリアフリー化 ③-2　発達，障害の状態及び特性等に応じた指導ができる施設・設備の配慮 ③-3　災害時等への対応に必要な施設・設備の配慮

（文部科学省（2012）より作成）

（3）「合理的配慮」の具体例と対象

　前述の通り、障害者差別解消法は、学校における「合理的配慮」の提供を具体的に規定しています。そこでは、公立学校を含む行政機関での「合理的配慮」の提供は義務（第7条）とされ、私立学校のような民間事業者に対しても

努力義務（第8条）とされています。公立学校には、各地方公共団体が努力義務として策定する「職員対応要領」（第10条）に基づく対応が求められます。また、私立学校などの民間事業者には、文部科学省による「対応指針」（第11条）が示されており、合理的配慮の具体例も列挙されています。例えば、「意思疎通の配慮」として、「比喩表現等の理解が困難な障害者に対し、比喩や暗喩、二重否定表現などを用いずに説明すること」、あるいは「ルール・慣行の柔軟な変更」として、「発達障害等のため、人前での発表が困難な児童生徒等に対し、代替措置としてレポートを課したり、発表を録画したもので学習評価を行ったりすること」などです。

　障害者差別解消法が定義する「障害者」とは、「身体障害、知的障害、精神障害（発達障害を含む。）その他の心身の機能の障害（以下「障害」と総称する。）がある者であって、障害及び社会的障壁により継続的に日常生活又は社会生活に相当な制限を受ける状態にあるもの」（第2条）です。これは、障害者が受ける制限が、機能障害のみに起因するものではなく、社会との関わりの中で生み出されるとする「社会モデル」の考え方に基づいています。したがって、「合理的配慮」の対象は、障害者手帳の所持者に限られません。今後、学校におけるより幅広い積極的な取り組みが求められることになります。関係者間の共通理解や連携に基づく、有効な実践例の蓄積が不可欠となっています。

2　交流及び共同学習
（1）学習指導要領や報告書等での交流及び共同学習の変遷
⑴　交流教育

　交流教育が最初に示されたのは、1969（昭和44）年3月の「特殊教育の基本的な施策のあり方について」の報告書です。この中では、心身障害児が学校教育全体の中で教育的配慮が十分に行われていない状況から、特殊教育の改善充実のための基本的な考え方として、「普通児とともに教育を受ける機会を多くすること」「可能な限り普通児とともに教育を受ける機会を多くし、普通児の教育からことさらに遊離しないようにする必要がある」と示されています。

　学習指導要領において初めて交流学習が記述されたのは、1979（昭和54）年

7月の「盲学校、聾学校及び養護学校小学部・中学部学習指導要領」です。この中では、「児童又は生徒の経験を広め、社会性を養い、好ましい人間関係を育てるため、学校の教育活動全体を通じて、小学校の児童又は中学校の生徒及び地域社会の人々と活動を共にする機会を積極的に設けるようにすること」と示されています。そして、文部省（当時）は、各都道府県教育委員会等に事務次官通達により、小学校、中学校及び高等学校に対して交流教育の理解と徹底を促しました。これらのことを受けて文部省は、公立小学校・中学校に対して「心身障害児理解推進校」を指定して研究を進めたり、指導資料として、「心身障害児のために」(1979)、「交流教育の実際　心身障害児とともに」(1980)、「心身障害児教育の実際」(1981)、「特殊教育の実際」(1982)、「交流教育の実際Ⅰ　心身障害児とともに」(1983)、「心身障害児の理解と教育」(1984) を次々に刊行して交流教育の理解啓発や推進に努めてきました。

　その後、1989（平成元）年度と1998（平成10）年度に「盲学校、聾学校及び養護学校学習指導要領」が改訂されるごとに交流教育の充実が示されました。

(2)　交流及び共同学習

　2004（平成16）年6月に障害者基本法が改正され、第14条には、「障害のある児童及び生徒と障害のない児童及び生徒との交流及び共同学習を積極的に進めることによって、その相互理解を促進しなければならない」と示されました。この条文により、これまで使用していた「交流教育」や「交流活動」は、「交流及び共同学習」の用語に替わり、一方的な交流から相互理解への交流へと転換することとなりました。このことを受けて、2008（平成20）年度の特殊教育諸学校、小学校、中学校及び高等学校の学習指導要領では、特別支援学校の児童生徒と小学校・中学校の児童生徒との交流及び共同学習を計画的、組織的に行うことを位置づけるとともに、高齢者や地域の人々などと一緒に活動する機会を積極的に設けることを明記しました。そして、2017年4月に改訂された新学習指導要領でも交流及び共同学習のいっそうの充実が盛り込まれています。

　一方、わが国は、2006年12月の国連総会での「障害者の権利に関する条約」が採択されたことを受けて、2014年1月に批准し、2016年4月に「障害を理由とする差別の解消の推進に関する法律」（障害者差別解消法）を施行しました。

この間の2012（平成24）年7月には、文部科学省が「共生社会の形成に向けたインクルーシブ教育システム構築のための特別支援教育の推進（報告）」を刊行しました。このように、障害の有無にかかわらず、誰もが相互に人格と個性を尊重し合い、人々の多様なあり方を相互に認め合える共生社会の実現を目指しています。

交流及び共同学習は、学校教育や地域社会での生活において障害者への差別をなくしていき、同じ社会に生きる人間としてお互いを正しく理解し、共に助け合い、共に支え合って生きる場として必要不可欠なことです。障害のある児童生徒にとっては、経験を広め、社会性を養い、豊かな人間性を育てる上でとても重要となります。

(2) 交流及び共同学習の実際

(1) 交流及び共同学習の形態

交流及び共同学習の形態には、表4-2-1に示す通り、「学校内交流」「学校間交流」「居住地交流」「地域社会との交流」などがあります。交流及び共同学習の推進状況としては、2005（平成17）年度の国立特別支援教育総合研究所の

表4-2-1　交流及び共同学習の形態（相澤．2015を修正して作成）

学校内交流	・小学校や中学校の特別支援学級に在籍する児童生徒が校内の通常学級の児童生徒と活動を共にすること。 ・交流の内容としては、特定の教科に参加したり、給食や清掃、学校行事等を一緒に行うなどである。
学校間交流	・特別支援学校に在籍する児童生徒が近隣にある又は併置されている小学校、中学校及び高等学校の児童生徒と活動を共にすること。 ・交流の内容としては、各教科や学校行事、総合的な学習の時間等を使って共に活動する直接交流、意見交換や作品交換・展示などインターネット等のICT機器でお互いにやりとりを行う間接交流がある。
居住地交流	・特別支援学校に在籍する児童生徒が自分が居住している地域に出かけ、小学校、中学校及び高等学校の児童生徒と活動を共にすること。 ・交流の内容としては、各教科や学校行事を共に活動するなどである。
地域社会との交流	・特別支援学級や特別支援学校に在籍する児童生徒が、地域に住んでいる人々の所に出かけて活動を共にすること。 ・交流の内容としては、地域での行事、ボランティア活動、老人ホーム慰問、保育所・幼稚園訪問などである。

調査によると、特別支援学校の9割以上で「学校間交流」を行っていることを報告しています。しかし、特に肢体不自由や病弱の特別支援学校においては実施回数が少ないようです。

最近では、小学校、中学校及び高等学校の校舎内や隣接地に特別支援学校の分校・分教室が併置されているケース、特別支援学校に在籍しながら居住地の小学校、中学校及び高等学校に通学（二重籍、副籍など）しているケース、高等学校の中で特別支援学校の生徒が一緒に在籍して学習しているケースなど、交流及び共同学習が積極的に行われています。

(2) 交流及び共同学習の教育課程への位置づけ

特別支援学校と小学校、中学校及び高等学校等との間で行われる交流及び共同学習については、双方の学校における教育課程に位置づけたり、年間指導計画を作成したりするなど、計画的・組織的に位置づけなければなりません。小学校や中学校の特別支援学級と通常の学級との双方で行う場合も同様です。

実際に交流及び共同学習を実施する場合には、まず、相手校（学級）を決定し、指導目標、指導内容・方法、評価を明確にしておくことが重要です。その交流及び共同学習を通して、障害のある児童生徒も障害のない児童生徒もお互いにWin-Winの関係で双方に効果的になるような授業活動でなければ意味がありません。交流及び共同学習の具体的な展開については、表4-2-2の内容を参考にしながら取り組むことが大切となります。

表4-2-2　交流及び共同学習の展開に向けて（相澤，2015を修正して作成）

関係者の共通理解と組織づくり	・関係する学級や学校間で児童生徒の教育的効果を確認する。 ・連携や協力体制を確保するために交互に「関係者連絡会」を実施する。 ・交流及び共同学習に関する研修会を実施する。 ・打ち合わせを年間計画に位置づける。
活動計画の作成	・年間指導計画や活動ごとに指導計画を作成する。 ・交流及び共同学習の教育課程上の位置づけ、評価計画、内容、回数、時間、場所を確認する。 ・両者の役割分担、協力体制等について検討する。
事前学習の実施	・障害のある児童生徒は、活動内容や役割分担等について練習したり移動の手立てを知ったりするなど基礎基本の学習を行う。 ・障害のない児童生徒や関係者は、障害についての正しい理解、障害のある児童生徒への適切な支援や協力の仕方等についての理解を促す。

交流及び共同学習の当日	・最優先することは安全確保で、過重負担とならないこと。 ・児童生徒の主体的、対話的活動を促す。 ・見通しの持ちやすい活動、体験的な活動とする。
事後学習の実施	・活動の様子を学校だより等で活用して広く広める。 ・感想や印象を作文や絵にまとめる。 ・手紙やインターネットで意見交換をする。 ・写真やビデオ等の効果的な利用をする。
評価の視点	・事前から目標と評価の観点（3観点）を明確にしておく。 ・相互理解が進んだか。 ・共に助け合い支え合って生きていることが意識されていたか。

3　キャリア教育

（1）キャリア教育の背景

　キャリア教育は、1999（平成11）年の中央教育審議会の「初等中等教育と高等教育との接続の改善について（答申）」の「第6章　学校教育と職業生活との接続」において、若年者雇用の危機意識が指摘され（3年以内の離職率は高卒が47％、大卒が32％、特別支援学校高等部卒約30％）、学校教育と職業生活・社会生活をつなぐために、教育活動全体の見直しと改善を図るものとして紹介されたことに始まります。

　この答申を受けて特別支援教育関連法においては、2002年の障害者基本計画、2004年の障害者基本法改正、2007年の学校教育法改正、2008年の教育振興基本計画、2013年障害者雇用法改正、2016年障害者差別解消法などが成立し、キャリア教育に直接的に結びつく、障害者の自立と社会参加の促進、障害者の権利擁護、障害者の雇用施策と雇用支援、労働・福祉・教育等の関係機関との緊密な連携などが法的に整備されました。

　また、学習指導要領においては、2009（平成21）年の特別支援学校学習指導要領で「職業教育の充実」が示され、2017（平成29）年4月に公示された特別支援学校小学部中学部学習指導要領の総則においても、児童生徒の「社会的・職業的自立に向けて必要な基盤となる資質・能力を身に付けていくことができるよう、特別活動を要としつつ各教科等の特質に応じて、キャリア教育の充実を図ること」により、キャリア教育の重要性を示しています。一方、この間、

2006（平成18）年に文部科学省が「キャリア教育推進の手引」を刊行し、また、2011（平成23）年の中央教育審議会の答申においてキャリア教育の定義や意味、手順などを記して周知徹底するとともに推進を促してきました。この答申において、キャリア教育とは、「一人一人の社会的・職業的自立に向け、必要な基盤となる能力や態度を育てることを通して、キャリア発達を促す教育」であり、職業教育とは、「一定又は特定の職業に従事するために必要な知識、技能、能力や態度を育てる教育」であると定義づけています。

現在では、キャリア教育は、通常教育も含めすべての学校において取り組まれています。特別支援教育においては、社会の変化に柔軟に対応しつつ、障害児一人ひとりの教育的ニーズに応じた指導・支援を展開しながらキャリア教育を推進・充実していくことが求められています。

（2） キャリア教育の取り組みと推進の手順

特別支援学校のキャリア教育は、教育課程に位置づけ、小学部から高等部まですべての学部において学校の教育活動全体を通じ、組織的・計画的に取り組むことが必要です。また、その目標や内容は、児童生徒一人ひとりの教育支援計画や個別の指導計画にも明記することになります。

キャリア教育の推進の手順例として文部科学省（2006）は、①キャリア教育の視点を踏まえ、育てたい児童生徒像を明確にする、②学校教育目標、教育方針等にキャリア教育を位置づける、③組織としてキャリア教育推進委員会（仮称）を設置する、④教職員のキャリア教育についての共通理解を図る、⑤キャリア教育の視点で教育課程を見直し改善する、⑥キャリア教育を実践する、⑦家庭、地域に対しキャリア教育に関する啓発を図る、⑧キャリア教育の評価を行いその改善を図る、ことを挙げています。

特別支援学校では、関係機関との連携や個別の教育支援計画の児童生徒の社会的・職業的自立に向けて必要な基盤となる資質・能力を身につけていくことができるようにキャリア教育を推進しながら、職業教育及び進路指導の充実につなげなければなりません。その中心的な担い手は、これまで「進路指導主事（担当）」でしたが、近年では、「就労支援コーディネーター」「キャリアコーデ

ィネーター」等を配置してキャリア教育や進路指導の全体を統括する動きも出始めています。

国立教育政策研究所生徒指導研究センター（2011）では、キャリア発達に関わる諸能力として、「人間関係形成能力」「情報活用能力」「将来設計能力」「意思決定能力」を挙げています。この4つの能力について国立特別支援教育総合研究所（2010b）では、「キャリア発達段階・内容表（試案）」を示し、小学部、中学部、高等部において育成すべき能力を示しています（図4-3-1）。これらを参考としながら各学校では、キャリア教育に関わる実践に取り組んでいます。

ここで留意しなければならないのは、特別支援学校に在学する児童生徒の中

		小学部（小学校）	中学部（中学校）	高等部
人間関係能力	幼児期からの遊びを中心として発達全体の促進	人とのかかわり	自己理解	
		集団参加	協力・共同	
		意思表現		
		挨拶・清潔・身だしなみ	場に応じた言動	
情報活用能力		様々な情報への関心	情報収集と活用	
		社会資源の活用とマナー		法や制度の理解
		金銭の扱い	金銭の使い方と管理	
		働く喜び	役割の理解と働くことの意義	
将来設計能力		習慣形成		
		夢や希望		
		やりがい		
意思決定能力		目標設定		
		自己選択	自己選択（決定、責任）	
		振り返り	肯定的な自己評価	
			自己調整	

図4-3-1　知的障害のある児童生徒のキャリア発達段階・内容表

（国立特別支援教育総合研究所，2010b）

で転学してくるケースです。新学習指導要領では、「学びの連続性」により学習の円滑な接続をすることが強調されたことから、児童生徒によっては、これまで学んできた背景を十分に把握しながらキャリア課題を達成していくことが重要となります。

(3) キャリア教育の課題

　全国の特別支援学校の調査（国立特別支援教育総合研究所, 2010b）では、キャリア教育の課題として、進路指導・職業教育の専門性の継承不足、進路指導・職業教育担当者の業務上の負担が増大、移行支援会議の位置づけが不明確で管理職の参画の少なさ、家庭との連携が希薄、関係諸機関及び地域との連携が未整備、進路指導に関する教育課程の改善などが挙げられています。

　さらに、全国の特別支援学校高等部（専攻科）の調査（国立特別支援教育総合研究所, 2012）では、個に応じた進路指導・職業教育の重要性、系統性のある進路指導・職業教育の実施の必要性、学校全体で進路指導・職業教育に取り組む意識の向上と専門性の確保、卒業後の生活も考慮した支援の必要性と校内での引き継ぎ体制の強化、個々の保護者（家庭）の状況を踏まえた配慮の必要性を課題として挙げています。

(4) キャリア教育と障害者雇用

　キャリア教育が目指すもののひとつに就職があります。障害者が企業等に就職する場合、障害者雇用の枠が法的に整備され年々拡大しています。2018（平成30）年4月から施行された障害者雇用率では、民間企業で2.2％以上、特殊法人等と国及び地方公共団体で2.5％以上が義務づけられ、今後さらに引き上げられます。2016（平成28）年現在では、民間企業の実雇用率が1.92％、法定雇用率達成企業の割合が48.8％で、まだまだ十分とはいえません。一方、雇用率達成の場合には、月額1人2.7万円の調整金支給、雇用率違反の場合には、月額1人5万円納付金徴収が課せられます。近年、この対策として企業が特例子会社（法令で定められた一定の要件を満たしたと認定される子会社が雇用する障害者は、親会社で雇用したこととして雇用率に算入できる特例のこと）を立ち上げて

障害者雇用しているケースもあります（2016年6月1日現在で448社）。

障害者雇用が高まるにつれて、学校教育の中でのキャリア教育だけでなく、企業内でのキャリア形成（障害者に対する能力の維持・開発、見方や考え方等）も同時に実践していくことが望まれています。

4 授業づくり・支援ツール
（1） 子どもが「わかる・動ける」授業づくり

何をもってよい授業かの定義は難しい問題です。授業に参加する子どもたちの障害の状態や教科領域の違いによって、多様な定義が成り立ちます。しかし、どのような授業であれ、授業の主役となる子どもたちの活動参加やその機会が十分に保障されていることは大切な条件となります。相互交渉スキルに困難を抱える知的障害や自閉症スペクトラム障害（以下、ASD）の子どもが多く在籍する特別支援学校であっても、教師との関わりばかりでなく、子ども同士が関わり合い、育ち合うような授業づくりを目指したいものです。

知的障害やASD児の授業づくりでは、小中高の学部に共通して、まずは子どもの「身体が動く」活動を中心に構成します。身体が動くとは、立つ・歩く、教材を取る・置く・貼る、手を動かして作業するなどの、観察できる、評価できる行動を指します。身体を動かして参加できる活動は見る・聞く活動よりも得意です。もちろん、ただ身体を動かせばよいわけではなく、授業目標・内容に即して、最大限の力を発揮し、主体的に活動に参加する姿が求められます。何をもって主体的な活動参加といえるのかについては、村中（2013）に詳しいですが、簡単に紹介すると、活動参加の手がかりが教師の働きかけに依存せず環境上の自然な手がかりで動ける、正確な動きである、状況に応じてレパートリーを選択できる、うまくいかないときは他の手段に切り替えたり修正したりできることです。

子どもが動けるためには「わかる」が鍵となります。「わかるとは何か」も難しいのですが、授業場面では「いつ、どこで、誰と、何をどのような順番で行うか」を理解できることです。わかるは、正しく動ける第一歩となります。わかっているのに動かない場合もありますが、知的障害やASD児では、「わ

かる－動ける」が素直に結びつくことが多くなります。わからない・できないという「未学習」や、十分にわからない・時々失敗するという「不足学習」の事態では動きにくくなります。

　教師の声かけで子どもが動けないとき、絵や写真カードを併用して働きかけたり具体物を提示したりすると、子どもが動けるようになることはよくあります。指示をかみ砕いて伝える、ヒントを与えるといった易しい（優しい）手がかりは、どの子にも有効です。授業場面での教師の役割のひとつは、子どもがわかる・動ける手がかりを準備し、効果的に提示することです。わかる力には年齢や経験、障害種や程度によって差があります。例えば、朝の会で使用する名前カードでは、漢字が読める、平仮名が読める、顔写真が読めるなど、個々のわかる力に応じて手がかりを工夫します。

（2）「わかる・動ける」授業づくりのステップ

　わかる・動ける授業づくりのステップは、①物理的支援環境、②人的支援環境の順番で整備していきます（村中，2013；村中，2015）。本項では①物理的環境の整備のみ述べますが、まずは授業目標・内容に即して、子どもが動きやすくなるように、また教師が指導しやすくなるように、室内の教材教具を配置します。例えば、朝の会では、みんなの前で発表する、黒板にカードを貼り付ける課題が多く机上課題のない場合、机は撤去します。机を置くことで離席は生じにくくなりますが、前に出る行動は起きにくくなります。作業学習では、作業しやすいように、机や座席の配置、姿勢（立つか座るか）、作業台の高さ、道具の向きを工夫します。

　物理的環境整備のひとつに視覚手がかり（visual cue）があります。教材教具を整備した上で、絵や写真、色やマーキングなどの視覚手がかりを導入します。視覚手がかりは、子どものわかる力を補ってくれます。例えば、立ち位置に色テープで印を付ける、絵や文字を使った手順表などです。見てわかる手がかりを活用することで、子どもは教師の働きかけに頼らず、自ら活動に参加できる可能性が広がります。

　知的障害やASD児では、教師の声かけ（聴覚手がかり）のみで動くのは大

変難しくなります。絵や写真の発する情報は、それが提示されている間は伝え続けることができ、子どもが注意を向けたときに情報を得ることができます。また、絵や写真カードは、子どもの伝える力を補ってくれます。絵や写真カードの受け渡しは、話しことばのない重度の子どもにとって教師や仲間に要求を伝える手段になります。ただし、視覚手がかりは、導入しただけでは機能しません。それらが伝達機能を帯びるように、意思を伝える道具となるための「育てる」プロセスが不可欠となります。手がかりとしての機能を早く形成するには、変えない、しつこく使うことです。使い込むことで、人に伝える、自分を律したり支えたりする道具として機能するようになります。

（3）支援ツールの活用

　見てわかる、手に持って扱えるカードやブックを活用し、物を介して他者に伝えたり自分を支えたりするための道具として、支援ツール（以下、ツール）が開発されています。ツールは、富山大学人間発達科学部の教員と、附属特別支援学校教員との協同的な実践研究を通じて生まれました。そのねらいから、応用行動分析のオペラント条件づけにおける三項随伴性の枠組みを利用して、①協働ツール、②手がかりツール、③実行を助ける手がかりツール、④交換記録ツールの4つに分類されています（藤原監修, 2004）。

　①協働支援ツールは、支援者間で子どもの実態や適切な支援方法に関わる情報共有と共通理解を図るためのツールです。適切な支援に関わる情報を支援者間でつなぐ「個別の教育支援計画」と同様の機能が期待されます。よく使用されるツールとして「サポートブック」があります。サポートブックには、子どもとの積極的な関わりを促したり、トラブルを最小限に留めたりする情報が記載されます（武蔵・大村・浅川・木村・長浜, 2010）。

　②手がかりツールは、学校での勉強や掃除、家庭での歯磨きやお手伝いなどの課題内容や遂行の手順を知らせる、予告するものです。代表的なものに、スケジュール表や手順表があります。子どもにしてほしい課題内容やスケジュールを、絵や写真、文字でシート上に一覧提示したり、課題内容を小分けにしてカードでそのまま提示したりリングにまとめたりして提示します。

③実行を助ける手がかりツールは、手がかりツールの機能に加えて、行動を易しくする自助具です。例えば「お手玉ふっきん」では、1回の腹筋ごとに足下に置かれたカゴのお手玉を頭上に移動させることで、お手玉がなくなると終わり（回数やノルマ）を伝え、お手玉の移動は腹筋の動作を引き出します。蛇口の取っ手に付けるハンドルでは、ひねる・回す動作に要する労力は低くなります。

④交換記録ツールとは、子どもが行動の結果を見てわかる量で表し、自己評価や他者評価の機会を作り、教師や保護者が適切な行動を、そのつど子どもに理解できる方法で褒め、活動参加を動機づける支援の道具です。代表的なチャレンジ日記では、子どもが家庭や学校で取り組んだ活動や課題について、「いつ・どこで・誰と・何を行ったのか」を記述します。自分が取り組む課題や目標を自己決定し、頑張り具合を自己記録していきます。記入用紙やシートは、できるだけシンプルな書式にし、わかる力やスキルに応じて、文字を書く、○で囲む、シールを貼るなどの形式で記録します。自己記録によって、教師や保護者、仲間同士といった多重な評価機会が生じます。授業場面で活用することで、教師や仲間から評価され、家庭では保護者から褒めてもらう好循環が生じます。学校の場を越えて活用することで、本人を取り巻く支援者が認め合う関係が構築される点が交換記録ツールと呼ばれるゆえんです。

5　医療的ケア

医療の進歩と在宅医療の推進及び共生社会の形成に向けたわが国の取り組みを背景として、地域社会の中で生活する医療ニーズの高い子どもが増えています。こうした子どもの教育を受ける権利を保障し、自立と社会参加を支援する上で、学校教育の現場における医療的ケアへの対応は重要な課題です。

（1）学校における医療的ケア

学校における医療的ケアとは、「特定行為」と「特定行為」以外の学校で行われている医行為のことです（「特別支援学校における医療的ケアへの今後の対応について（通知）」（23文科初第1344号））。「特定行為」とは、2012年4月より、

一定の研修を受けた教員または介護職員等（教員等）が法令に基づいて実施できるようになった医行為です（「社会福祉士及び介護福祉士法の一部を改正する法律の施行について（喀痰吸引関係）」（社援発0312第24号））。具体的には、口腔内のたんの吸引、鼻腔内のたんの吸引、気管カニューレ内部のたんの吸引、胃ろうまたは腸ろうによる経管栄養です。

　学校における医療的ケアの意義については、実例に基づいて医療、教育、福祉的観点から提言（北住，2005）がなされており、その内容は概ね以下の通りです。教員等が医療的ケアを行うことの医療的意義としては、学校における医療的ケアの実施が進む中で、子どもの急変や死亡が減少したという報告があることです。教育的意義としては、これまで訪問教育を受けていた子どもの登校が可能となる、家族の都合による欠席が減少する、授業の継続性が維持されるなど子どもの教育条件が改善されることです。さらに、教員等と子どもとの信頼関係が深まる、子どもの自発性・主体性が高められるなど、より本質的な教育的意義も確認されています。福祉的意義としては、医療的ケアに関する家族の負担を実質的に軽減できる、それに伴い家族機能も維持されることです。

（2）教員等が特定行為を行うための手続き

　教員等が特定行為を行うためには、一定の研修を修了する必要があります。研修を提供できるのは都道府県と登録研修機関です。教育委員会が登録することもできます。研修の内容は、基本研修（講義・演習）と実地研修（特定の子どもに対して実施する研修）によって構成されています。研修を修了した教員等は、都道府県知事または知事の委託を受けた登録研修機関に申請をして、認定特定行為業務従事者の認定を受けます。以上の手続きを経て、教員等は都道府県知事に登録された事業所において特定行為を行うことができることになります。特別支援学校の場合には、学校ごとに事業所としての登録を行います。登録に当たっては、医師・看護職員等の医療関係者との連携の確保が必要となります。なお、教員等が行うことのできる医行為は、あくまで「特定の」子どもに対する「特定の」行為に限られています。そのため、対象とする子どもが変わる場合や行為を追加する場合には、そのつど実地研修を受ける必要があります。

(3) 特別支援学校における医療的ケアの現状

　文部科学省が毎年実施している特別支援学校等の医療的ケアに関する調査結果（文部科学省，2017）によると、2016年度に公立の特別支援学校に在籍していた医療的ケアを必要とする子ども（幼稚部～高等部）の数は8,116人でした。これは同じ年度に全国の特別支援学校に在籍していたすべての子どもの数の6.0％に相当します。この結果を2006年度における医療的ケアを必要とする子どもの数（5,901人）と比較したところ、過去10年間で2,000人以上増えていることがわかりました。このことは、医療的ケアを必要とする子どもの数が近年増加していることを示しています。

　また、2016年度において小学部から高等部までの各学部に在籍している医療的ケアを必要とする子どもの数を比較した場合、小学部が中学部よりも、中学部が高等部よりも、医療的ケアを必要とする子どもの数は多いことがわかりました。この結果は年齢が低いほど医療的ケアを必要とする子どもの数は多いことを示しています。これらのことから、今後とも学校における医療的ケアのニーズは高まることが予想されます。

　2016年度に実施された医療的ケアを行為別に分類すると、教員等が行うことのできる特定行為の延べ件数は12,792件（49.4％）であり、特定行為以外の医行為の延べ件数は13,108件（50.6％）でした。したがって、医療的ケア全体の延べ件数は25,900件となります。このように、特別支援学校における医療的ケアのうち、特定行為の割合が約半数を占めていたことは、教員等が医療的ケアの担い手として一定の役割を果たすことができることを示しています。

　一方で、特定行為以外の医行為が約半数を占めていたことは、特別支援学校における医療的ケアを行う上で、看護師の適正配置が重要であることを示しています。そして、医療的ケア全体の延べ件数が医療的ケアを必要とする子どもの数（8,116人）を上回っていたことは、一人で複数の医療的ケアを必要とする医療ニーズの高い子どもが一定程度在籍していることを示しています。

(4) 今後の課題

　医療的ケアに関する現行の制度と特別支援学校における医療的ケアの現状を

考え合わせれば、学校における医療的ケアを円滑に行うためには、少なくとも次の3点が課題となると思われます。第一に、特定行為を行うことのできる教員等を安定的に確保することです。特定行為を行う教員等は、担当する子どもが変わった場合や特定行為の内容に変更があった場合には、改めて実地研修を受ける必要があります。実際、特別支援学校の現場からは、担任教員が変更となる年度始めの時期は、医療的ケアの実施に関わる手続きや研修でとても忙しくなることが報告されています（熊谷, 2017）。子どもたちのニーズを継続して満たすことができるようにするためにも、教育委員会と各学校には、特定行為を行える教員等の計画的な養成や手続きの円滑化などの対策を講じることが求められます（下山, 2016）。

　第二に、看護師の適正配置です。特別支援学校における医療的ケアの現状として、医療的ケアの約半数が特定行為以外の医行為であったこと、現行の制度においては、教員等が特定行為を実施する場合にも看護師との連携が求められていることを考慮すれば、看護師の適正配置は大きな課題です。そのためには、予算措置に加えて、各学校において看護師の受け入れ体制を整える必要があります。具体的には、看護師に対して学校教育に関する研修を行うことや看護の専門的情報を提供することなどが考えられます（下山, 2016）。

　第三に、医療的ケアを必要とする子どもの教育的ニーズの多様化への対応です。一人で複数の医療的ケアを必要とする子どもの中には医療ニーズがきわめて高い、いわゆる、超重症児と呼ばれる子どもが存在します。超重症児に該当するかどうかについては、あくまでも医療ニーズの程度によって判定され、必ずしも脳障害の重症度と並行するものではありません（大村, 2004）。

　そのため、超重症児の教育的ニーズには大きな幅があります。例えば、超重症児に該当する子どもの中には、脳障害がなく、文字やことばによるコミュニケーションが十分に可能な子どもが存在します。こうした子どもには、各教科を中心とした教育課程に基づく教育を提供する必要があります。一方、前者と同程度の医療ニーズがあり、超重症児に該当する子どもであっても、重い脳障害があることから睡眠と覚醒の区別が難しく、教員等の働きかけに対して観察できる反応がほとんどみられない子どもも存在します。こうした子どもには、

自立活動を主とした教育課程に基づく教育を提供する必要があります。実際、超重症児が在籍している特別支援学校においては、教育活動の中で頻繁な医療的ケアを行いながら、多様な教育的ニーズに応じた指導・支援が行われています（関東甲信越地区病弱虚弱教育研究連盟，2017）。このような指導・支援を安全かつ適切に、継続して提供していくためには教員、看護師、学校、保護者、主治医等の役割と責任を分担して、個々の子どもにそれぞれの立場から、協働的に関わっていく体制を構築していくことが課題となります。

6 個に応じた指導
（1）個々の違いとその対応
⑴ 障害の種類や程度による違いと対応

わざわざ説明するまでもないのですが、視覚障害や聴覚障害の子どもには、障害のために使えない出入力手段を補う学びを保障しなければなりません。具体的には音声による説明や点字、文字による説明や手話などです。肢体不自由の子どもには、動けない（動かない）ことへの支援が必要で、具体的には車いすや補装具・補助具などが挙げられます。

⑵ 発達段階、知的能力による違いと対応

知的な遅れのある子どもには、その子がわかる説明内容や説明方法が求められます。さらに、発達の順序性に応じた教育目標を設定し、発達段階に従った指導内容を保障しなければなりません。肢体不自由でも運動能力の向上を目標に指導する場合には、この考えが当てはまります。ただし、このことは赤ちゃん扱いしても良いというのではありません。対応するときには、その子の生活年齢を尊重しましょう。発達段階を知るには発達検査、知的能力を知るには知能検査を実施します。

⑶ 学力、生活能力や社会性による違いと対応

知的障害ではないが、不登校などで学習の遅れや空白のある子どもには、その子の学力の実態に合った学びを保障しなければなりません。また、親の養育の問題などで年齢相応の生活能力が育っていない子どもには、実体験を通した生活能力の向上（獲得）が必要です。自閉症スペクトラムなど、障害特性によ

り人間関係を構築したり社会生活を送る上で困難さがある子どもには、ソーシャルスキルトレーニングやカウンセリングなどを通して、年齢相応の社会性を育てることが必要です。生活能力や社会能力を知るには、適応行動尺度や社会生活能力検査を実施します。

(4) 行動特性による違いと対応

ADHDのように、集中することが苦手で学習に困難さがみられる子どもには、集中できる環境や条件整備が必要です。また、落ち着きのなさや強い衝動性そのものへの対応と、結果から生じる対人関係や生徒指導上の問題には、問題そのものへの対応だけではなく、行動特性にも対応することが必要です。

(5) 育った（育っている）環境による違い

外国籍で日本語のコミュニケーションや読み書きが困難な子どもには、通訳を付けるなどの支援と、日本語と日本の習慣・文化の学習が必要です。虐待により対人関係や自己コントロールに困難さがある子どもには、養育者への対応が必要となり、児童相談所と学校とが緊密に連携して対応します。

(2) 個に応じた指導のために

個に応じた指導とは個別指導と同じではありません。学級単位による一斉指導でも個に応じた指導は必要であり、通常の学級でも保障されなければなりません。点字や手話、車いす、わかりやすい説明、集中できる環境など、障害特性に応じた特別な支援は「合理的配慮」として、通常の学級でも保障されます。その際には、一般的に以下の手続きに従います。

まず、当事者が合理的配慮の提供を学校側に申し出ます。このとき、支援の根拠となる情報を提示すること。次に、当事者と保護者、学校職員等による支援会議を開催し、学校は提供できる合理的配慮を示します。そして協議の上合意形成を図り、その内容を個別の教育支援計画にまとめます（図4-6-1）。その後は定期的に合理的配慮の履行状況や成果などを振り返り、必要に応じて修正変更します。

発達段階に即した指導や学力の実態に合った学習指導のためには、次の手続きに従います。まず、アセスメントから目標を設定し、指導計画を作成します。

4 特別支援教育の課題と展望 71

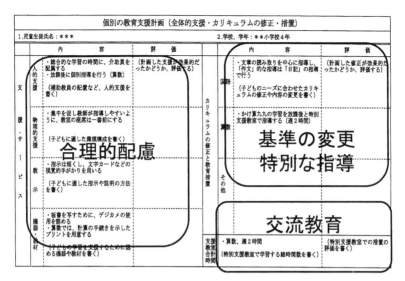

図 4-6-1 個別の教育支援計画の例

長期目標：算数の文章題を一人で解ける			
短期目標	指導方法	指導場面	評価
・ヒントカードを使って、○○の問題を解く	・ヒントカードの使い方を学ぶ ・授業でヒントカードを使う ・ヒントカードを使って宿題をする	・通級指導教室 ・通常学級 ・家庭	

図 4-6-2 個別の指導計画の例

　アセスメントの方法として検査や行動観察がありますが、保護者の願いや本人の希望もしっかり聞き取ることが大事です。次に、長期的な展望に立った長期目標、長期目標に迫るための具体目標である短期目標を設定します。続いて指導場面や指導者、指導内容を選択して個別の指導計画にまとめます。その後は定期的に子どもの成長や行動獲得などを記録・評価して、次の短期目標の指導

につなげます。図4-6-2は、一人で算数の文章題が解けるよう、通級指導教室や家庭学習も使った指導の計画書を示しました。

7 関係機関・保護者との連携
(1) チームで進める特別支援教育

　障害のある子どもたちの抱える生活上や学習上の困難は多様です。その困難を改善・克服し、もてる力を生かしながら充実した生活を送るための指導・支援のあり方にも唯一絶対の解はありません。そのような中で、より個に応じた適切な指導・支援を行うためには、その子どもに様々な立場で関わる関係機関の担当者が連携して「チーム力」を発揮することが大切です。もちろん、生まれてから子どもの一番身近にいて、一番多くの支援を行ってきている保護者（家族）にもチームの一員として参加してもらう必要があります。

　対象となる子どもに対して、チーム力を発揮して指導・支援を行う手順としては、まず関係機関や保護者などチームのメンバーが分有している子どもの実態（生活上や学習上の困難＋できること・もてる力）に関する情報を、支援会議やケース会議などの場で出し合い、メンバー全体で共有することから始めます。そして共有された実態情報からその子どもの取り組むべき課題を整理し、個別の指導・支援目標を、やはりメンバーで話し合いながら決めていきます。その上で、チームのメンバーそれぞれが専門性を生かし、指導・支援目標を達成するために具体的にどのような取り組みをするかを考えていきます。その後実際にチームのメンバーが具体的な取り組みを行った結果を評価し、その内容をメンバーで再び共有して、その結果を踏まえて次の指導・支援目標を検討していきます。このように関係機関や保護者と連携し、チーム力を発揮してPlan-Do-Check-Action（PDCA）サイクルで指導・支援を進めていくことが大切です。その際に、前項で触れた、個別の指導計画や個別の教育支援計画を作成し、それをツールとして活用することはいうまでもありません。

(2) 関係機関との連携

　連携を取る必要がある、すなわちチームの一員としての参加が考えられる関

4 特別支援教育の課題と展望 73

係機関は、対象となる子ども一人ひとりの実態やライフステージで違いますが、図4-7-1をみてもわかる通り、いずれも複数にわたることが多いと考えられます。連携が必要だと考えられるおもな機関を以下に挙げてみます。

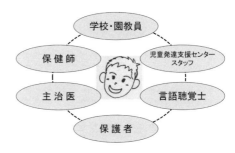

図4-7-1 関係機関などとの連携例（就学前の子）

(1) 医療機関

日本では、子どもが生まれたときから（厳密には生まれる前から）診察やスクリーニング検査、健康診査などを通して病気や障害の有無をチェックします。早期発見は早期の治療や療育に結びつきます。障害が発見された場合は、病院などの医療機関で手術や投薬などの治療、理学療法や作業療法による機能訓練などが行われます。対象となる子どもの病気や障害の状態、関わる上で積極的に行うべきことや禁忌事項（やってはいけないこと）などについて、主治医（医師）、機能訓練担当者（理学療法士PT、作業療法士OT、言語聴覚士ST 他）などと連携し、情報を得ることは教育や保育を進める上で重要です。

(2) 療育・相談支援機関

生まれてから就学前くらいまでの間、定期的に受ける必要がある乳幼児健康診査などでは、障害の早期発見とともに、療育などその後のサポートを行うきっかけづくりも行います。きっかけづくりとその後のサポートの一翼を担うのが保健師です。また、児童発達支援センターや障害者相談支援センター、大学の教育相談センター、特別支援学校の地域支援部などのスタッフが療育や相談支援を担っています。福祉サービスの申請などの際は、自治体の障害者福祉に関する部署の職員が関わります。学校卒業前後の移行期は、その後の生活や就労のことに関して、障害者就業・生活支援センターやハローワークなどのスタッフから支援を受けることもあります。ライフステージに応じてこれらの関係機関の専門職と連携し、情報を得ることも教育や保育を行っていく上で必要になります。

(3) 福祉サービス・労働機関

　学齢期から卒業後にかけて、放課後等デイサービスや生活介護、短期入所（ショートステイ）など日中活動や生活の場に関するサービス、あるいは就労移行支援や就労継続支援などの就労に関するサービスの利用を希望する場合、また、一般就労したい場合などは、福祉サービス提供事業所のスタッフや企業の担当者などとの連携・協力が大切になります。

（3）保護者との連携

　前述の通り、子どもの一番身近にいて、一番多くの支援を行ってきているのは保護者（家族）です。日々の健康状態や家庭での様子はもちろん、服薬や禁忌事項などの医療情報なども保護者を通じて得られることが多いものです。学校や療育機関などで行った指導・支援が家庭生活に反映しているか否かについても保護者から情報を収集する必要があります。

　ところで、保護者から、対象となる子どもの実態情報の提供だけでなく、取り入れてほしい指導・支援について要望が挙げられる場合があります。このような場合はどのように対応したらよいのでしょうか？

　保護者は、自分の子どもに障害があることがわかってから、障害そのものや障害による困難を改善・克服しようと、様々な医学的治療やリハビリテーション、療育などの機会を子どもに提供してきていると思います。その中で効果的だと判断された指導・支援の方法があった場合、「学校や園でもその指導・支援の方法でお願いしたい」と要望することは理解できます。保護者と連携して指導・支援に当たるという観点から、保護者に学び、実際にその方法で指導・支援を行うという考え方もあるでしょう。しかしその前に、まず教育や保育の担当者として、現在行っている指導・支援について十分説明する必要（説明責任）があると思います。①対象となる子どもの実態や課題をどのように捉え、②どのような指導・支援目標を設定し、③実際にどのような方法で指導・支援を行い、④その結果をどのように評価しているかを具体的に、できれば個別の指導計画などを用いて説明します。

　現に行われている指導・支援が子どもの実態に即した適切なものであれば、

「そのような方法で指導・支援を続けてほしい」となることも十分ありえます。①に挙げた実態把握の段階で、前述のように保護者からも家庭での様子など、子どもの情報を挙げてもらい、その内容を目標に反映させるといった工夫によって、さらに理解が深まります。これも連携のひとつのあり方ではないでしょうか。その上で、保護者が要望する方法を、教育や保育担当者の立場で行うことのできる範囲で指導・支援に取り入れるのがよいと考えられます。

8 自立活動

(1) 特別支援教育における自立活動の位置づけ

　障害のある幼児児童生徒は、その障害によって、日常生活や学習場面において様々なつまずきや困難が生じることから、小・中学校等の児童生徒と同じように心身の発達の段階等を考慮して教育するだけでは十分ではなく、個々の障害による学習上または生活上の困難を改善・克服するための指導が必要です。このため、特別支援学校では、小・中学校等と同様の各教科等の他に、特に「自立活動」の領域を設定し、その指導を行うことによって、幼児児童生徒の人間として調和のとれた育成を目指しています（文部科学省, 2009）。自立活動は、特別支援学校の教育課程において特別に設けられた指導領域といえます。

　平成29年3月に公示された小学校・中学校学習指導要領では、特別支援学級において実施する特別の教育課程については自立活動を取り入れること、通級による指導では、自立活動の内容を参考とし、具体的な目標や内容を定め指導を行うこと、各教科等と通級による指導との関連を図るなど教師間の連携に努めること等が記述されました。インクルーシブ教育体制構築を目指すわが国の学校教育では、自立活動を、学校種や障害種にとらわれない、障害のある児童生徒に対する共通の指導領域として位置づけたことを示していると考えられます。

(2) 学校における自立活動

　学校における自立活動の指導のあり方については、特別支援学校学習指導要領総則に示されています。そこでは、まず、「学校における自立活動の指導は、

障害による学習上又は生活上の困難を改善・克服し、自立し社会参加する資質を養うため、学校の教育活動全体を通じて行うものとする」と規定しています。そして、「特に、自立活動の時間における指導では、各教科、道徳科、外国語活動、総合的な学習の時間及び特別活動と密接な関連を保ち、個々の児童又は生徒の障害の状態や発達の段階等を的確に把握して、適切な指導計画の下に行うよう配慮しなければならない」としています。学校の教育活動全体を通じて自立活動の指導を行うためには、自立活動の時間における指導と各教科等の指導とが密接に関連を保ちながら計画的に指導を行うことが求められていることがわかります。このため、自立活動の指導では、自立活動の時間における指導を担う専門的な知識や技能を有する教師を中心として、全教師の協力の下に効果的に行われるようにすること、すなわち、教師間の連携が重要になります。

　通級指導教室における指導は、自立活動の時間における指導として考えることができます。通級による指導を受ける児童生徒には、在籍する学級で実施される教科等の学習や生活上の困難があります。それらの困難を改善・克服するために、通級指導教室で自立活動の時間の指導を受けるのですが、通級指導教室での指導を踏まえて、在籍する学級で各教科等の授業が実施されることによって、子ども自身がより効果的に困難を改善することができます。このため、各教科等と通級による指導との関連を図ること、すなわち、教師間の連携に努めることが重視されるのです。

（3）自立活動の目標と内容

　特別支援学校小学部・中学部学習指導要領には、自立活動の目標、内容、指導計画の作成と内容の取り扱いが示されています。以下、それぞれについて、説明していきます。

(1) 目　標

　自立活動の目標は、「個々の児童又は生徒が自立を目指し、障害による学習上又は生活上の困難を主体的に改善・克服するために必要な知識、技能、態度及び習慣を養い、もって心身の調和的発達の基盤を培う」というものです。「自立」とは、幼児児童生徒が、それぞれの障害の状態や発達の段階等に応じ

て、主体的に自己の力を可能な限り発揮し、よりよく生きていこうとすることを意味しています。ここでは、「個々の児童生徒」が「主体的に」取り組む学習活動であることを理解しておくことが重要です。

また、自立活動の目標でいう「障害」とは、日常生活や学習上の種々の困難であって、教育によって改善し、または克服することが期待されるものです。

　(2)　内　容

　自立活動の内容は、人間としての基本的な行動を遂行するために必要な要素と、障害による学習上又は生活上の困難を改善・克服するために必要な要素を検討して、その中の代表的なものを項目として6つの区分の下に整理・分類したものです。

　6つの区分の名称は、「1　健康の保持」、「2　心理的な安定」、「3　人間関係の形成」、「4　環境の把握」、「5　身体の動き」、「6　コミュニケーション」です。特別支援学校学習指導要領解説自立活動編（文部科学省，2009）によれば、6つの区分の内容は、以下の観点から示されています。

　①　**健康の保持**　　生命を維持し、日常生活を行うために必要な身体の健康状態の維持・改善を図る観点

　②　**心理的な安定**　　自分の気持ちや情緒をコントロールして変化する状況に適切に対応するとともに、障害による学習上又は生活上の困難を改善・克服する意欲の向上を図る観点

　③　**人間関係の形成**　　自他の理解を深め、対人関係を円滑にし、集団参加の基盤を培う観点

　④　**環境の把握**　　感覚を有効に活用し、空間や時間などの概念を手掛かりとして、周囲の状況を把握したり、環境と自己との関係を理解したりして、的確に判断し、行動できるようにする観点

　⑤　**身体の動き**　　日常生活や作業に必要な基本動作を習得し、生活の中で適切な身体の動きができるようにする観点

　⑥　**コミュニケーション**　　場や相手に応じて、コミュニケーションを円滑に行うことができるようにする観点

6つの区分には、それぞれ、3～5つの項目が示されていますが、区分ごとまたは項目ごとに別々に指導することが意図されているわけではないことに注意する必要があります。

（4）個別の指導計画作成

自立活動の指導に当たっては、個別の指導計画を作成します。その際、まず、実態把握を行うことが重要になります。自立活動の指導目標や内容は、小学校等の各教科のように、学年ごとに定められたものはありません。また、障害の種別に定められるものでもありません。障害のある幼児児童生徒個々の実態に基づいて設定されるというのが大きな特徴です。そのため、個々の障害の状態や発達段階等を的確に把握して指導目標や内容を設定すること、指導後は、設定した指導目標や内容は適切であったのかを確認するために、実施した指導を評価することが重要になります。そして、指導の評価を個別の指導計画や具体的な指導の改善に生かす、PDCA（plan-do-check-action）が欠かせません。

指導内容は、6つの区分の内容の中からそれぞれに必要とする項目を選定し、それらを相互に関連づけ、具体的に指導内容を設定します。その際、例えば肢体不自由児は、身体の動きの不自由さに着目されやすく、「身体の動き」の内容が選択されやすい傾向にあります。また、言語障害児は、発音等の問題に注意がいきやすいため、「コミュニケーション」の内容が選択されがちです。しかし、その他の区分に示される内容が必要な子どももいます。子どもの障害から指導内容を選定するのではなく、個々の子どもの学習上または生活上の困難の背景要因は何か、様々な実態がどう関連し合っているのかをよく分析した上で、指導内容を明らかにしていく必要があります。この他、指導内容を設定する際に考慮すべき事項が、学習指導要領に記載されています。これらの記述をよく読んで、具体的に指導内容を設定することが重要です。

特別支援教育の対象となる児童生徒の障害の状態は、重度・重複化、多様化しています。個々の児童生徒の学習上または生活上の困難を正確に把握できているのか、指導内容は妥当であるのか、教師には、常に不安が付きまといます。何をどのような順で指導するのかマニュアルがなく、何を行っても自立活動で

あるといえなくもない。そのような不確実性の高い自立活動の指導を適切に実施していくために、安藤（2001）は、複数の教師の協働による個別の指導計画作成方法を提案しています。自立活動の指導に当たっては、個別の指導計画を作成することが義務づけられています。特別支援学校では、すべての児童生徒が作成の対象となります。個別の指導計画作成の意義を明確にした上で、作成の方法を検討していくことが必要です。

【引用・参考文献】
相澤雅文（2015）　交流及び共同学習．玉村公二彦・清水貞夫・黒田学・向井啓二編著，キーワードブック特別支援教育．クリエイツかもがわ，46-47．
安藤隆男（2001）　自立活動における個別の指導計画の理念と実践．川島書店．
藤原義博監修，武蔵博文・小林真編，富山大学教育学部附属養護学校（2004）　子ども生き生き支援ツール—きっとうまくいくよ．移行・連携—．明治図書．
関東甲信越地区病弱虚弱教育研究連盟（2017）　平成28年度連盟だより　病弱児の教育．関東甲信越地区病弱虚弱教育研究連盟．
北住映二（2005）　提言　医師の立場から．特別支援教育，(16)，15-18．
国立教育政策研究所生徒指導研究センター（2011）　キャリア発達にかかわる諸能力の育成に関する調査研究報告書．
国立特別支援教育総合研究所（2005）　交流及び共同学習に関する調査研究（平成17年度）．
国立特別支援教育総合研究所（2010a）　障害のある子どもへの進路指導・職業　教育の充実に関する研究．平成20～21年度研究成果報告書．
国立特別支援教育総合研究所（2010b）　知的障害教育におけるキャリア教育の在り方に関する研究—「キャリア発達段階・内容表（試案）」に基づく実践　モデルの構築を目指して—．平成20～21年度研究成果報告書．
国立特別支援教育総合研究所（2012）　特別支援学校高等部（専攻科）における進路指導・職業教育支援プログラムの開発．平成22～23年度研究成果報告書．
厚生労働省（2016）　平成28年障害者雇用状況の集計結果．
熊谷智子（2017）　特別支援学校等における医療的ケアへの対応．小児看護，40(4)，451-457．
文部科学省（2006）　小学校・中学校・高等学校キャリア教育推進の手引．
文部科学省（2009）　特別支援学校学習指導要領解説自立活動編．
文部科学省（2012）　共生社会の形成に向けたインクルーシブ教育システム構築のための特別支援教育の推進（報告）．中央教育審議会初等中等教育分科会．
http://www.mext.go.jp/b_menu/shingi/chukyo/chukyo 3 /044/attach/1321669.htm（2017年9月9日参照）
文部科学省（2017）　平成28年度特別支援学校等の医療的ケアに関する調査結果について．
http://www.mext.go.jp/a_menu/shotou/tokubetu/material/1383567.htm（2017年 9 月30日参照）

文部科学省初等中等教育局特別支援教育課編集（2007）　特集　交流及び共同学習．特別支援教育，No.25.

文部科学省初等中等教育局特別支援教育課編集（2010）　特集　交流及び共同学習の推進．特別支援教育，No.38.

文部科学省・中央教育審議会答申（2011）　今後の学校におけるキャリア教育・職業教育の在り方について．

村中智彦編著（2013）　特別支援学校＆学級に学ぶ・第1巻・「学び合い、ともに伸びる」授業づくり．明治図書．

村中智彦編著（2015）行動問題への積極的な支援―「困った」から「わかる、できる」に変わる授業づくり．明治図書．

武蔵博文・大村知佐子・浅川義丈・木村和彦・長浜由香編（2010）　わくわく支援ツール．エンパワーメント研究所．

長澤正樹（2016）　発達障害特性を示す非発達障害グループ―反応性アタッチメント障害，外傷性発達障害，2E，貧困による影響．新潟大学教育学部紀要，18(1)，25-32.

日本障害フォーラム（2014）　みんなちがってみんな一緒！障害者権利条約［改訂版］．

大村清（2004）　難病主治医の立場から．小児看護，27，1249-1253.

下山直人（2016）　学校教育における医療的ケアの現状と今後の課題．教育と医学，64(1)，53-60.

第Ⅱ部 障害児（者）の基本的理解

　第Ⅱ部では、障害の種別ごとに障害の概念や定義、心理学的側面からみた特別な支援を必要とする子どもの心理・行動特性や教育的支援に生かす視点などについて基本的な知識や事項を解説します。

　ここでは、特別な支援を必要とする子どもの障害の種類のうち、視覚障害、聴覚障害、知的障害、肢体不自由（運動障害）、病弱・身体虚弱、言語障害、情緒障害、重複障害の8つの障害について説明します。

　特別支援教育では、子ども一人ひとりに合った教育的支援を行うという視点に立ち、教育・福祉的対応を考えなければなりません。このようなことから、障害児教育、保育、福祉などを専攻する学生のみなさんには、教育的支援を必要とする子どもたちについての基本的な知識や事項を身につけることが必要です。今、障害が多様化していることで、子どもの障害の状態は様々です。障害のある子どもの教育や福祉の課題としては、一人ひとりに適したプログラムを作成し実践していくことが求められています。特別支援教育や福祉を考える上で、それぞれの障害ごとに、心理学的視点から子どもの心理・行動特性、障害の状態や障害の程度などの状態把握はきわめて大事なことです。そこで、第Ⅱ部では、障害種別ごとに専門的な知識や事項の理解と障害全般に関する総合的な知識や事項の理解に役立つように平易な文章でわかりやすく、優しく記述しました。

1 視覚障害

1 視覚障害の概要
(1) 視覚障害の定義
(1) 視覚障害の発生

　視覚が成立し、より良く物が見えるためには、外界から入ってきた光の情報が、眼球を構成する角膜と水晶体の屈折により調節され、網膜上に結像する必要があります。次に、結像された光の情報は、網膜の中にある視細胞により活動電位に変換され、視神経を通じ脳の視覚野に伝えられます（図1-1-1）。このようにして私たちは物を見ることができるのですが、この一連の過程のいずれかに機能不全が生じると、視覚障害となります。具体的には視力の低下、視野の狭窄や欠損、色覚異常、明順応及び暗順応の困難性、眼球運動の異常など視覚機能障害が生じ、日常生活や学習において永続的な困難が生じます。

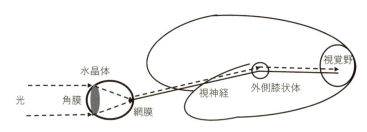

図1-1-1　視覚の成立する過程

(2) 視覚障害の出現率・原因

　身体障害児・者実態調査（厚生労働省，2006）によれば、日本の18歳以上の視覚障害者の総数は31万人で全身体障害者数の8.9％の出現率となっています。また、18歳未満の視覚障害児の数は4,900人で全身体障害児数の5.3％の出現率となっています。このように視覚障害は身体障害の中でも希少発生障害ということがわかります。

特別支援教育資料（平成27年度）（文部科学省，2016）によれば、全国の視覚特別支援学校に在籍する視覚障害児の数は2,876人で、普通学校の弱視学級に在籍する弱視者は510人となっています。近年の傾向として視覚特別支援学校に在籍する視覚障害児は他の障害を併せ有する場合が多く、一方で弱視学級の数は増加しています（吉田，2013）。これは視覚障害児の選ぶ就学先が増えていることを示しています。これらの幼児児童生徒の原因疾患については、視覚特別支援学校在籍児と普通学校の弱視学級在籍児ともに、近年では継続して先天素因、未熟児網膜症が多くなっています（柿澤・河内・佐島・小林・池谷，2012）。

(3) 視覚機能の障害

視覚機能の中で日常生活や学習の困難性と最も関連性があるものは視力と視野です。これは身体障害者福祉法の等級区分や就学措置の根拠法である学校教育法でも重視されています。

① 視　力　　視力は視覚的な鋭敏さを表す指標です。ランドルト環による

図1-1-2　網膜に映す角度

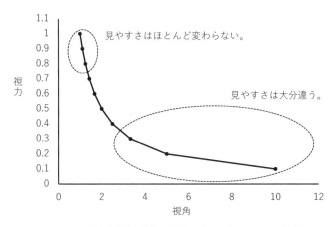

図1-1-3　視力と視角の関係（視角1分は1度の1／60の角度）

視力検査（視標の直径：切れ幅＝5:1）で測定されることが多く、円が小さくても視標の切れ幅がわかれば視力の数値は高く、円が大きくなければ視標の切れ幅がわからない場合、視力の数値は低くなります（図1-1-2）。図のように視標の切れ幅の両端から眼球までの2つの直線のなす角度を視角といい、視力は視角（分）の逆数＜視力＝1／視角（分）＞で表されます。視力と視角の関係をみると、視力1.0〜0.8の間では視角の数値にあまり差はありませんが、視力0.3〜0.1の間では視角の数値に大きな差があることがわかります。これは低視力では網膜に映す角度を大きくする必要があることと、低視力になるほど視力の差0.1の意味するところが異なることを示しています（図1-1-3）。

② **視野**　人間が見ることのできる範囲を視野といいます。正常視野では視線を固定した位置から上側60°、下側70°、鼻側60°、耳側100°の範囲を示します（図1-1-4）。しかし、視覚障害があると視野が5°〜10°以内である重度の視野狭窄や、視野のある部分が機能していない視野欠損などが生じます。

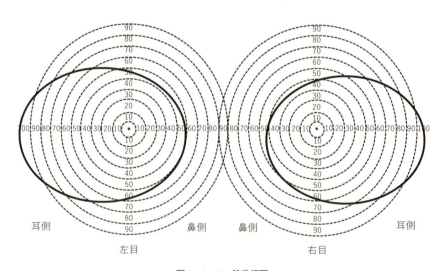

図1-1-4　健常視野

③ **その他の視覚機能**　支援対象児（者）の見る力を把握するためには、視力と視野以外の視覚機能についても留意する必要があります。

ア　色覚——明所視で働く網膜中の視細胞である錐体の反応組み合わせによる色の世界の認知のことを色覚といいます。赤錐体は長波長、緑錐体は中間波長、青錐体は短波長に反応しますが、色覚異常により特定の色を見ることが難しくなります。

イ　明・暗順応——暗い場所から明るい場所に移動したときの眼の明るさへの順応を明順応、明るい場所から暗い場所に移動したときの眼の暗さへの順応を暗順応といいます。明順応に必要な時間はとても短く、暗順応に必要な時間は明所視で働く錐体で5～9分、暗所視で働く杆体で40～60分かかります。視覚障害があれば明・暗順応にさらに時間がかかるか、ほとんど機能しない状態が生じます。

ウ　眼球運動——活動の中で物を見る際の眼の動きと役割には、物に視線を置いて注意・集中する固視、ゆっくり動いている物を視線で捉える滑動性眼球運動、視点から視点へ素速く移動する衝動性眼球運動、近くを見るときに視線が内側による輻輳運動、遠くを見るときに視線が平行になるように開く開散運動などがあります。視覚障害があるとこれらの動きや働きに影響があります。

（2）　視覚障害の分類

　一般的に両眼の矯正視力が0.3未満のものを視覚障害といいます。矯正視力とは裸眼の状態ではなく、眼鏡やコンタクトレンズによる屈折異常の矯正や網膜像の拡大、また、最も見やすい環境調整による視力のことを指します。視覚障害の場合、最も見る力を発揮できたとしても、永続的な視覚機能の障害を示します。これは日常生活や学習で視覚情報を用いることが不可能、あるいは著しく困難な全盲と、視覚情報は用いているものの非常に見えにくい弱視に分けることができます。

　全盲は失明時期により早期全盲、後期全盲、中途失明に分けることができます。早期全盲と後期全盲の違いは視覚表象の有無による活動の違いで説明できます。視覚表象とは視覚的記憶のことで、だいたい3歳以前に失明した早期全盲は視覚表象を用いた活動がほとんど不可能であるのに対して、3歳以後に失

> **コラム2　CVIと視覚・重複障害**
>
> 　伝統的な視覚障害教育では、視覚障害以外に併せ有する障害のない単一視覚障害児（者）に対し、高等教育を見据えた指導や職業的自立を目指した支援が行われてきました。しかし、近年の視覚障害教育の対象児（者）の多くは他の障害を併せ有しており、このような幼児児童生徒の状態像を把握し、支援を行っていく必要性があります。
>
> 　視覚・重複障害について説明する用語の中のひとつに CVI があります。これは地域によって用語の内容が異なり、アメリカでは皮質性視覚障害（Cortical Visual Impairment）を表す用語として、ヨーロッパでは大脳性視覚障害（Cerebrum Visual Impairment）を表す用語として用いられています。アメリカを中心とした皮質性視覚障害に関する教育的アプローチは、対象児（者）がよく見るための環境調整と見るものを工夫することが中心で、これにより視覚を上手に活用していくことができることを想定しています。一方、大脳性視覚障害に関する教育的アプローチは、視覚機能だけでなく認知や運動面を含めた高次な心理過程の向上を意図した課題等の実施が中心です。
>
> 　日本の視覚障害教育の培ってきた専門性を考慮すると皮質性視覚障害に対する教育的アプローチは、弱視の残存視覚を十二分に発揮するための指導内容と共通する部分があります。そのため、視覚・重複障害児（者）への指導や支援に役立てることのできるエビデンスを整理していくことが、実践現場にも期待されています（佐藤・大庭，2017）。
>
> ＊　佐藤将朗・大庭重治（2017）　視覚・重複障害児の実態把握と指導実践における CVI レンジの活用に関する考察．上越教育大学特別支援教育実践研究センター紀要，23, 65-73.

明した後期全盲は視覚表象に基づいた活動を行うことが可能です。一方、中途失明は視覚を用いた生活が長く続いた後に全盲となる場合で、視覚表象を用いた活動を行うことができます。しかし、後期全盲も中途失明も失明してからの時間が長くなるにつれて、その視覚的記憶は変容していきます。なお、全盲の場合でも完全に視力のない絶対盲はまれで、光の明暗がわかる光覚盲、目の前で物の動きがわかる程度の手動盲、目の前の指の数がわかる程度の指数盲に分けることができます。

　弱視は視力の程度により重度弱視と軽度弱視に分けることができます。両者とも低視力であることに変わりはありませんが、重度弱視の方が軽度弱視に比べ、見るために必要な視覚補助機器等の活用の頻度や環境調整の厳密度が高くなります。また、弱視の場合、低視力だけでなく白内障や角膜混濁による透光体混濁、網膜色素変性症や緑内障による視野狭窄、黄斑変性症による中心暗点など、様々な眼疾患による見え方の特徴があります。

2　視覚障害児（者）の心理・行動特性
（1）　触覚的認知

　全盲は視覚的刺激に対して反応できないため、視覚以外の感覚を用いて環境認知を行っています。特に触覚的認知は早期全盲、後期全盲、中途失明のいずれの場合でも、発達段階全体を通じて環境把握のための特徴的手段となります。

　視覚と触覚の違いに注目すると、視覚は情報処理が速く、一度に把握できる情報の量が多いのに対し、触覚は情報処理が遅く、一度に把握できる情報の量も少ないという特徴があります。これは情報の処理方略に関して視覚は同時的情報の理解を容易とするのに対し、触覚は継次的情報の理解が基本となることを示しています。情報処理に関する意欲や態度に関しても、視覚情報は間接的・消極的・受動的でもある程度情報が獲得されるのに対し、触覚は直接的・積極的・能動的でなければ情報を獲得することが困難となります。このように人間の情報処理という観点からは視覚情報が優位なことは多いのですが、手触り、温度、痛さなどの情報は視覚ではわかりにくく、触覚でこそ理解が進む触覚優位な情報となります。

（2）　視覚表象

　後期全盲と中途失明は今見ることができなくても、視覚表象に基づいた環境認知や様々な活動を行うことができます。周りの様子を視覚的記憶によって理解することができるため、環境認知、運動、学習の中で用いる情報の処理方略に関しても、同時的情報の処理が可能と考えられています。また、失明する前に見たことがないものでも、自分のこれまでの視経験や活動に基づく知識や概念を用いることで、頭の中に視覚表象を作り上げることができるといわれています。これらのことから、後期失明者は立体的なイメージや空間を意識した活動を行っているといえます。

　視覚表象は記憶の法則と同じで、失明期間が長くなると視覚的記憶は再生することが難しくなっていきます。しかし、過去の視覚的記憶は自分の現在の知識や概念、または様々な経験を積むことで、情報を統合的にアップデートしていくことが推察されます。視覚表象は絶えず変容していくものといえますが、

完全になくなることはないと考えられています（佐藤，1988）。

（3）　知識・概念形成

　全盲児は見ることができないため、ことばのもつ概念やイメージを適切に身につけることが難しいといわれています。例えば晴眼児にとって生活や体験の拡大に伴い見たり触れたり聞いたりすることで容易に理解される山、海、蟻、微生物、天体、炎、シャボン玉といった事物については、発達初期〜学齢期の全盲児は触覚的観察ができない限り具体的に知ることは難しく、ことばのみの知識になりがちです。また、力強く走る○○、フワフワ、キラキラ、ピカピカといった運動や動作、視覚的表現、色彩を表すことばなども、理解することが困難です。さらに、地形図や立体図など3次元空間を平面にしたものや、要素や線が複雑な込み入った内容の図なども、触察のみでは適切に理解することが困難なため、詳細で適切な知識や概念を獲得することができません。

　学齢が上がってくると、全盲児は具体的に知らないものでもことばや頭の中で理解しようとします。その場合でも「自分の家で飼っている犬が小さいと、世の中の犬はみな小さい」、「魚は人間がクロールするように泳いでいる」というように、自分の直接経験のみで偏った理解が行われていることもあります。

（4）　言　語

　早期全盲児の場合、視覚的模倣ができないため発話に必要な口や舌の動きなどを偶発的に学習することができません。そのため初語が遅れるといわれています。しかし、一度ことばが獲得されると聴覚情報や音声中心の言語学習の影響から、飛躍的に言語を使用し始めることがあります。このことから具体的なイメージや意味を伴わないことばを、あたかも理解しているように話しすぎることがあります。このような言語の非現実性をバーバリズムといいます。

　全盲児にとってバーバリズムのようにことばを介してしっかりと思考できることは強みとなるため、言語能力が高めに評価されがちです。しかし、実際には様々な活動の経験が乏しい本人にとって知識の偏りや歪みを生じさせることがあります。また、他者とのコミュニケーション場面で、全盲児の一方的なこ

とば遣いに対し、他者が違和感を覚えることなどもあるので注意が必要です。

（5） 行動・動作

　乳幼児が刺激を発しているものにハイハイしながら手を伸ばしていくことをリーチングといいます。これは活動範囲を広げていくことの重要な指標なのですが、視覚的刺激に対する反応が起こらない早期全盲児は、リーチングが遅れます。そのため、発達初期段階では活動範囲の狭さ、身体能力獲得の遅れ、体力不足、肥満、寝つきの悪さなどがみられます。これらは周りの様子がわかりにくい弱視児にもみられます。自分から積極的に動き回る経験が不足しがちな視覚障害児は、学齢期になってもまっすぐ歩けない、手や指を自在に動かすことができない、方向感覚がうまく身につかない場合があります。

　視覚障害児にとって視覚的模倣が上手にできないことは、歩行やスポーツ等の不自然なフォーム、目と手の協応のぎこちなさを生じさせます。また、あいさつ、会釈、会話などコミュニケーション場面に必要とされる適切な所作や身体動作にも影響を与えます。

（6） 視覚的認知

　弱視の場合、低視力であることにより、見た物の細かい部分がわからない、遠くの物が見えない、動いている物を見ることが難しいことなどがあります。また、眼疾患による視野狭窄、視野欠損、まぶしくて見えにくい羞明、暗くなると見えにくくなる夜盲等があれば、それぞれに応じた見えにくさもあります。これらのことから、視覚的に物を見る際に時間がかかり、正確さも欠けます。このような場合、弱視者は自分の視経験、知識や概念を用いて、見えにくい部分を想像して補うことで理解しています（佐藤，1988）。

3　視覚障害児（者）への支援
（1）　基本的視点

　視覚障害児（者）の支援では、対象者の視覚障害の種類と程度を把握することと、発達段階を考慮することが重要です。視覚障害の種類と程度では全盲か

弱視かを把握することにより、視覚を中心として用いる支援内容になるか、それ以外の感覚を中心として用いる支援内容になるかが決まります。また、発達初期～学齢前段階では視覚障害以外に併せ有する障害の有無にかかわらず、子どもにとって安心できる環境の中で、対人的なやりとりを通じ全体的な能力を高めることが中心となります。その後は重複障害の有無により、社会的自立に向けた見通しが異なるため、支援内容が変わります。視覚障害以外に併せ有する障害がない場合、学齢期では高等教育を目指した教育、成人期以降の中途失明などではリハビリテーションを通じて日常生活能力の回復や職業復帰を目指すこと、障害受容をサポートすることなどが目標となります。一方、視覚障害以外に併せ有する障害がある場合は、発達段階全体を通じて基本的生活習慣の獲得や自分から積極的に環境に対して働きかけていけるようになるための学習や生活の質を高める支援が行われます。このような支援目標や支援方法を決める際は、本人や家族の希望も考慮されます。

（2） 探索能力の向上

　視覚障害児（者）の環境認知では、視覚障害の種類と程度にかかわらず、できる限り正確な情報を獲得できるようになることが望まれます。全盲の場合、まず両手による触覚的探索が自在に行えるようにしていきます。触覚では積極的に手指を動かす能動的触知覚の方が、ただ単に皮膚に提示されるような受動的触知覚よりも、情報の取得が優れていると考えられています。このような点を意識し、系統的に触運動感覚を身につけていくことが重要です。これに加え、直接音や反響音など聴覚情報の活用、においや味など嗅覚情報や味覚情報を統合的に用いることができるようにすることも大切です。一方、弱視では残存視力としての視覚を用いることを積極的に支援していきます。

　全盲の触覚情報処理、弱視の視覚情報処理では、晴眼者の視覚による良好な視覚情報の取得に比べれば、情報が欠けていて、不十分な情報を取得していることがあります。少々あいまいな情報しか探索できない場合でも、明確なイメージや概念の裏づけによって、予測を働かせ「こうに違いない」と特定できる力を支援することが大切です。

（3） 読み書き指導

　全盲のように文字の読み書き手段として普通文字を用いることが著しく困難な場合、その代替手段として点字の読み書きの取得を目指します。点字は1マス縦3点×横2点の組み合わせを普通文字表記に対応させたものです（図1-3-1）。点字を構成する各点の間隔は約2mmで、これは指先で2点の有無を把握できる最小の距離が2mmという触覚の特性を最大限に活かした読み媒体となります。触運動感覚の統制ができるようになっていれば、点字学習を始めることができます。読みの指導としては見本合わせ法による点の弁別から始め、1文字ごとの読み、2文字以上の単語や語句の読み、単文〜短文〜文章の読みというように、発達段階と触読能力に応じて系統的に取り組んでいきます。

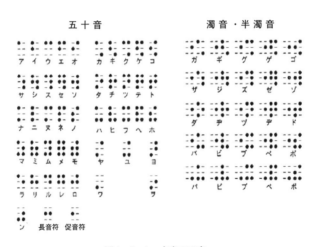

図1-3-1　点字の50音

　点字の書き指導としては、点字タイプライターや点字版を用いて行います。点字タイプライターは点字用紙の左から右へ書くことになり、読む向きと同じになります。そのため初期指導に向いています。一方、点字版は点字用紙の右側から左側に書くため、読む向きと反対になります。さらに、点字1マス内の位置についても書く場合と読む場合は鏡関係になるため、点字を書く場合は頭の中で点の位置関係を自在に操れることが必要です。これをもとに、単語、語

句、文節の意味区切りである分かち書きを練習していきます。このように点字の読み書きに習熟するためには、読み書きをバランスよく指導する必要があります。

　弱視の読みではあ―お、は―ほ、る―ろ、め―あ、め―ね、ち―らなどの似た形の文字を間違えることがあります。また、行間運動がうまくいかず同じ行を繰り返し読む、行を飛ばして読むこともあります。読むスピードも遅く、文字を読むことに苦手意識をもちがちです。これらを改善し本人の見る意欲を高めるための配慮として、文字の拡大、込み入った図や絵の単純化、色彩の選択、明るさの確保、学用品や教具の選定、疲労しない学習環境など、見やすい環境設定が大切です。

　弱視の書きも似たような字を書き間違える、文字の細かな部分を丁寧に書けないことなどがあります。また、筆順を見て覚えることが苦手なため、自己流になってしまうこともあります。筆順は漢字を無駄なくきれいに書くことを意図されたものと考えることができるので、正しい筆順で書くことが推奨されます。

（4）　歩行能力の向上

　全盲の歩行指導にはオリエンテーション＆モビリティーという考えがあります。オリエンテーションとは定位能力のことで、白杖や残存感覚をうまく利用し自分のいる場所や位置を把握することができるようにします。モビリティーとは移動能力のことで、オリエンテーションを基に安全に歩行ができるようにします。安全で効率的な歩行ができるようになるためには、移動時の姿勢やバランスなど身体運動感覚の指導も必要です。全体的な指導計画として、まず教室などの室内歩行から始め、徐々に歩行範囲を広げていきます。その際に歩行地図の作成と活用、環境の構造と交通規則の理解なども指導し、最終的に単独歩行ができるようになることを目指します。

（5）　盲人としての生活への適応

　後期全盲と中途失明の場合、有視覚者としての長短の違いはあるものの、環

境認知や様々な活動の際に視覚表象を用いることができます。これは盲人としての新たな生活を送ることに関して、プラスの面とマイナスの面があります。

　プラスの面としては自分が今いる場所やこれから向かう場所、目の前で起こっている出来事やこれから起こりそうなことに関して、視覚的に速く正確な理解ができることです。一方、マイナスの面としては視覚表象を用いた速く正確な理解ができることで、恐怖心が先行し歩行が上達しないことがあります。また、聴覚や触覚を中心に用いる生活に変更できないこと、当たり前のように見えていた過去の自分と現在の見えない自分を比較し、怒り、後悔、悲しみの状態から回復できないこともあります。このような場合、支援者には支援対象児（者）が少しずつ盲人としての自分を受け入れられるように、本人の気持ちを大切にして共に歩んでいく姿勢が求められます。

【引用・参考文献】

柿澤敏文・河内清彦・佐島猛・小林秀之・池谷尚剛（2012）　全国小・中学校弱視特別支援学級及び弱視通級指導教室児童生徒の視覚障害原因等の実態とその推移―2010年度全国調査を中心に―.

厚生労働省（2006）　身体障害児・者実態調査.
　http://www.mhlw.go.jp/toukei/saikin/hw/shintai/06/index.html

文部科学省（2016）　特別支援教育資料（平成27年度）.
　http://www.mext.go.jp/a_menu/shotou/tokubetu/material/1373341.html

佐藤泰正編（1988）　視覚障害心理学．学芸図書.

吉田道広（2013）　視覚障害教育の展開．弱視教育, 51(1), 37-43.

2 聴覚障害

1 聴覚障害の概要
(1) 音を聞く仕組み

聴覚障害とは、「音を聞く」ことに何らかの困難を有することを意味します。音を聞いて処理する器官は、外耳、中耳、内耳、中枢聴覚系に大きく分類されます（図2-1-1）。外耳は、耳介と外耳道から成り、音の方向感を高めたり、特定の周波数帯域を増幅させたりする役割があります。中耳は鼓膜、耳小骨（槌骨・砧骨・鐙骨）、鼓室などから成り、音の振動をさらに増幅させ、内耳に効率よく振動を伝える役割（インピーダンス整合）があります。内耳は蝸牛と前庭、半規管から成り、蝸牛は入力された音の周波数情報の分析を行います。蝸牛で音の振動が電気信号に変換され、蝸牛神経を通り上オリーブ核や下丘、大脳皮質の聴覚野などの中枢聴覚系に伝わり、より高次の情報処理が行われます。

このように、音を聞く仕組みは2つに大別されます。外耳と中耳は、「伝音

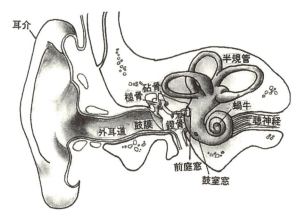

図2-1-1　耳の構造（Lindsay & Norman, 1977より作成）

系」の器官であり、小さな音の振動をより増幅させる役割をもっています。一方、内耳や中枢聴覚系は「感音系」といい、音の周波数分析など複雑な処理を行う器官です。そのため、外耳や中耳に疾患がある場合は「伝音性難聴」、内耳や中枢聴覚系に疾患がある場合は「感音性難聴」に分類されます。

（2）聴覚障害の原因

聴覚障害は、音を聞く器官に何らかの疾患が生じることで起こります。外耳疾患は、小耳症や外耳道閉鎖症を伴う先天奇形が挙げられます。中耳疾患は、代表的なものは中耳炎であり、その中でも滲出性中耳炎は小児期に生じやすく、痛みがないことが多いので、周りの大人も気づきにくいため長期化する傾向があります。外耳疾患や中耳疾患は手術などで状態が改善されれば、聴力が回復しやすく、また重度の聴力低下が生じることがないため、深刻な症状を示すことはあまりありません。

内耳疾患は、遺伝性難聴や胎児期のウィルス感染などの先天性疾患と、内耳炎や耳下腺炎（おたふく風邪）、メニエール病、突発性難聴などの後天性に大きく分かれます。また、蝸牛だけでなく前庭や半規管にも影響が及んでいることが多いため、めまいなどの症状も伴うという特徴があります。

中枢聴覚系の疾患は後迷路性難聴とも呼ばれます。迷路とは内耳の別名で、内耳以降の部位で起こる疾患の総称になります。聴神経腫瘍やヘルペス脳炎による後遺症などが代表的であり、補聴器などの聴覚補償機器を使ってもあまり聴力の改善が見込めないという特徴があります。

（3）聴覚障害の評価法

聴覚障害の状態を調べる方法は色々ありますが、特に大事なものは純音聴力検査です。純音とは、1種類の周波数で構成された音であり、音声や環境音など様々な音を作る最も小さな要素になります。125～8,000Hz（ヘルツ）までの7種類の純音を呈示し、それぞれの純音について、かろうじて聞こえる最も小さな音の大きさ（閾値）を調べます。閾値など音の大きさは、dB（デシベル）という単位で表します。また、ヘッドフォンを通して聞く音（気導音）と、骨

を振動させて伝わる音（骨導音）の閾値を比較し、外耳・中耳疾患により生じる伝音性難聴なのか、内耳・中枢聴覚系の疾患による感音性難聴なのかを判別することもできます。

　聴覚障害の程度は、平均聴力レベルを基準にして分類されます。平均聴力レベルは、補聴器などを装用していない状態で純音聴力検査を行い、500Hz、1,000Hz、2,000Hzを求めて算出します。以下に、一般的な平均聴力レベルを求める式を示します。

$$\{(500\text{Hz}の閾値) + (1,000\text{Hz}の閾値) \times 2 + (2,000\text{Hz}の閾値)\} \div 4$$

　日本聴覚医学会難聴対策委員会（2014）によると、平均聴力レベルが25dB以上の場合に聴覚障害があると定義しています。さらに、平均聴力レベルによって4段階に分類しています。平均聴力レベルが25dB以上40dB未満の場合は軽度難聴といい、小さな声や騒音下での会話の聞き間違いや聞き取り困難がある段階になります。40dB以上70dB未満の場合は中等度難聴といい、普通の大きさの声の会話の聞き間違いや聞き取り困難がある段階になります。70dB以上90dB未満の場合は高度難聴といい、非常に大きい声か補聴器を用いないと会話が聞こえず、聞こえても聞き取りには限界があるとしています。90dB以上の場合は重度難聴といい、補聴器でも聞き取れないことが多く、人工内耳の装用が考慮されるとしています。

　純音聴力検査の他に教育現場でよく行われる聴力評価の方法として、語音弁別検査があります。語音弁別検査は、ひらがな一文字で表される音（単音節）を呈示し、その正答率を求めて、日常生活での音声言語の聞き取りの状態を評価します。伝音性難聴の場合は、音が歪んで聞こえないため、音を大きくして呈示すれば100％に近い正答率が得られます。一方、感音性難聴の場合は、高い周波数ほど聞こえにくいなど、音が歪んで聞こえている状態なので、音を大きく呈示しても正答率が100％には届かず、逆に音を大きくするほど正答率が下がることもあります。このように、色々な音の大きさで呈示し、それぞれの正答率を求めることで、その人が最も聞き取りやすくなる音の大きさを知ることもできます。

また、早期発見・早期療育のため、新生児聴覚スクリーニングという聴覚障害の有無を調べる選別検査が行われています。難聴のハイリスク要因がない正常新生児でも、2,000人に1人の割合で高度・重度難聴が発症するので、すべての新生児が検査を行うべき対象になります。自動聴性脳幹反応検査（AABR）、または耳音響放射（OAE）という機器で、35～40dBの音に対する反応を調べ、「要再検」（Refer）という結果が出た場合は、聴性脳幹反応検査（ABR）や聴性定常反応検査（ASSR）という精密検査を受けて、難聴の有無をさらに調べます。また、幼児期に行う聴覚検査では、条件詮索反応聴力検査（COR）や遊戯聴力検査（ピープショー検査、プレイオージオメトリー）などがあり、子どもが関心を向けやすく、音への反応を正確に捉えられる検査を行います。

2 聴覚障害児（者）の心理・行動特性

（1）音声の知覚

感音性難聴の場合、音が高くなるほど聞こえにくくなるタイプが多くみられます。さらに、低い音は健聴者とほとんど変わらないくらいよく聞こえるのに、ある音の高さから急に聴力が低下するタイプもいます。このように高い周波数の音の聴力が低下すると、どのような音の聞こえ方になるのでしょうか。

私たちが日常生活で聞く様々な音は、ほとんどが複合音といい、多くの純音が複雑に含まれている音になります。低い周波数成分の音の大きさが比較的強ければ、その音は低い音に聞こえますし、高い周波数成分の音が比較的強ければ、高い音に聞こえます。例えば「サ」という音を例に挙げると、子音（/s/）と母音（/a/）を続けて発声させることで、「サ」の音に聞こえるようになります。子音である/s/の音は、非常に高い周波数成分から構成されているので、高い音が聞こえにくい聴覚障害者は、/s/の音が聞こえず、/a/の音だけ聞こえるようになります。すなわち、「サ」の音が「ア」に聞こえてしまうのです。

内耳疾患だけに現れる聞こえ方の現象で、補充現象というものがあります。これは、音の大きさのわずかな増減に対し、とても敏感になるという現象です。補充現象があると、少し音が大きくなっただけでもうるさく感じてしまったり、逆に音が少し小さくなると急に聞こえなくなったりしてしまうため、抑揚をつ

けた話し方をすると、かえって聞きづらくなってしまいます。また、聞き取りやすい音の大きさは人それぞれで異なるので、語音弁別検査などによって、どれくらいの音の大きさで最も正答率が高くなるか調べ、その音の大きさを保つようにすることで、聞こえにくさが改善されます。

　補聴器などの感覚補償機器の仕様とも関係しますが、聴覚情報は両側の耳から入力し処理することによる、様々な利点があります。それを両耳聴効果といいます。例えば、両耳で音を聞く方が片耳で聞くよりも音が大きく聞こえたり、雑音下での聞き取りが良くなったり、音源の方向を正確に知ることができます。このため、補聴器や人工内耳を使う際は両耳装用が望ましく、特に補聴器はできるだけ両耳に入る音圧が等しくなるよう調整します。こうすることで、小さな音を聞くことができるようになり、効果的に機器を活用することにつながります。

（2）認知・社会性の発達

　音声が聞こえにくくなると、様々な発達の側面に影響が及びます。最も顕著に表れるのは語彙の獲得や文理解など言語面の問題です。その他に、認知発達や社会性の発達に聴覚障害が影響するといわれています。言語面についてはコラムで取り上げるので、ここでは認知発達と社会性の発達について述べます。

　WISC-Ⅲなどの知能検査の結果を健聴児と比較すると、視覚情報の処理が求められる課題に比べ、音声言語での理解・表出に関する課題の得点が低い傾向がみられます。また、視覚・動作的な課題でも解法に論理的な思考を必要とするような課題で、健聴児と比べ得点が低くなる傾向がみられます。吉野（2003）は、知的能力はその人が経験する質や量によって定まるものであり、聴覚障害児は制限された空間で発達をしなければいけないため、言語的経験だけでなく一般的経験にも影響を受けることを考慮し、知的能力を測る必要があると述べています。つまり、机上で取り組むような課題の経験不足や、論理的思考の基礎となる言語力の低下などが、知能検査などの得点に影響するため、聴覚障害児の知的発達は検査の得点だけをみるのではなく、その聴覚障害児の聴力の状態や教育・家庭環境などの背景も併せて考える必要があります。

> **コラム3　聴覚障害児の言語指導**
>
> 子どもは4、5歳ほどになると様々な物事に「〇〇って何?」「何で?」と問いかけるようになります。聾教育の中ではこの段階を「5歳の坂」と呼び、生活言語を獲得し、ことばに肉づけをしていく大切な段階であるとしています。この段階では、子どもの気持ちや経験に沿ったやりとりをする中で、子どもが一つひとつのことばに実感やイメージを豊富にもつことができるように指導することが大切です。現在はICT活用が盛んですが、バーチャルな経験ではなく、実体験の中でことばに触れさせることが重要です。子どもが五感を通して感じ、情動が伴う場面で見聞きしたことばには、豊富なイメージをもつことができるためです。また、例えば「ナスって何?」と子どもが尋ねたときに、視覚的な教材を見せるだけでなく、「トマトやきゅうりと同じ、野菜の仲間だね」(概念化)、「焼いても、てんぷらにしても、つけものにしても……何にしてもおいしいよね」(知識・関連づけ)、「今畑にいっぱい実がなっているでしょう。冬は見ないよね。だから……そう、夏の野菜だろうね」(推論) など、視覚的に捉えられないことをことばでやりとりしながら補うことで、ことばに肉づけをさせることも必要です。
>
> 経験的なやりとりから、他者の体験や擬似的体験のやりとりを経て、生活言語が質的に発達し、抽象語・学習言語を獲得する段階に進んでいきます。聴覚障害児の多くはこの段階に上がれないことが多く、この現象は「9歳の壁」と呼ばれています。生活言語は具体物や体験を結びつけることで理解することができますが、抽象語はそれまでの知識や概念を頭の中で整理し、論理的に関係づけたり、推論したりしなければ理解することができません。つまり、抽象語・学習言語の獲得には、概念化や具体化、関連づけ、比較、分類、仮定、因果関係への気づき、推論などの論理的思考力が必要であり、言語と思考は相互に影響を与えながら発達していくため、思考の指導も言語指導と同等に重要になります。前に紹介したナスのやりとりには、思考力の素地を養うというねらいも含まれており、このようにして言語と思考の指導を早期から行っていくことが「9歳の壁」を越えるひとつの手立てとなります。
>
> 今日の聾教育では、言語だけでなく思考といった視点からも子どもの実態を把握し、一人ひとりの言語・思考の段階に合わせた指導が求められます。

　聴覚障害児の社会性の発達については、知的発達のところでも述べましたが、言語的経験や一般的な経験の少なさの影響を受けます。また、多くの聴覚障害児は健聴の両親をもつため、コミュニケーションの取り方に母親が不安を抱き母子関係が不安定になることも少なくありません。さらに、幼児期・学齢期には同年齢の多くの子どもと接触する機会が制限されることが多く、社会性を育む機会が作りにくい傾向があります。

　また、聴覚障害児(者)が「自己中心的」「依存的」と評されることがあり

ますが、そうした評価は健聴者の文化の基準で評価されているともいえます。手話を第一言語として使う聴覚障害児・者同士のコミュニティでは、健聴者とは異なる文化（ろう文化）があるため、健聴者の文化と区別すべきという考えもあり、どの基準で社会性を評価するか、慎重に検討する必要があります。

（3）障害認識・障害受容

　聴覚障害児（者）が自身の障害についてどのように捉えるかは、聴力低下の状態や、おもに使用するコミュニケーション手段、自分以外の聴覚障害者と接する機会など様々な要因が影響します。両親など身近な親族に聴覚障害者がおり、手話など音声言語以外のコミュニケーションに触れる機会がある場合は、聴覚障害への否定的な考えをもたず、障害があることを肯定的に捉えますが、健聴者ばかりの環境で育った場合は、障害は克服すべきものであり、健聴者に近づこうと努力し、聴覚障害に対し否定的な受け止め方をする傾向があります。こうした障害受容の違いは、特別支援学校（聾学校）で教育を受けた聴覚障害児は前者の考え方を示し、常に小学校、中学校、高等学校と一般校にインテグレートした聴覚障害児は後者の考え方を示すことが多いです。

　小畑（1994）によると、聴覚障害児の心の成長過程において、小学校の頃に障害を認識し始め、中学校段階で障害による挫折感を経験し、中学校・高等学校で障害の受容をすると述べられています。梶山・川﨑（2008）でも、中等度難聴を有する事例で、小学校の頃に友人同士の会話が複雑になるにつれて、内容が理解しにくくなり、障害を自覚するようになったことが報告されています。特に、軽・中等度難聴の場合は、一般校に在籍することが多く、発音が明瞭なため聴覚障害を有していると周囲に意識されにくいことから、本人の心理的負担が大きくなり、人間関係やアイデンティティ形成に多大な影響を及ぼすことがあります。一般の小学校・中学校に在籍する聴覚障害児が増加している現状において、周囲の人々に聞こえにくさを理解してもらうための障害理解教育の重要性も高まっています。

3 聴覚障害児（者）への支援
（1）聴覚障害児のための教育の場

　聴覚障害児が在籍する教育機関のひとつに、特別支援学校（聾学校）があります。幼稚部、小学部、中学部、高等部などが設置されており、それぞれの学部の教育目標は、基本的に幼稚園、小学校、中学校、高等学校の教育目標に準じています。さらに聴覚障害における自立活動の主軸は、聴覚活用や、発声・発音指導、言語指導、コミュニケーションに関する指導になります。幼稚部ではコミュニケーションや聴覚活用、発声・発音に重点を置いた指導を行い、小学部からは教科学習も導入されるため、上記の指導に加え、意思伝達のためのコミュニケーション指導や、話しことば・書きことばに必要な言語指導にも重点が置かれるようになります。また、障害の状態が比較的軽度の聴覚障害児は、小学校や中学校などに在籍し、学校内にある難聴児のための特別支援学級で教科や自立活動の授業を受けたり、通級指導教室に週数回通い、同様の授業を受けたりする場合もあります。

　聴覚障害児の教科指導での工夫点として、①視覚的教材の活用、②机や座席を馬蹄形に並べ児童生徒の様子を互いに見やすくする、③教師や児童生徒の発言内容を板書して視覚化するなどが挙げられます。

（2）聴覚活用・発声発音指導

　少しでも聴力が残っている場合に、補聴器や人工内耳などの聴覚補償機器を使い、読話やキューサインなども併用して聴覚情報をできるだけ活用することを聴覚活用といいます。補聴器とは、マイクロフォンで外部から音を入力しデジタル信号に変換して、使用する人の聞こえ方に応じて音質を調整する機器です。耳掛け型と挿耳型の2種類に大きく分けられ、幼児の場合には耳掛け型をおもに装用します。また、平均聴力レベルが90dB以上で、補聴器の装用効果が認められない場合には、人工内耳の装用も検討します。人工内耳は蝸牛に電極を挿入し、蝸牛神経に電気刺激を与えて音が聞こえる状態を作り出す機器です。これらの機器を使いこなすには、できるだけ早期から装用し、様々な音を入力することが必要不可欠です。聴覚活用の系統的指導は、①検出：音の存在

に気づく、②弁別：音の違いに気づく、③識別：音が同定できる、④理解：音の意味がわかる、という流れで行い、音声だけでなく環境音など様々な音響教材を用いて行われます。また、音声の聞き取りを補助するために、口形を読み取る読話の指導や、子音の聞き取りを補うためにキューと呼ばれるサインを用いる方法もあります。

　また、音声が正確に聞こえないと、正しい発音の仕方も獲得しにくくなります。特に重度難聴児では、発声そのものを行わなかったり、声を出すための息継ぎのしかたがわからなくなったりするため、発声や息継ぎの指導も行われます。発声・発音指導はおもに幼児期を中心に行われるため、子どもが関心を向けるような教材を使用し、お菓子などで舌の位置を確認させるなどの工夫が必要になります。まずは単音節での発音の練習を行い、定着したら連続した音の構音の指導に移行し、次に発音させたい語が語頭・語尾・語中にくるような単語や、会話文などの素材を使いながら、意識的に発音させる段階から舌の位置や運動の感覚を意識せず覚える段階まで指導を行います。

　この他に、おもに小・中学校など雑音がうるさい環境下での聞き取りを補うため、補聴援助システムというものがあります。話者の音声が送信機を通して受信機に直接届くため、周りが騒々しくても送信機を装用している人の声は直接聞くことができます。しかし、話し合い活動などでは一度に複数の人が話すことも多く、補聴援助システムで補いきれない状況もあるため、前の人の発言が終わってから次の人が話したり、発言する人はまず挙手をしたりするなど、話し合い活動に聴覚障害児が参加しやすくなるためのルールづくりも重要になります。

（3）視覚的なコミュニケーション手段（手話・指文字）

　聴覚障害児が用いるコミュニケーションのための支援は、（2）で述べた残存聴力の活用の他に、手話・指文字を用いた視覚的なコミュニケーション方法も重要です。

　手話とは、ことばを動作や手指の動きで表し、ある文法体系に基づき、手話単語を連続的に提示して表現する方法です。日本語を主に用いる文化圏で使わ

れる手話は3種類あります。まず、聴覚障害者同士の会話などで用いられ、独自の文法体系をもち、表情や動作の空間配列なども用いて表現する、日本手話があります。次に、日本語の文法体系に沿って手話単語を提示する、日本語対応手話があります。最後に、日本手話と日本語対応手話の両方の要素を含んだ、中間型手話があります。また、指文字とは、仮名文字に対応して手指で表現する方法です。指文字だけを用いてコミュニケーションをとることはほとんどなく、手話と併用して、助詞や固有名詞などを表現する際などに用います。

　特別支援学校（聾学校）では、幼稚部から手話を用いて指導する傾向が広まっています。補聴器・人工内耳を装用し聴覚活用が良好な幼児児童と、手話や指文字をおもに用いる幼児児童が同じ学級に在籍することも多く、そうした状況では音声と手話・指文字を同時に用いたり、さらに読話やキューサインなども含めたりしながら、様々なコミュニケーションのニーズに対応した指導が行われます。こうしたコミュニケーション指導は、意思の疎通だけでなく、他者の立場を理解し、自分自身の感情や考えに注目し表現することにつながります。

　この他、私立の聴覚障害児を対象とした学校の中には、音声言語の習得を掲げる学校や、日本手話と書記言語による日本語の習得を掲げる学校もあります。

【引用・参考文献】
梶山妙子・川﨑佳子（2008）　第7章　軽・中等度難聴者の心理．村瀬嘉代子・河﨑佳子編著，聴覚障害者の心理臨床②．日本評論社．
日本聴覚医学会編（2017）　聴覚検査の実際（改訂4版）．南山堂．
日本聴覚医学会難聴対策委員会（2014）　難聴対策委員会報告―難聴（聴覚障害）の程度分類について―．
　http://audiology-japan.jp/audi/wp-content/uploads/2014/12/a1360e77a580a13ce7e259a406858656.pdf（2017年9月30日参照）
小畑修一（1994）　聴覚障害者における聴覚障害の心理的受容．筑波技術大学テクノレポート，1, 19-23.
吉野公喜（2003）　第3章　知能と知的発達．吉野公喜・中野善達編著，聴覚障害児の心理．田研出版．

3 知的障害

　この章では、知的障害をもつ人々（以下、知的障害児（者）とする）に関する心理・行動的特徴についての基本的知識と理解について触れることにいたします。

　知的障害児の教育・指導や福祉を考える場合、知的障害児がどのような子どもか、また彼らがもつ心理・行動的特徴などについてあらかじめ理解していなければ適切な対応は困難であると思います。そこで、知的障害児の基本的なことがらの理解について進めていきたいと思います。

1　知的障害の概要
（1）用語について

　日本では、1999（平成11）年より「知的障害」という用語に改められました。それ以前は、「精神薄弱」ということばが使用されていました。この精神薄弱といったことば以外にも精神遅滞、知能障害という呼び方がありました。しかし、「精神薄弱」と「精神遅滞」との間には、大きな違いがみられます。「精神薄弱」は、脳に炎症を起こしたり、脳が損傷を起こしたりなど、中枢神経系の病理的な異変が原因で、知的活動や社会適応行動に困難があり、遅滞は恒久的で、予後不良といった捉え方を指す面がみられます。一方、「精神遅滞」ということばは、1973年、アメリカ精神薄弱学会（American Association on Mental Deficiency：AAMD 現在 AAIDD）が精神遅滞について定義した中で精神薄弱に代わって用いられるようになりました。「精神遅滞」（mental retardation）は、原因に関係なく子どもの現在の行動を重視する包括的な概念であり、治療や教育・指導によって発達が高められ変化しうるものという意味が含まれています。

　また、1970年代から行動分析学の適用を中心とした指導法の開発や医学治療法の進歩などによって、知的障害児（者）への実践の成果が著しく、彼らの発

達が認められるようになり、遅滞の状態が正常の状態になることもみられるようになりました。その上、地域社会の人々の態度があたたかく受容的で理解する方向にあることで社会への適応が促進されることがみられます。また、知的障害があっても精神機能全般が薄弱ということではないため、「精神薄弱」という用語は適さないと判断され、「知的障害」ということばに変わりました。アメリカ知的・発達障害学会（American Association on Intellectual and Developmental Disabilities : AAIDD 2010 旧名 AAMR）の定義及びアメリカ精神医学会（American Psychiatric Association : APA）の DSM-5（診断統計マニュアル）では、これまで用いられてきた「精神遅滞」に代わり「知的障害」（intellectual disability）という用語になりました。

（2）知的障害の定義

知的障害の定義でよく引用されているひとつにアメリカ精神医学会の診断統計マニュアル（DSM）があります。現在ではその、第5版（2013）が出されています。その診断基準として、①知的機能の欠陥（deficit）、②適応機能の欠陥あるいは不全、及び③発達期までの発生という3つの要件を挙げています。知的機能は、推理、問題解決、抽象的思考などの能力を含み標準化されたテストでおよそ2標準偏差以下（おおむね IQ70以下）が診断の基準となります。知的障害の程度については、DSM-Ⅳ（1994）では、①軽度（IQ レベル50～55からおよそ70）、②中度（IQ レベル35～40から50～55）、③重度（IQ レベル20～25から35～40）、④最重度（IQ レベル20～25以下）に分けられていました。しかし、DSM-5で IQ 値は示されておらず、学力、社会性、生活自立の各領域にみられる行動特性や支援の必要性が、軽度、中度、重度の程度別に示されています。

適応機能は社会的な生活を営む上で必要な能力のことです。これらの能力には、コミュニケーション能力、ルールや習慣、公共での行動規範を理解する社会的スキル、家庭や地域社会での自立、学校教育あるいは職業に関する機能などが含まれます。これらは文化的に考慮され、標準化された検査で測定されます。

そして、発生時期は発達期とされ、具体的な年齢について述べられていませ

ん。
　一方、アメリカ知的・発達障害学会（AAIDD, 2010）では、知的障害を「知的機能、適応行動の両方における有意な制限によって特徴づけられる障害である。この障害は18歳以前に発現する」と定義しています。
　わが国の知的障害の定義は、1953（昭和28）年に、「精神薄弱」の用語で文部省によって定義されましたが、1962（昭和37）年失効とされています。その後、アメリカ精神遅滞学会（American Association on Mental Retardation : AAMR, 現在のAAIDD）の影響を受け、「精神遅滞」の定義が参考にされるようになりました。最近では、2002（平成14）年の文部科学省の「就学指導の手引き」では「知的障害は、発達期に起こり、知的機能の発達に明らかに遅れがあり、適応行動の困難性を伴う状態をいう」となっています。

（3）知的障害の原因

　知的障害の発生原因は、ひとつの特定された病因から引き起こされた疾患（病気）ではなく、様々な原因に基づくものであり、また医学研究の進んだ現在においても知的障害の病因を確かめることは容易ではなく、不明な点も多く残っています。知的障害の病因に基づく分類としては、知的障害の原因が発達段階のどの時期に作用したのかと、どのような原因の種類が作用したのかに分けられます。ここでは、心理学の立場から取り上げられているおおまかな分類で説明します。
　①生理的要因（生理型）－生理型は病理的異変がなく、知的機能の不全という状態で知能の低いことのみが特徴です。これは遺伝という過程の中で、知能が一定水準以下の低い方へ偏った場合の知的障害といわれます。知的障害の程度は比較的軽い場合が多いようです。
　②病理的要因（病理型）－この病理型の要因は、遺伝的なものとその後の外因が作用して生じる外因的なものとに大きく分けられます。病理的な要因によってもたらされる知的障害は、精神的・身体的疾患を併せもつことが多く、知能の低さは二次的にもたらされたもので、障害の程度は比較的重い場合が多いようです。

(1) 染色体異常によるもの

染色体異常は、受精した卵細胞の段階で何らかの器質的な原因によって遺伝子や染色体に異常をきたした場合で、それによって脳の障害が発生する場合です。

染色体異常に基づく知的障害では、ダウン症候群（以下、ダウン症とする）があります。正常な場合、染色体は46本（常染色体44本、性を決定する性染色体2本の合計46本）です。しかし、ダウン症では21番目の染色体が1本多い47本になっています。21番目の染色体が1本多いタイプを「21トリソミー型」タイプといいます。その他に21番目の染色体が、他の染色体にくっついた「転座型」タイプがあります。図3-1-1には、21トリソミーと転座型の染色体異常の例を示しています。さらに、染色体の数が同一個体で部位によって異なる「モザイク型」タイプという3種類があります。また、性染色体の異常で「ターナー症候群」や「クラインフェルター症候群」などがあります。

(2) 病的遺伝子によるもの

遺伝のしかたには、優性遺伝、劣性遺伝、伴性劣性遺伝（色盲などでいわれ

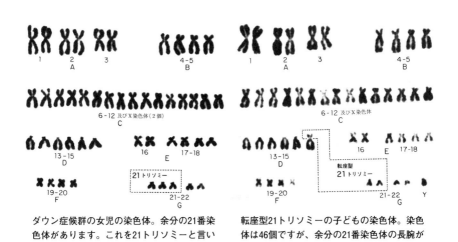

ダウン症候群の女児の染色体。余分の21番染色体があります。これを21トリソミーと言います。

転座型21トリソミーの子どもの染色体。染色体は46個ですが、余分の21番染色体の長腕がDグループの染色体の1個にくっついています。

図3-1-1　ダウン症の染色体異常　21トリソミーと転座型ダウン症（Smith & Wilson. (1973) より）

るもの）などがあります。知的障害をもたらすものには、劣性遺伝では先天性の代謝異常のフェニールケトン尿症という障害があります。この障害では、体内にあるフェニールアラニンという物資を分解することが困難なため、脳に蓄積して知的障害が生じます。この他、アミノ酸、糖質などの代謝障害があります。優性遺伝では、「結節硬化症」、「スタージ・ウェーバ病」などがあります。

(3) 外因によるもの

脳の発達過程で、種々の外的な要因が加わり障害を起こすと、脳の損傷が起こり、知的障害をはじめ様々な障害が起こります。発生の早い時期は神経系分化も未分化であることから障害の範囲は大きく、障害の程度も重いといわれています。

① 胎生期（妊娠中の母体）：妊娠中の母体は外部からの有害な影響を受けやすく、数々の異常をもたらします。感染によるものには、風疹、梅毒、ウィルス、トキソプラズマ（イヌやネコなど）がみられます。また中毒として、妊娠中毒、水銀中毒による影響やその他放射線、タバコ、アルコールなどもみられます。

② 周産期：妊娠第29週以後から生後7日までをいう。出産に伴う外因も多いとされています。仮死出産による「酸素欠乏症」や「未熟児出産」も知的障害を伴う脳障害を起こす可能性が高いといわれます。

③ 出生後（乳幼児期）：細菌、ウィルス、一酸化炭素中毒、予防接種後遺症による脳症、最近では交通事故などによる頭部外傷も大きな問題です。

(4) 心理・社会的要因

脳に何も障害がないのに、子どもが育っていくために必要な環境が極端に劣悪であったり、育児されないままで放置されたという場合で、知的な発達に遅れがみられることがあります。

次に知的障害の発生率ですが、これまでの種々の報告をみると約0.4％〜3％程度で平均2％前後となっています。数値のばらつきは、各国による「知的障害の定義」や「地域」などによる違い、また、わが国でも文部科学省と厚生労働省で、その調査目的によっても違うことがあります。

> **コラム4　早期告知、即親の指導・支援体制**
>
> 　近年、新聞でダウン症をもつ人が、地域社会の中で活躍されている記事を、時々目にするようになりました。日曜日夜のNHK大河ドラマのテーマの題字を書いて話題になったことや地元の大学英文科を卒業してその関連の仕事をしていること、また、アクセサリーの店を母親と一緒に営み、展示会を開催したりして頑張っていることなどが報じられていました。
>
> 　私が電車で大学に出かけるとき、時々、通勤途中のダウン症の青年と会いますが、イヤホンを耳に当て音楽を聞きながら体を揺らし楽しそうにしています。以前は、ダウン症の人たちが、地域社会で活躍して話題になることも、街に出て、散歩したり、買い物したりする姿も見ることは少なかったように思います。
>
> 　社会の中で活躍し、楽しそうに活動するダウン症の人たちを見かける機会が多くなった背景は、地域社会の人々の支援や協力、理解の高まりによるものだと思います。今ひとつはダウン症児への早期教育あるいは早期療育の効果の現れが考えられます。ダウン症児の超早期教育（0歳～2歳）が、1960年代後半から1970年代にかけて、アメリカのワシントン大学、オレゴン大学などで始まり、そのプログラムによる指導が1980年代前後に日本でも筑波大学、福岡教育大学などで行われるようになりました。
>
> 　一般に乳幼児期の0歳～2歳は、発達の可塑性が著しい時期で、この時期の感覚的、社会的刺激はその後の発達に重要な影響を与えます。このことから障害をもつ子どもには早期からの療育や指導が非常に重要だということです。しかし、早期に指導や療育を開始するためには、早期の診断が必要となります。この早期の診断告知は、親や家族に精神的ショックやストレス、不安、家庭の不和など生活に非常に大きな影響を与え、親子の深い関わりが難しくなります。早期療育・教育の効果を高めるためには、早期診断告知と同時に直ちに親への支援とカウンセリングを行いながら、療育プログラムを進めることが必要です。早期教育に親の協力が高い効果を示すことがアメリカの指導で報告されています。
>
> 　知的障害児やダウン症児における早期教育・療育の効果が社会的自立につながるように乳幼児期以後、青年期、成人期、高齢期まで医療、学校、家庭、職場で、そして地域社会の支援、協力のネットワークを構築し、連携してこの問題を真剣に考え、早急に取り組むことが必要でしょう。

2　知的障害児（者）の心理・行動特性

（1）知的特徴

　知的能力は、知的活動（言語、思考、推論など）に関わる精神機能と社会生活にうまく適応していくために必要な社会性（自律性コミュニケーション能力など）によって成り立つ総体的な能力といわれます。知的障害児（者）における知能の発達の様相は、知能検査の結果によって知ることができますが、これは知能検査による量的な変化をみたものです（大体の知的障害の程度は、知的障害

の定義のところで述べています)。そこで、知能特性を質的な面について検討したものに、大井 (1956) や建川 (1973) らの研究がみられます。これらは、知的障害児に「鈴木ビネー式知能検査」を実施した際、知能検査の下位項目 (検査問題) の通過率から調べたものです。それによると知的障害児 (者) にとっては、日常生活の具体的な動作に関係する問題は容易ですが、数唱、逆唱、事物や事象の共通点や差異点などを抽出する課題は困難であると述べています。また、ウェクスラー式知能検査 (WISC, WAIS など) では、知的障害児 (者) は、言語性 IQ が動作性 IQ に比較して著しく低いことがこれまでの多くの結果によって示されています。

この結果、知的障害児は生活場面で接するような問題は比較的良い成績を示しますが、記憶や抽象化など言語の機能に関係する問題では困難さがみられます。

(2) 身体面と運動機能面の特徴

子どもの発達は、環境との積極的な関わりを通して行われますが、そのためには、それに相応した身体面の発達と運動機能面の発達が基盤となります。ところが知的障害児は、中枢神経系に障害があることで身体面や運動機能面で制限されることとなり、全体発達に影響を及ぼすことになります。つまり、運動機能の発達は知覚・認知機能など精神機能の発達や社会性の発達及びコミュニケーションの発達などと密接に関係しているということです。したがって、運動機能の発達に遅れや歪みを伴っていることは外界からの情報や刺激が貧しくなり、様々な経験や学習が制限されることで、全体的発達が阻害されることになります。

知的障害児の運動能力は、発達の初期より遅れを示し、それも障害の程度が重くなるほど遅れが大きくなり、年齢の増加に伴っての違いが著しくなることを、ゲゼル等 (A. Gesell et al., 1963) は生後28週目と3年目の行動発達を比較することで報告しています。また知的障害児の運動能力を、狩野運動発達検査を用いて調査した岡山大学附属養護学校 (1974) の報告によると、健常児と比較して知的障害児は全般的に遅れがみられるだけでなく、平衡性機能や手指機

能の得点が著しく低いことを示唆しています。本多（1988）は、平衡性、敏捷性、巧緻性をまとめた調整力といわれている複雑で協応能力を必要とする運動機能の面から検討したところ顕著な困難さが認められると報告しています。

（3）抽象能力と概念化

　知的障害児の知覚特性について、これまで多くの研究結果が報告されています。それらの知見によれば知的障害児は、同じ生活年齢の健常児と比較して、多くは未分化ないし未発達の傾向にあることが示されています。また、ウェルナーとシュトラウス（Werner, H. & Strauss, A.A.）らは、知的障害児の知覚特性を類型的（または原因別）な面から検討し、内因性の知的障害児と外因性の知的障害児の間で、その特性が異なることを報告しています。小宮（1981）は、知的障害児群とダウン症児群及び健常児群を対象に、簡単な幾何学図形（正方形、四辺形、菱形など）を用いて図形の弁別反応について検討した結果、3グループでダウン症群が他の2群に比べて弁別反応の成績が最も劣っており、この結果は知的障害の知覚特性も原因によって異なることを示しています。その上、知的障害グループでは選択図形の数、比較する図形の数が多くなると誤りの増えることがみられます。つまり、知的障害児では注意の範囲の問題がみられます。また、小宮（1974）は、図形を特色づける属性、ここでは形と色の両属性を個々に分離し抽出できるかについて検討しています。形は単純な幾何学図形（円形、正方形、正三角形、菱形）の4種と色（赤、青、黄、緑、灰）の5色が組み合わされたものを材料にし、形と色の両属性を分離し抽出できるかというものです。被験者は、同じ生活年齢で、健常児、知的障害児、ダウン症児の3グループについて調べています。健常児は形と色を分離して抽出できますが、知的障害児とダウン症児でひとつの属性だけを抽出する傾向がみられました。しかし、ダウン症児は最初、形で選択した場合、その態度を固執する傾向が強いのに対して、知的障害児はあるときは色、あるときは形というように一貫性のない反応がみられます。最終的に色反応優位の反応を示し、ダウン症児とは異なる反応傾向を示しました。つまり、知的障害児とダウン症児は、単純な図形の形と色の両属性を分離して抽出することに困難さがみられます。このよう

に知覚が未分化な知的障害児は複数の刺激対象から異なる属性を捨て去り、一定の基準に当てはめて共通項を取り出す「抽象化」は難しいことを示しています。例えば、鈴木ビネー知能検査で、「ちょう」と「はえ」はどう違いますか、また「リンゴ」と「梨」の似ているところなど、差異や共通するところを見つける能力に困難さがみられます。

知的障害児にみられる「抽象化」や「概念化」の障害は、話しことばの発達にも影響を及ぼすことになります。さらに「学習」の領域でも単純な反復学習では健常児とそれほど変わらないのに「言語化」という条件が加わると解決が難しくなるという特徴がみられます。

3 知的障害児（者）への支援

知的障害児への支援を進めるために、ここでは、次の3つの点について説明していきます。

（1）早期発見・早期療育及び保護者の支援

知的障害児の早期発見（診断）・早期療育によって子どもの障害を最小限に抑え、積極的に成長・発達を促すことが大切です。それには、障害をもつことによる発達にとっての不利な要因を少なくし、身体面や運動機能面、感覚・知覚面、精神機能や言語などの発達を促す計画プログラムを進めることを早期から行うことが大変重要なことです。それと同時に、親や保護者への支援や指導も直ちに行わなくてはなりません。親は、子どもに障害があることがわかったとき、深い悲しみ、悩み、苦しみ、強い不安などを体験し、子どもと関わることが困難になることもあります。保護者（親御さん）の悩みや不安に耳を傾け、子どもの障害をどのように理解し、対処したらよいのか、共感し分かち合える気持ちを大切にし、保護者の立場になってアドバイスをすることが必要です。保護者の理解と協力が得られるとき、子どもの発達が著しく変わっていきます。

（2）運動機能

知的障害児の心理・行動特性のところですでに説明しましたが、知的障害児

の運動機能の発達は遅れ、それも障害の程度が重くなるほどその遅れは大きくなります。その中でも、手指機能や平衡機能さらに協応機能の遅れは著しいため、ハサミがうまく使えない、スキップができない、片足立ちができないなどといった不器用な面がみられます。運動機能の発達は感覚・知覚機能、認知機能、情緒機能などの他の諸機能と強い結びつきがあります。この結果、知的障害児の身体・運動面を育てることは、単に動きづくりだけでなく全体発達を促すものということができます。

　知的障害児の早期教育（療育）において、特にダウン症児の運動機能を促す指導プログラムは重要です。乳幼児期の段階から赤ちゃん体操に始まり、遊びを中心としたプログラムを考え取り組むことが必要です。

（3）知覚機能や類概念化を高めること

　既述したように、知的障害児は感覚・知覚機能が未熟あるいは未分化なため抽象化や概念能力の発達に大きな影響を及ぼしています。それぞれの事物のもつ属性（形、色、大きさなど）の違いに気づかせることや複数の事物の中から見本事物と同じものを比較し選ぶことなど知覚・認知機能を形成します。また、知的障害児に事物に注意を方向づける手がかりを明示して、属性の違いに気づかせることで知覚・認知の分化を促すことが必要です。さらに、言語理解力を高める類概念（仲間集め）の形成を促す、例えば、いろいろな絵本をみたり、リンゴ、バナナ、ミカンなど食べ物、イヌ、ネコ、スズメなど動物を絵カードで分類させたりして、方法の工夫をしてあげることが求められます。

【引用・参考文献】

American Association on Intellectual and Developmental Disabilities（AAIDD）（2010） Intellectual disability:Defintion,Classification, and systems of supports, 11th ed.
American Psychiatric Association（APA）（1994） Diagnostic and Statistical of Mental Disorders, 4th ed. 高橋三郎・大野裕・深谷俊幸訳（1995） DSM-Ⅳ 精神疾患の分類と診断の手引．医学書院．
American Psychiatric Association（APA）（2013） Diagnostic and Statistical Manual of Mental Disorders, 5th ed. American Psychiatric Publishing. 日本精神神経学会監修，高橋三郎・大野裕監訳，染谷俊幸・神庭重信・尾崎紀夫・三村將・村井俊哉訳（2014） DSM-5 精神疾患の診断・統計マニュアル．医学書院．

本多光太郎（1988）　精神遅滞児における調整力の大筋群と小筋群テストの関連についての検討．上越教育大学修士論文．（未公刊）
小宮三弥・山内光哉（1992）　精神遅滞児の心理学．川島書店．
小宮三弥（1974）　ダウン症児群と生理型精神薄弱児における形と色の知覚．熊本大学教育学部紀要，23（2），97-106．
小宮三弥（1976）　ダウン症候群の触知覚による図形認知．教育心理学研究，24（2），50-54．
小宮三弥（1985）　「精神薄弱」再考―心理学の立場から―．発達障害研究，5（2），81-87．
小宮三彌（1981）　ダウン症児の触知覚弁別と視知覚弁別の実験的研究―刺激提示による弁別反応への効果．特殊教育学研究，第19巻2号，10-18．
文部科学省特別支援教育課（2002）　就学指導の手引．
岡山大学教育学部附属養護学校運動研究班（1974）　精神薄弱児における運動能力の発達促進に関する研究．精神薄弱研究，212, 57-67．
大井清吉（1956）　鈴木ビネー式知能検査に現れた精神薄弱児の知能特徴．児童心理と精神衛生，5, 447-453．
Smith, D.W.M.D. & Wilson, A.A.（1973）　The child with Down's Syndrome（Mongolism）. W.B.Saunders Campany. 長崎ダウン症研究会訳（1975）　ダウン症候群．学苑社，16, 28．
建川博之（1973）　ダウン症状群―研究と実践―．日本児童福祉協会．

4 肢体不自由（運動障害）

1 肢体不自由の概要
（1）運動とその発達
(1) 運動と動作

　肢体不自由という障害は、私たちが日頃から行っている「運動」と深い関係にあります。国分（2010）は、「運動」を「体位と構えで規定される姿勢の時系列上の変化のこと」としています。具体的には、歩行、走行、跳躍などの「粗大運動」や、書字や積み木操作など手や指を使用する「微細運動」などが挙げられます。また、「動作」ということばもよく耳にしますが、これは日常生活における「仕事や課題の単位をなす運動」を指す場合に使います。

(2) 運動発達

　人は、生後間もなくは原始反射や無目的的な手足の動きがみられる程度です。それが3か月頃になると首が座るようになり、そのうち寝返りを始め、7か月頃にはお座り（座位保持）をするようになります。そして1歳頃になると、一人歩きなどの目的的な運動（随意運動）ができるようになります。

（2）肢体不自由（運動障害）とは

　文部科学省（2013）は、肢体不自由について、医学的には「発生原因のいかんを問わず、四肢体幹に永続的な障害があるもの」と述べています。ここでいう「四肢」とは、肩関節から手指の先までの「上肢」と股関節から足指の先までの「下肢」のことを指し、「体幹」とは、脊髄を中軸とした「上半身」のことを指します。「障害」については、具体的には「姿勢保持（支持）と運動・動作に関する機能の障害」ということができます。また同じく文部科学省（2013）は、教育的な視点から肢体不自由を「身体の動きに関する器官が、病気やけがで損なわれ、歩行や筆記などの日常生活動作が困難な状態」としてい

ます。なお、特別支援学校（肢体不自由）に就学する基準としての障害の程度は、学校教育法施行令（第22条の3）に示されています（24頁参照）。

(3) 肢体不自由起因疾患

特別支援学校に在籍している児童生徒の起因疾患として最も多いのは「脳性疾患」で、起因疾患全体のおよそ3分の2にも及びます。割合は低くなりますが、次いで多いのが筋肉に病変がみられる「筋原性疾患」です。その他の起因疾患としては、「脊椎・脊髄疾患」、「骨系統・骨関節疾患」、「代謝性疾患」などがあります（全国特別支援学校肢体不自由教育校長会，2016）。

次におもな起因疾患を3つほど紹介します。

(1) 脳性まひ

脳性まひは、脳性疾患のおよそ半数を占めています。厚生省脳性まひ班会議は1968年に、脳性まひについて、「受胎から新生児期（生後4週以内）までの間に生じた脳の非進行性病変に基づく、永続的な、しかし変化しうる運動及び姿勢の異常である。その症状は2歳までに発現する。進行性疾患や一過性の運動障害、正常化が予想される運動発達遅延は除外する。」と定義づけました。病型としては、筋肉の緊張が高いために、まひ肢がつっぱり動きが少なくなるとともに関節可動域も少なくなる痙直型、不随意運動（意図しない動き）が出てしまうアテトーゼ型などがあります（佐々木，2003）。また、まひが出現する部位による分類もあり、四肢と体幹全体にまひがみられる場合は四肢まひ、下肢にまひがみられる場合は対まひ、左右どちらか一方の上下肢にまひがみられる場合は片まひなどと呼びます。

脳性まひは、肢体不自由に留まらず、知的障害や言語障害、情緒障害、視知覚・認知面の障害など、様々な障害を重複していることが多く、てんかんなどの合併症を有している場合もあります（文部科学省，2013）。このように、脳性まひ児（者）が示す状態像は実に多様です。

(2) 筋ジストロフィー

筋ジストロフィーは筋原性疾患です。骨格筋の壊死・再生を主病変とする遺伝性筋疾患の総称で、筋肉の機能に不可欠なタンパク質の設計図となる遺伝子

に変異が生じたために起きる病気です。遺伝子に変異が生じると、タンパク質の機能が障害されるため、細胞の正常な機能を維持できなくなり、筋肉の変性壊死が生じます（難病情報センター，2017）。

症状はおもに骨格筋の萎縮と筋力低下で、転倒や動揺性歩行などから歩行困難になり、呼吸不全や心不全を起こすようになります。また、病型によっては知能低下などもみられる場合があります。

　(3) 二分脊椎

二分脊椎は、脊椎の一部が欠損し、髄膜や神経組織など、脊柱管内にあるべき組織が脱出して背中に囊胞を作る疾患です。骨の欠損のみで脊柱管内の組織の脱出がないもの（潜在性二分脊椎）もあります。

脊髄病変による症状は、両下肢の運動障害や感覚障害の他、排尿や排便など排泄に関わる膀胱直腸障害が多く、尿路感染症を合併しやすいといわれています。また、水頭症などがみられることもあります（正木，2003）。

（4）日常生活動作と肢体不自由児（者）

日常生活動作 Activity of Daily Living（ADL）とは、生活を営む上で不可欠な基本的行動のことで、様々な評価基準がありますが、例えば起居（寝起き）動作や移動動作、食事や更衣動作、整容動作などが挙げられます。さらにADLには会話や電話の利用など、コミュニケーションに関する内容も含まれます。肢体不自由児（者）は、このADLにおいて、程度に違いはありますが様々な困難を抱えることになります。

2　肢体不自由児（者）の心理・行動特性
（1）肢体不自由児（者）の心理特性

肢体不自由のない人の場合、例えば暑い夏の日に汗をかいてのどが渇いたとき、目の前にペットボトル飲料があったとすれば、すぐに手を伸ばし、飲料を飲むことができます。しかし、肢体不自由がある人の場合は、目の前にあるペットボトルに手を伸ばすことができなかったり、キャップをひねって開けることがうまくいかなかったりする場合があります。些細な例かもしれませんが、

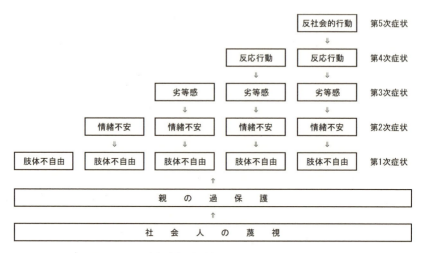

図4-2-1　障害重積深化過程図（昇地, 1976, p.75より作成）

日常生活においてこのような困難が永続的に繰り返し起こるとすれば、心理的に何らかの影響を生じることは容易に考えられます。

　昇地（1976）は、障害がある人の心理の基本的問題として「障害重積深化過程」（図4-2-1）を挙げ、それを脳性まひ児に当てはめて述べています。脳性まひ児は、第1次症状（障害）である肢体不自由により運動や動作面に制限が出たり、まひ性の言語（構音）障害などにより意思表示がうまくできなかったりすることで要求の充足が思うようにいかないことから、2次症状である情緒不安を引き起こし、さらに第3次症状として「自分はできない存在」であるという劣等感をもつようになること、そして場合によってはさらに依頼心などから起こる逃避などの反応行動（第4次症状）や反社会的行動（第5次症状）を発現させるなど、第1次症状を含め、症状が連鎖反応的に深まってしまう可能性があることを指摘しています。合わせてこの障害重積深化過程には、親や社会人（地域の人たち）の関わり方や見方が関係していることも示唆しています。

　また、石部（1975）は、脳性まひ児における「学習系列の構造」の問題を取り上げています。教育において学習を進める際には、どの子どもにも学習を可能にする準備状況（学習レディネス）ができている必要があります。レディネ

ス形成期における学習系列には図4-2-2に示すように発達段階があります。寝返りや指の運動など粗大・微細運動を通して外界と関わる第1次（①）の段階に始まり、次いで触れたおもちゃを口に運んで確かめるなど、四肢・体幹の運動に基づいた探索活動による情報収集から感覚器を活用して情報収

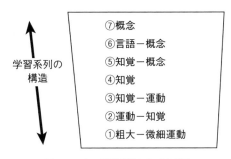

図4-2-2　学習系列としての構造
（石部, 1975, p.198より作成）

集する第2次（②）の段階に進み、ほしいものを見てそこに手を伸ばすようになるなど、視覚や聴覚などから得た情報（知覚情報）との関連で自らの運動行動をコントロールして学ぶ第3次（③）の段階へと発達を遂げていきます。最終的には、現実の運動や知覚による操作活動をせず、言語を媒介にして事物の概括を行うことができる、第7次（⑦）の概念の段階に達します。この構造において、例えば第1の段階は第2の段階のレディネスになるともいえます。ところが脳性まひ児のように肢体不自由がある場合には、運動＝身体の動きに困難があることから、初期の段階でつまずきが起こり、それ以降のレディネスになりえず、結果として高次の学習系列の発達が困難になる可能性があることを示唆しています。

　障害の重積深化の問題も学習系列の発達上の問題も、脳性まひ児に限らず肢体不自由児（者）全体に、今なおいえることであると考えられます。これらの問題は、支援により肢体不自由という1次の障害（症状）を改善することで解決を図る必要がありますが、それだけではなく、実際に起きている2次、3次……の問題にも支援の手立てを検討していく必要があるといえます。

（2）脳性疾患（脳性まひ）児（者）の心理・行動特性

　脳性疾患の中でも割合が高い脳性まひの説明のところでも述べた通り、脳性まひ児（者）は、肢体不自由だけでなく、様々な障害を併せもつことが多く、その程度も多様です。特別支援学校に通う脳性まひ児は、脳性疾患児全体の半

数程度を占めています。特に学校において肢体不自由児の支援を行う際には、脳性まひ児が抱えている重複障害や心理面・行動面の特性を十分理解しておくことが重要です。以下、おもな心理・行動特性について述べます。

(1) 知的発達の面の特性

脳性まひ児のおよそ60％に知的障害があるといわれています。四肢まひがある場合には脳障害の範囲が広いために重度の知的障害を併せ有していることが多く、重度の知的障害と肢体不自由を併せもつ重症心身障害の状態を示すことが少なくありません。逆に両まひや片まひでは知的障害があっても中度から軽度であることが多いです。

(2) 視知覚・認知面の特性

例えばルビンの杯などの多義図形において、ひとつの見え方から別の見え方に任意に移行することに困難を示す「知覚の固さ」や、図となる図形に地となる妨害図形がかぶっていると、図となる図形が知覚できない「図－地知覚の障害」などがみられることがあります。また、図形の模写に困難を示すなど、視覚を通して空間的に再生する行為に困難を示す「構成障害」や、左右等の認知があいまいになる「空間認知の障害」などがみられることも少なからずあります（川間，2008）。

(3) 行動面の特性

脳性まひ児には行動面の特性もあるといわれています。本質的な刺激（対象）に注意を集中できず不要な刺激に反応し、指導者の声や提示された視覚情報以外の感覚刺激に無選択的に反応する「転導性」（感覚性過活動）や、教室の照明スイッチを頻繁にon-offするなど、周囲の刺激に対して運動や行動を抑制することに困難を示す「抑制困難」（運動性過活動）、状況の変化に速やかに対応できず、あることがらから別のことがらへの転換・移行が困難な「固執性」、ジグソーパズルではいくつかの部分を関連させることができないため、完成させることができないなど、事物をまとまりのある全体として構成することに困難を示す「統合困難」の状態を示すことがあります（川間，2015）。

以上、肢体不自由児（者）全体に共通している心理特性や、脳性疾患、特に脳性まひ児にみられる心理・行動特性について何点か述べてきましたが、ここ

で述べてきた特性は、決してすべての肢体不自由児（者）や脳性まひ児にみられるものではなく、その状態はみんな異なりますので、様々な方法で一人ひとりの特性を的確に把握し、その人に合った支援を考えていく必要があります。

3　肢体不自由児（者）への支援
（1）支援の手順とポイント
⑴　対象となる肢体不自由児（者）の特性を丸ごと把握する

これまで述べてきたように肢体不自由児（者）は、運動や日常生活動作（ADL）上の困難だけでなく、劣等感の醸成（自尊感情の低下）など心理面での特性や行動上の困難を抱えていることが多く、その他にも知的障害や言語障害をはじめ、視知覚・認知面の障害や呼吸障害、摂食障害、てんかんなどの障害や合併症を併せ有していることが少なくありません。ただし、困難の状態や程度は一人ひとり異なり、また困難があっても今もっている能力を生かして「できる」こともいろいろあるはずです。目の前にいる肢体不自由児（者）（以下、対象児（者））に対して本当に必要な支援を行うには、まずどんな困難があるのか、またそのような中でもてる能力（できること）は何かをしっかりと把握する必要があります。これを実態把握といいます。実態把握にはいろいろな方法があります。

①　**観察による情報収集**　まずは支援者自身が対象児（者）の様子をよく観察し、困難な点やもてる能力を具体的、客観的に捉えることが重要です。誰にでもイメージできるようにカード（一般的な付箋がベター）に書き出すとよいでしょう。

②　**他の支援者からの情報収集**　例えば活動の場や関わる人によって対象児（者）の様子が違うことがあります。自分だけではなく、対象児（者）に関わる機会のある他の支援者から気が付いたことを情報として集め、文字化しておくと、さらに丸ごと対象児（者）を捉えることができます。肢体不自由児（者）の支援者としては、保護者、学校や園では同僚教師や保育士、主治医や理学療法士（PT）、作業療法士（OT）、言語聴覚士（ST）などの医療関係者、福祉サービス事業所スタッフなどが挙げられます。保護者からは家庭での様子、医療

関係者からは禁忌事項や医療的ケアの状況、教育・保育の現場で実行可能な対応（助言）などを情報として収集するのがよいでしょう。肢体不自由児（者）に対して支援を行う場合は、支援者個々に……ではなく、チームで情報を共有しながら行うという考え方をもつことが大切です（72頁参照）。

③ **各種の検査結果からの情報収集**　ADL評価表の他、重複する障害の状況などからWISC-Ⅳなどの知能検査、発達検査やMEPA-Rなどを実施し、その結果（プロフィール）から現在の発達状況などの情報を収集することも、支援目標を考える上でヒントになります。

④ **地域で利用できる資源や福祉サービスに関する情報収集**　対象児（者）に関する直接の情報ではありませんが、肢体不自由児（者）が利用しやすい地域の公共施設や地域で実施されている福祉サービス、サービス提供を担っている事業所について情報を収集することも支援目標に生かせます。

(2) **支援目標の設定に向けて課題を整理する**

収集した情報を整理・収束して、対象児（者）の課題を見出します。困難な点やもてる能力を明らかにし、肢体不自由などの困難があってもよりよい生活や学習ができるよう解決すべき課題を明らかにします。

(3) **支援目標を設定する**

解決すべき課題に基づいて対象児（者）の支援目標を設定します。学校などでは「個別の指導計画」の中で個別の指導目標として設定します。おおむね1年程度で達成できる長期目標を中心に据え、長期目標を達成するための段階的・具体的な短期目標を検討します。短期目標はできるだけ達成状況が明確になるよう、評価の規準や基準をセットで設けておくとよいでしょ

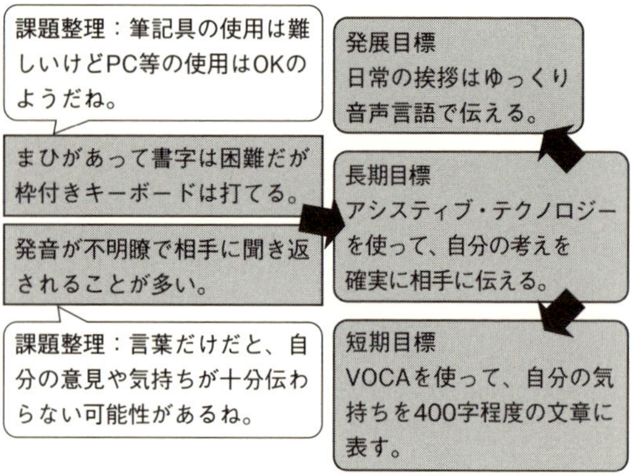

課題整理：筆記具の使用は難しいけどPC等の使用はOKのようだね。

まひがあって書字は困難だが枠付きキーボードは打てる。

発音が不明瞭で相手に聞き返されることが多い。

課題整理：言葉だけだと、自分の意見や気持ちが十分伝わらない可能性があるね。

発展目標
日常の挨拶はゆっくり音声言語で伝える。

長期目標
アシスティブ・テクノロジーを使って、自分の考えを確実に相手に伝える。

短期目標
VOCAを使って、自分の気持ちを400字程度の文章に表す。

図4-3-1　支援目標の設定例

う。さらに長期的な見通しをもって支援できるよう、長期目標達成後に目指す発展目標を考えておくと、継続的に支援を行うことができます（図4-3-1）。

　繰り返しになりますが、肢体不自由児（者）は、運動や ADL 上の困難だけでなく、劣等感（自尊感情の低下）や転導性など心理面・行動面における困難があったり、知的発達の面や言語コミュニケーションの面をはじめ様々な障害を重複してもっていたりするので、そのことも含めて、目の前の対象児（者）に必要な目標を設定することが大切です。もちろんもてる能力に着目し、できることを増やしていく発想も忘れないようにしたいものです。

　(4)　支援の手立てを検討する

　支援の手立ては「合理的配慮」ということもできます。対象児（者）自身でどのくらいできそうか、アシスティブ・テクノロジー（支援機器＋支援技術サービス）などを活用すればどうか、支援者による介助があればどうか、各種の福祉制度やサービスの利用は必要か……などについて考慮し、対象児（者）の支援目標達成に真に必要な手立てを検討します。

　必要以上に手立てが用意されてしまっても、逆に手立てが不十分でも対象児（者）本人がもてる力を十分に発揮できず、結果として人任せになってしまったり、肢体不自由の状態を深化させてしまったりすることになりかねないので、手立てについては十分検討する必要があります。

　(5)　手立てを生かして支援を行い支援目標の達成状況を評価する

　実際に支援を行った結果、対象児（者）に変容がみられたかどうかを、支援目標（特に短期目標）やあらかじめ用意しておいた評価の規準・基準に基づいて評価します。そして評価の結果を次の支援目標や手立ての検討に生かします。

（2）支援の内容例

　筑波大学附属桐が丘特別支援学校（2004）を参考に、学校などにおける支援の手立て（配慮・工夫）の内容例を表4-3-1に示しました。

表4-3-1 脳性まひ児などの支援の手立て（配慮・工夫）の内容例

障害	授業などに及ぼす影響	指導・支援の工夫及び配慮
上肢障害	・文字を書くことの困難さ	・鉛筆などにクリップを付ける、滑り止めを巻くなどして握りやすい工夫をする。 ・ノートなどには、下に滑り止めマットを敷いたり、文鎮などの重しをおいて固定したりする。 ・マス目や枠を用意したり、解答欄の幅を大きくしたりするなど、書きやすい工夫をする。 ・個々に応じて、パソコンやトーキングエイドなどの代替機器を利用する。　　　　　　　　　　　　　　　　　　ほか
	・手指を使った作業の困難さ	・一人一人に応じた作業法やルールの模索、手順や補助具の用意、不自由さをカバーできる道具をそろえたり、改良したりする。 ・活動を行いやすくするために、机や作業台、楽器や制作物の位置などに配慮する。 ・不随意的な動きを生じることもあるので、席や作業スペースの確保などに配慮する。 ・扱いやすい素材や題材を用いる。 ・道具の工夫としてコンパスに代わる道具を使ったり、道具の長さや太さを「柄を変える」、「布を巻く」などして握りやすくしたりする。　　　　　　　　　　　　　　　　　ほか
下肢障害	・活動場所の制約	・ボランティアなどを利用し、外出機会をつくる。 ・スカイプなどのネットサービスを利用するなどして、情報量を確保する。 ・例えば花壇での観察の際にスノコを敷いて段差をなくしたり車いす用のプランターを利用したりするなど、活動場所での制限をなくす工夫をする。　　　　　　　　　　　ほか
言語障害	・意見の伝わりにくさ ・拗音などの誤り ・歌唱の困難さ	・サインやジェスチャーによるコミュニケーション、筆談、パソコンやコミュニケーションエイドなどの代替手段を活用する。 ・視覚的な提示を取り入れ、確認する。 ・声を出すための準備として、姿勢を取るための援助や呼吸を整えるための援助を行う。　　　　　　　　　　　　ほか
視知覚障害	・文を読むことの困難さや行飛ばし ・形のとらえづらさや書字の困難さ ・図形の位置関係のとらえにくさ ・パソコンの画面の見えにくさ	・教師が指し示す、拡大する、色を付ける、線を太くする、枠を付ける、書見台を利用して見やすい角度にするなどの工夫をする。 ・文字や漢字の学習では、筆順に沿って「たて」「よこ」というように動かす方向を言語化するなど、視覚情報を聴覚情報に置き換える。 ・マス目を利用するなどして文字の書き始めの位置や大きさをとらえさせる。 ・図形などに対して、太くする、拡大する、形ごとに色分けする、辺や頂点など構成要素ごとに色分けするなどして見えやすくする。 ・画面表示サイズやコントラストを調整し、使いやすい画面設定で調整する。　　　　　　　　　　　　　　　　　ほか

（筑波大学附属桐が丘特別支援学校（2004）より抜粋・一部改変）

4 肢体不自由（運動障害） 125

> **コラム5　ローテク・ハイテクどちらも大切「アシスティブ・テクノロジー」**
>
> 　日本の教育において用いている「アシスティブ・テクノロジー」は、アメリカで用いられている Assistive Technology を訳したものです。これには「支援機器」と「支援技術サービス」の2つが含まれています。
> 　支援機器は、障害のある人の生活機能を向上させたり、低下を防いだり、改善させる目的で用いられるすべての製品のことであり、支援技術サービスは、支援機器の選定、入手、あるいは使用を支援するためのあらゆるサービスのことを指します。
> 　アシスティブ・テクノロジーは肢体不自由児（者）のみを対象としたものではありませんが、なくてはならないものです。例えば、上肢にまひがあるためにパソコンを操作することができなかった人でも、わずかなまばたきや口元の動き、あるいは呼吸などで作動する「スイッチ」（＝支援機器）を活用することで、その人が一人でパソコンを操作することもできるようになります。このほかに、ローテクでは「太い柄のスプーン等の自助具」、「歩行補助杖」、「車いす」、「ページめくり用具」、ハイテクでは「合成音声 VOCA」などが挙げられます。
>
> 参考：「特別支援教育に役立つアシスティブ・テクノロジー」国立特別支援教育総合研究所 HP

【引用・参考文献】

石部元雄（1975）　学習系列の構造と養護・訓練．肢体不自由児の教育第2版．ミネルヴァ書房．

川間健之介（2008）　肢体不自由という障害の理解（心理的な理解）．筑波大学附属桐が丘特別支援学校編著，肢体不自由教育の理念と実践．ジアース教育新社．

川間健之介（2015）　肢体不自由の定義と理解（肢体不自由の行動特性）．安藤隆男・藤田継道編著，よくわかる肢体不自由教育．ミネルヴァ書房．

国分充（2010）　運動．特別支援教育大事典．茂木俊彦編．旬報社．

国立特別支援教育総合研究所（2012a）　アシスティブ・テクノロジーの定義—その1：米国の IDEA から—．国立特別支援教育総合研究所 HP．

国立特別支援教育総合研究所（2012b）　アシスティブ・テクノロジーの用途と分類—ローテクからハイテクまで—．国立特別支援教育総合研究所 HP．＜URL http://www.nise.go.jp/cms/6,6711,13,257.html＞

正木創平（2003）　二分脊椎．西間三馨・横田雅史監，病弱教育 Q&A partV．ジアース教育新社．

文部科学省（2013）　教育支援資料（4．肢体不自由）．文部科学省 HP．＜URL http://www.mext.go.jp/component/a_menu/education/micro_detail/__icsFiles/afieldfile/2014/06/13/1340247_09.pdf＞

難病情報センター（2017）　筋ジストロフィー．難病情報センターHP．＜URL http://www.nanbyou.or.jp/entry/4522＞

佐々木征行（2003）　脳性まひ．西間三馨・横田雅史監，病弱教育 Q&A partV．ジアース教育新社．

昇地三郎（1976）　障害重積深化過程．脳性マヒ児の治療教育．ミネルヴァ書房．

筑波大学附属桐が丘特別支援学校（2004）障害特性に対する指導の工夫および配慮の例．筑波大学附属桐が丘特別支援学校研究紀要 vol.40．

全国特別支援学校肢体不自由教育校長会（2016）全国特別支援学校（肢体不自由）児童生徒病因別調査（平成28年度版）．

5 病弱・身体虚弱

1 病弱・身体虚弱の概要
(1) 病弱・身体虚弱とは

　病弱とは、「心身の病気のため継続的又は繰り返し医療又は生活規制（生活の管理）を必要とする状態」（文部科学省, 2013）のことです。生活規制とは、健康の維持や回復・改善のために必要な運動、食事、安静、服薬等に関して守らなければならないことが様々に決められていることです。ここで、病弱とは「心身の」病気であること、つまり、精神症状または身体症状、あるいはこれら両方の症状が生じる病気を含む概念であること、さらに、病気の種類は同じであっても、その症状には幅があることに留意する必要があります。

　身体虚弱とは、「病気ではないが不調な状態が続く、病気にかかりやすいため、継続して生活規制を必要とする状態」（文部科学省, 2013）のことです。病弱も身体虚弱も、これらの状態が継続して起こる、または繰り返し起こる場合に用いられ、風邪などのように一時的な病気の場合には該当しません。いずれも、学校生活を送る上で、健康状態に配慮した特別な教育的ニーズのある状態であるといえます。

(2) 病弱教育とは

　病弱教育とは、病弱及び身体虚弱の子ども（病弱児（者））を対象とした教育を意味しています。これまで、病弱教育は病気自体を治すものではありませんが、情緒の安定や意欲を向上させることにより治療効果が高まったり、健康の維持や回復・改善を促したりすることに有効に働くものとして取り組まれてきています。病弱教育の意義については、「病気療養児の教育について」（文初特294号文部省初等中等教育局長通知）にまとめられており、その内容は概ね以下の5点となります。①病気になることによって教育を受けられない期間の学力

を補完する。②病弱児（者）の不安感を取り除いて心理的な安定をはかる。③入院中は社会的経験が乏しくなるので社会性を育成する。④病気を管理する自己管理能力を習得させる。⑤教育を受けている病弱児（者）の方が健康の回復が早いといった指摘がある。

　これらの意義を踏まえた指導を行うために設置された教育の場として、特別支援学校（病弱）、病弱・身体虚弱特別支援学級、通級による指導（病弱・身体虚弱）があります。それぞれの教育の場によって対象とされる病弱児（者）の障害の程度は、学校教育法施行令第22条の3（24頁参照）及び「障害のある児童生徒等に対する早期からの一貫した支援について（通知）」（25文科初第756号初等中等教育局長）（26頁参照）に示されています。ただし、病弱児（者）の就学先や教育の場を決定するに当たっては、障害の程度や病気の状態だけでなく、日々大きく変動する病状の変化や治療の見通し、関係する医療機関の施設・設備の状況、教育との連携状況、教育上必要な支援の内容、地域における教育体制の状況、その他の事情を勘案して判断する必要があります（文部科学省, 2013）。

　医療の進歩と在宅医療の推進に伴い、現在では病弱児（者）の多くが通常の学級に在籍しています。そのため、入院中の子どもだけが病弱児（者）ではないこと、通常の学級に在籍する子どもの中にも、特別な指導や支援を必要とする病弱児（者）がいることに留意する必要があります。また、病弱児（者）の指導に当たっては、教育の場にかかわらず「合理的配慮」を提供する必要があります。文部科学省は、病弱児（者）に対して行われている「合理的配慮」として、①個別学習や情緒安定のための小部屋等の確保、②車いす・ストレッチャー等を使用できる施設設備の確保、③入院、定期受診等により授業に参加できなかった期間の学習内容の補完、④学校で医療的ケアを必要とする子どものための看護師の配置、⑤障害の状態に応じた給食の提供の5点を例示しています。

（3）病弱児（者）の病気の種類

　病弱児（者）の病気の種類は、そのほとんどが小児慢性特定疾病対策の対象

疾病です。小児慢性特定疾病対策とは、国が認定した対象疾病の子どもを対象に、医療費助成等を行う事業です。現在の対象疾病は悪性新生物、慢性腎疾患、慢性呼吸器疾患、慢性心疾患、内分泌疾患、膠原病、糖尿病、先天性代謝異常、血液疾患、免疫疾患、神経・筋疾患、慢性消化器疾患、染色体または遺伝子に変化を伴う症候群、皮膚疾患群の14疾病群（722疾病）です。

近年では特別支援学校（病弱）に心身症や精神疾患等、いわゆる、心の病気の子どもが増加しており、病気の種類は多様化しています。個々の教育的ニーズに応じた適切な指導・支援を行うためには、対象となる病弱児（者）の病気の特徴や学校生活における留意事項について正しく理解しておく必要があります。病気に関する情報については、本人とその保護者から情報を得るとともに、病弱児（者）の主治医など、医療関係者から直接情報を得ることが望まれます。

2　病弱児（者）の心理・行動特性

心と体の発達の過程は、順序性のあるいくつかの段階に区分されます。これを発達段階といいます。次の発達段階にスムーズに移行するためには、各段階においてクリアするべき重要な課題があります。病弱児（者）の心理特性として、病気そのものや、周囲の他者との関係により、いくつかの課題をクリアすることに困難さを生じることがあります。病弱児（者）の心と体の調和的な発達を支援するためには、各発達段階の課題とそれに及ぼす病気の影響について理解しておく必要があります。

（1）乳児期

私たちが適応的に生きていくためには、自分や周囲の人を信じることが重要です。保護者を中心とする家族との関わりを通して、絶対的な信頼感を得ることがこの時期の課題です。入院や治療によって、家族と離れることが多いことや、入院中にお世話をしてくれる看護師さん等が頻繁に変わる状況は、基本的な信頼感の発達を遅れさせてしまうことがあります。また、ハイハイやつかまり立ちなどができるようになっても、運動や活動範囲が制限される場合には、自分から興味のあるものに働きかけることや、見る、聞く、触れる、味わう、

嗅ぐなどの感覚の経験が制限されてしまうため、運動や感覚を使う経験が不足し、これらの発達が遅れることがあります。

（2）幼児期前期

全身の筋肉の発達に伴い、排せつ、食事、着替えなど、身の回りのことが自分でできるようになってきます。この時期は、「自分のことは自分でできる」経験の積み重ねによって、自信をもって行動することができるようになります。病弱児（者）は治療管理のために、たとえ自分でできることであっても、その活動を制限されることがあります。また、治療管理による制限がない場合でも、周囲の大人の保護的な対応によって、自分でやる機会を逃してしまうことがあります。そうした経験の蓄積から、自分の行動に自信をもてなくなる、過度の疑惑や恥ずかしさを感じる、場合によっては依存的になることもあります。

（3）幼児期後期

同じ年齢の子どもとの集団生活の中で、簡単なルールや約束を守ることができるようになります。自分の要求を表現し、主体的に行動することがこの時期の課題です。一方で、失敗して叱られる経験から罪悪感が生まれ、自制心も育ちます。病弱児（者）の場合には、治療管理のために、同年齢の子どもと接する機会が顕著に制限されることがあります。そのため、自分の要求を相手に伝えること、要求が通らない場合でも我慢すること、他の子どもからの働きかけにうまく応じることなど、社会的なスキルの獲得が遅れることがあります。

（4）児童期

運動能力の発達が著しく、活動範囲が広がるとともに、学校での学習の位置づけが重要となる時期です。特にこの時期は仲間との関係を築き、能力感を獲得することが課題です。病気の子どもは、病状悪化や治療管理のために学校を頻繁に欠席、早退、遅刻することがあります。また、運動制限などにより、学校生活の中で、いくつかの活動が制限されることがあります。そのため、他の子どもには容易にできることが自分にはできない、できる能力はあるのにやっ

てはいけないという経験をします。こうした経験は物事をやり遂げる機会や、達成感を得る機会を乏しくします。学校生活における活動時間や活動範囲の制限は、仲間との交流、学習の機会を制限し、社会性の未発達や学力の低下、これらに伴う劣等感を生じさせることがあります。この時期の劣等感は、本来ならば自分の力を精一杯出そうという努力を促す働きもありますが、失敗の繰り返しや成し遂げられない経験の蓄積は、その後の様々な活動に対する意欲や関心を低下させる可能性があります。

(5) 青年期

　青年期の前期から中期に至る時期のことを思春期といいます。思春期は急激な性的成熟と心理的な変化に特徴づけられます。この時期は「自分は何者か」についての関心が高まり、他者と自分を比較したり、理想の自分と現実の自分を比較することで、心は大きく揺れ動きます。この難問に答えようと試行錯誤しながら、子どもは自分なりの価値観や社会の中での役割を見出し、同一性（identity）を確立すること、いいかえれば「自分は自分である」という確信や自信を得ることがこの時期の課題です。

　病弱児（者）は心と体の急激な変化に加えて、病気に関連する困難さにも対処する必要があり、思春期の負担は非常に大きいといえます。こうした中、病弱児（者）の多くは、病気の自己管理方法を身につけます。思春期は、「自己管理の方法を身につけていること」と「それを適切に実行すること」とは異なるということに注意が必要です。いいかえれば、この時期の病弱児（者）は、たとえ自己管理を行う能力があっても、それを実行しないことがあるのです。例えば、すぐに治療が必要な場合でも、仲間に自分が病気であることを知られたくない、という思いから治療を先延ばしにしたり、副作用として容姿の変容をきたす薬の服用をこっそりと中断するなど、病状悪化や時には生命の危機を招くような行動がみられるのもこの時期です。青年期の中期以降は、病気そのものや、病状が変化しやすいことに対する不安から、将来的な見通しを立てることに困難さを感じることがあります。病気の種類や程度によっては、進学や就労が制限されることもあります。これらのことが、病弱児（者）の同一性の

確立を難しいものにし、社会人としての自立が遅れたり、時には心の病気につながることもあります。

3　病弱児（者）への支援

病弱児（者）の自立と社会参加を促すためには、心と体の状態をコントロールするための力を育む必要があります。本節では、まず体の健康に関わる自己管理、次に心の健康に関わる自尊感情のそれぞれの支援方法について紹介します。

（1）自己管理の支援

病気と常に関わった生活をしなければならない病弱児（者）にとって、自己管理はきわめて重要な能力です。自己管理に当たっては、病気の種類や程度にもよりますが、主として、病状変化の原因をはっきりさせること、病状悪化に早く気づき適切に対処すること、病気に即した生活行動を習得して、それを維持することが重要です（村上，1998）。

(1)　病状変化の原因をはっきりさせること

病状変化の原因はとても複雑で、医療関係者でさえもなかなか把握できません。それでも、病弱児（者）自身や保護者など周囲の大人はその原因に何となく気づいており、確証がもてないでいることがあります。例えば、気管支喘息は、呼吸困難を生じる発作を特徴とする病気です。気管支喘息の子どもは発作が起きた原因を、「風邪気味のときに急に激しい運動をしたからかもしれないし、薬を飲み忘れていたからかもしれない」と考えます。これらの原因らしきものに、できるだけ確かさ、つまり根拠を与える支援が必要です。

支援者は発作の発生頻度、体調、急激な運動の有無、服薬の状況など「発作に関係があるかもしれない」と思われる内容を子どもとともに列挙し、それらを整理することによって、発作と関係のある原因をできるだけはっきりさせることが重要です。また、こうした作業を大人と一緒に行うことを通して、子どもは病状変化の原因を知るための方法を身につけることができます。

(2) 病状悪化に早く気づき適切に対処すること

　病状が悪化する前に、もしくは悪化し始めて間もなく、子ども自身と周囲の大人は今後病状が悪化するであろうことに気づいていることがあります。例えば、気管支喘息の子どもが、発作の前に「今日はイライラする」と感じることや、教師が「この子は、いつもと違って落ち着きがない」と感じることなど、非常に漠然とした感覚や行動の変化に対する気づきがこれに当たります。病状悪化にできるだけ早く気づいて安静にする、薬を飲むなどの対処をすれば、激しい発作には至りません。不思議なことに、病弱児（者）の多くが「おかしい」「いつもと違う」と思いながらも、対処を先延ばしにして、気づいたときには激しい発作を起こしています。これには、「いつもと違う感じ」が非常に漠然とした変化であること、病状悪化というネガティブな状態を受け入れたくないという気持ちが働くことが関係しています。そのため、病状悪化に早く気づいて、すぐに対処すれば、病状が安定することの理解を促す支援が必要です。

　病状悪化に早く気づくための支援として、病状が悪化する前の「いつもと違う感じ」を子どもと一緒に考えること、子どもにとっては気づきにくい「いつもと違う行動」について、気づいた大人が子どもに詳しく伝えてあげることが考えられます。また、できるだけ早く対処すれば病状が安定するという理解を促す支援として、気づいたときにすぐに対処した場合と、対処を先延ばしにした場合との病状変化の違いを、子どもと一緒に整理することが考えられます。

(3) 病気に即した生活行動を習得して、それを維持すること

　病気に即した生活行動を維持することに対する認識は、それを実際に行っている子どもと周囲の大人との間に大きな違いがあります。一般に、周囲の大人は「病気なのだから、治療管理をするのは当然」と考えます。病弱児（者）は「治療管理は嫌なこと」「しかたのないこと」と考えています。こうした認識の違いは、誰もが病気を経験したことがあるからこそ生じるものと思われます。周囲の大人は風邪や骨折など、自分の病気経験に基づいて、「自分だって病気のときには治療管理する」と考えます。そもそも治療期間がはっきりしていて、確実に回復する病気経験と、病弱児（者）の一生治らないか、治るまでに長い時間がかかる病気経験を同じ基準で論じることはできません。病弱児（者）の

多くは、治療管理について、両親や主治医との約束を守ろうと懸命に努力しています。うっかり薬を飲み忘れたり、夜更かしをしてしまったことをいい出せず、葛藤していることもあります。病気に即した生活行動を長期的に維持することはとても難しく、努力を要します。まずは、周囲の大人が自分の病気経験と病弱児（者）の病気経験とは異なるということを理解し、病気の子どもの日頃の努力を認めることが重要です。

　先述した通り、自己管理は子どもにとって「嫌なこと」です。「嫌なこと」ではありますが、病弱児（者）が充実した生活を送る上で、自己管理は「必要なこと」でもあります。デシとフラスト（Deci & Flaste, 1995, 139）によると、「嫌なことでも、必要な」活動に対する自律性を養うためには、相手の感情を認める、圧力を最小限にする、選択の機会を与えることが有効です。感情を認めるとは、例えば、子どもから「薬を飲みたくないな、面倒だな」ということばが聞かれたときに、「飲まなければダメ」と否定的に応じるよりも、「そうだね、飲みたくないよね」と共感的に応じた方が、活動に対する嫌悪感を生じさせにくいということです。圧力を最小限にするとは、例えば、服薬を促す際に、「きちんと飲みなさい」と促すよりは、「私も立ち会うから一緒にやってみない？」と誘うように促す方が、やってみようという意欲を高めることができるということです。選択の機会を与えるとは、例えば、薬を1日3回飲むことは変更できないにしても、それを飲む時間帯に幅を設けて、「この時間帯で服薬の時間を自分で決めていいよ」と選択の機会を与えた方が、自分で決めたことだからがんばろう、という自己決定感と服薬を継続する意欲を高めることができるということです。以上のような支援を通して、病弱児（者）が「病状をコントロールできる、している」という実質的な経験を蓄積することが、将来的な自己管理に対する自信と自律性を育みます。

（2）　自尊感情の支援

　自尊感情とは、自分の価値についての肯定的または否定的な評価のことです。「自分のことが好き」「自分は価値がある人間だ」と肯定的に評価している人ほど、自尊感情は高いといえます。慢性疾患のある子どもを対象とした調査によ

ると、思春期において自尊感情が高い子どもほど自己管理を適切に行うことが、ブルクハルトとレインズ（Burkhart & Rayens, 2005）によって報告されています。また、心疾患のある子どもは自尊感情が高いほど、生活に対する満足度（Quality of Life : QOL）が高く、さらに自尊感情と QOL との関連性は、客観的な指標（病気の重症度、治療の頻度、治療期間）と QOL との関連性よりも、顕著に高いことが、ムッソットら（Mussatto, Sawin, Schiffman, Leske, Simpson, & Marino, 2014）によって明らかにされています。一方で、フェロとボイル（Ferro & Boyle, 2013）によると、慢性疾患のある子どもの自尊感情は慢性疾患のない子どもよりも低く、児童期から青年期にかけて低下する傾向があります。これらのことは、学齢期において病弱児（者）の自尊感情を育むことが、とても重要であることを意味しています。

　児童期から青年期にかけて、子どもの自尊感情は経験の積み重ねによって変化し、親や教師、友人などの重要な他者から認められたり、褒められたりすることによって育まれます。そのため、日常生活の中で、子どもの適切な行いを見出して承認・賞賛することや、クラスメイトから承認・賞賛される機会を作ることは、自尊感情を育む上で重要な支援です。また、自尊感情の変化には子ども自身が重要視していること、いいかえれば、子ども自身の価値観が重要な役割を果たします（八島・大庭・葉石・池田，2017）。例えば、学業成績を重要視し、毎日勉強している子どもにとって、テストの得点は自尊感情の変化に大きく影響します。一方、野球選手になるために日夜トレーニングに励み、学業成績に価値を置かない子どもにとって、テストの得点は自尊感情の変化にそれほど影響を及ぼしません。つまり、自尊感情を育むためには、重要な他者である親や教師が子どもの価値観を探り、その達成に向けた努力や成果を承認・賞賛することが効果的です。

　病弱児（者）は、病気の種類や程度、治療管理の内容にもよりますが、本人の努力や支援では目標の達成が難しい活動や場面があります。子どもの中には、重要な他者からの期待に応えたい、承認・賞賛してほしい、という思いから達成が難しいことでも重要なことと捉えることによって、結果的に自尊感情を著しく低下させてしまうことがあります。子どもの価値観に注目することは、こ

うした場合に役立ちます。できないことに価値を置くよりも、今できていることや今後の努力で達成できそうなことに価値を見出すような支援、新たな価値を共に模索するような支援が考えられます。

このように、病弱児（者）の自尊感情を育む上で、できることやできたこと、つまり適応的な行動や能力を承認・賞賛することも大切ですが、それに加えて子どもの価値観に注目し、その変化を適切な方向に促すことも重要な支援です。発達期にある子どもの価値観は周囲の大人の価値観を取り入れることによって育ちます。子どもの価値観を適切な方向に導くためには、病気に対する思い込みによって、子どもの意志や活動を必要以上に制限していないか、子どもの置かれている状況や立場を考慮した対応をしているかなど、周囲の大人が日頃の子どもとの関わり方について、自分自身の価値観を見直すことが重要です。

【引用・参考文献】

Burkhart, P. V. & Rayens, M. K.（2005） Self-Concept and Health Locus of Control: Factors Related to Children's Adherence to Recommended Asthma Regimen. *Pediatric Nursing*, 31(5), 404-409.

Deci, E. L. & Flaste, R.（1995） *Why we do what we do: The dynamics of personal autonomy*. New York, NY, US: G P Putnam's Sons. 桜井茂男監訳（1999） 人を伸ばす力. 新曜社.

de Ridder, D., Geenen, R., Kuijer, R., & van Middendorp, H.（2008） Psychological adjustment to chronic disease. *The Lancet*, 372（9634）, 246-255.

Ferro, M. A. & Boyle, M. H.（2013） Longitudinal invariance of measurement and structure of global self-concept: A population-based study examining trajectories among adolescents with and without chronic illness. *Journal of Pediatric Psychology*, 38(4), 425-437.

文部科学省（2013） 教育支援資料〜障害のある子供の就学手続と早期からの一貫した支援の充実〜.
http://www.mext.go.jp/component/a_menu/education/micro_detail/__icsFiles/afieldfile/2014/06/13/1340247_10.pdf（2017年9月1日参照）

村上由則（1998） 病虚弱・慢性疾患. 山崎晃資・伊藤則博編, こころの科学, 81, 54-57.

Mussatto, K. A., Sawin, K. J., Schiffman, R., Leske, J., Simpson, P., & Marino, B. S.（2014） The importance of self-perceptions to psychosocial adjustment in adolescents with heart disease. *Journal of Pediatric Health Care*, 28(3), 251-261.

八島猛・大庭重治・葉石光一・池田吉史（2017） 青年初期における自己認知の発達に関する横断的研究—自尊感情, コンピテンス, 重要度評価の観点から—. 上越教育大学特別支援教育実践研究センター紀要, 23, 79-85.

コラム6 「やる気」と炎症性サイトカイン

　私たちの体は感染等の異常を感知すると、細胞から炎症性サイトカインという化学物質を放出します。デリダーら (de Ridder, Green, Kuijer, & van Middendorp, 2008) によると、この物質は体の中で炎症を誘発するだけでなく、活動に対する「やる気」を減退させる働きがあります。病気にかかると、疲れやすさや集中力の低下など、様々な症状を自覚し、活動に対する「やる気」が失われます。これらの症状の自覚は、健康の回復に必要な治療への専念と休息を促すという点で一般的に適応的な反応とみなされます。一方で、糖尿病のような慢性疾患の場合には、一定程度の活動量を保障することが、健康の維持と回復を促すことがわかっています。炎症性サイトカインによる長期的な「やる気」の減退は日常生活における活動量を全般的に低下させ、健康の維持と回復に悪影響を及ぼします。病弱教育においては、病弱児（者）自身が「やる気」をコントロールしながら、一定の活動量を維持するための力を育成する必要があります。

6 言語障害

1 言語障害の概要

　言語障害とは、発音が不明瞭であったり、話しことばのリズムがスムーズでなかったりするため、話しことばによるコミュニケーションが円滑に進まない状況であること、また、そのため本人が引け目を感じるなど社会生活上不都合な状態であることをいいます（文部科学省，2013）。

　言語障害のある児童生徒は、特別支援学級、特別支援学校の他、通常の学級にも在籍しています。通常の学級に在籍する障害のある児童生徒は、通級による指導を受けることができます。文部科学省の調査によれば、2016（平成28）年5月1日現在、通級による指導を受けている児童生徒数は98,311名であり、そのうち、言語障害は36,793名でした。通級による指導を受けている児童生徒のうち、最も多いのが言語障害であり、全体に占める割合は37.4％でした。

　文部科学省は、通級による指導の対象となる障害の種類及び程度を定めています。それによれば、言語障害は、

　　「口蓋裂、構音器官のまひ等器質的又は機能的な構音障害のある者、吃音等話し言葉におけるリズムの障害のある者、話す、聞く等言語機能の基礎的事項に発達の遅れがある者、そのほかこれに準じる者（これらの障害が主として他の障害に起因するものではない者に限る）で、通常の学級での学習におおむね参加でき、一部特別な指導を必要とする程度のもの。」

と規定されています。

　また、『DSM-5　精神疾患の分類と診断の手引』（日本精神神経学会，2014）では、コミュニケーション症群／コミュニケーション障害群として、言語症／言語障害（Language Disorder）、語音症／語音障害（Speech Sound Disorder）、小児期発症流暢症（吃音）／小児期発症流暢障害（吃音）（Childhood-Onset Fluency Disorder（Stuttering））、社会的（語用論的）コミュニケーション症／社

会的（語用論的）コミュニケーション障害（Social（Pragmatic）Communication Disorder）、特定不能のコミュニケーション症 / 特定不能のコミュニケーション障害（Unspecified Communication Disorder）に分類されています。

本章では、文部科学省の定義に沿って、①構音障害、②吃音、③言語発達の遅れについて、述べていきます。

（1）構音障害

構音障害は、言語指導を受けている児童生徒において、最もよくみられる言語障害です。音の誤り方には、置換、省略、歪みがあります。置換は、例えば、カ行がタ行に置き換えられる場合には、「カメ」が「タメ」と発音されるものをいいます。省略は、例えば、「サカナ」が「アカナ」と発音される等、「サ [sa]」を構成する [s] が省略されて母音だけが聞こえるものをいいます。歪みは、例えば、「チ」が「キ」に近い音に聞こえる等、置換ではないわずかな音の歪みがみられる場合をいいます。

構音障害は、原因に着目すると、機能性構音障害、器質性構音障害、運動性構音障害に分けられます。

機能性構音障害は、構音器官の異常やまひがないにもかかわらず構音の誤りがみられるもので、原因が特定できないものをいいます。幼児期や小学校の低学年の児童に多くみられます。日本語の子音の構音は、およそ、3歳から4歳にかけて獲得されていきますが、幼児期は発達の途上段階にあるため発達の個人差が大きく、発語器官の運動機能や音韻認識の発達の状態にも個人差があることが、構音の獲得に影響していると考えられます。

器質性構音障害は、口蓋裂に代表されるような発語器官の形態異常によるものです。口蓋裂では、軟口蓋が後上方へ閉まるように挙上する動きが十分得られないために呼気が鼻腔に漏れ（鼻咽腔閉鎖機能不全）、そのことによって構音障害がみられる場合があります（湧井, 1992）。鼻咽腔閉鎖は、明瞭な構音を得る上で重要な口腔機能です。

鼻咽腔閉鎖機能の状態を確認するためには、コップに水を入れ、ストローで水をブクブクと吹かせてみて、そのときに鼻孔から息が漏れていないかどうか

をみます。鼻孔の下に鏡などを当てて吹かせると、呼気が漏れる場合には鏡が曇るので視覚的に確認できます。また、「アー」と発声させたときの軟口蓋の挙上の動きを確認します。ストローで吹いたときに鼻から呼気が漏れていたり、「アー」と発声させたときに軟口蓋の動きがあまりみられないときには、形成外科、耳鼻咽喉科、口腔外科等の専門医の診断を受ける必要があります（湧井，1992）。

特に、口蓋裂がある場合、口蓋裂の手術後の鼻咽腔閉鎖機能獲得の状態を把握していくことが重要になります。また、口蓋裂が認められない場合でも、鼻咽腔閉鎖機能に問題があることがあります。鼻咽腔閉鎖不全がある場合は、構音時に、呼気が口腔からだけではなく鼻腔からも流出して、声の異常や構音障害が認められることがありますので、医療機関との連携が重要です。

（2）吃　音

DSM-5によれば、吃音は、コミュニケーション障害のひとつで、「会話の正常な流暢性と時間的構成の困難、その人の年齢や言語技能に不相応で、長期間にわたって続き、そのことが話すことの不安、効果的なコミュニケーション、社会参加、学業的または職業的遂行能力の制限を引き起こす」と定義されています。

吃音の言語症状には、核となる症状として、連発（「わた、わた、わたし」、「わ、わ、わたし」と単語の一部や語音を繰り返す）、伸発（「わーーーたし」と語音を引き伸ばす）、難発（「・・・わたし」というように、語音がつまって出てこない）の3つがあります（小林，2009）。また、周辺的な発話の問題として、単語や句の繰り返し（「わたし、わたし」、「わたしは、わたしは」と単語や句全体を繰り返す）、挿入（「ぼく、えいと、きのう・・」と発話の途中に発話の中身と関係のないことばが挿入される）、言い直しや訂正（「わたしと、わたしは、きのう・・」と発話の途中で言い直しや訂正をする）があり、このような繰り返しや言い直しになる単位（長さ）が、核となる吃音の言語症状よりも大きくなっていると小林（2009）は述べています。

また、発話の困難さのために、あるいは、発話を引き出すために現れる身体

の緊張や助走的運動（首を前に傾ける、腕や足をはずみをつけて動かすなどで、随伴症状といわれます）（小澤・原・鈴木・森山・大橋・飯田・坂田・酒井，2016）を伴うこともあります。さらに、幼児期には、一度みられた吃音がほとんどなくなる時期があったり、しばらくして再び吃音がみられるようになったりするなど、波があるのが特徴です。

（3）言語発達の遅れ

ことばの理解や表出の発達について、子どもがその年齢から期待されるレベルに達していないため、そのことが子どもの日常生活や学校生活で不利益を被る状態は、「言語発達障害」と呼ばれています（大石，2009）。

言語発達障害で重視されるのが、語彙・構文の発達、語用の発達の遅れです。語彙・構文や語用がどのように発達するのかをみてみましょう。

① **語彙・構文の発達**　子どもは、生後10～12か月頃に、最初のことば（初語）を発するといわれています。その後、表出される語彙数の増加はゆっくりですが、18か月頃になると語彙の爆発的増加がみられます。2歳までに300語程度、3歳までに1,000語程度、4歳までに1,500語程度、5歳までに3,000語程度獲得するといわれています。表出される語彙数が50～100語以上増加してくると二語文が表出されてきます。動詞、助詞を使うようになり、構文の発達がみられてきます（石田，2009）。

② **語用の発達**　語用とは、人間がコミュニケーションの中で、どのようにことばを使っているか、という点に着目するもので、「語用論」は、ことばや文の意味を手がかりに、話し手が意図していることを推測するメカニズムを明らかにしようとする学問領域です（松井，2015）。松井（2015）は、会話の中で話し手が伝えようとしていることを聞き手が正しく理解するには、ことばの意味や表情や声の調子等非言語的な手がかりを使うことが非常に多いことを指摘し、その発達の基盤は、乳児期の母親を中心とした大人とのやりとりにおいて作られると述べています。

例えば、0か月の赤ちゃんは、空腹や不快感を泣くことで表現しますが、まだ、自分の要求を養育者へ伝えることを意図しているわけではありません。養

育者は、赤ちゃんの「泣き」を自分への発信であると受け止め、「おなかすいたのね」とことばをかけ、ミルクを飲ませます。また、2か月頃にみられるクーイングや、5か月頃からみられる喃語に対して、養育者は、「ご機嫌ですねー」とすぐに応じる様子がみられます。赤ちゃんの「泣き」「喃語」「視線」「表情」などの非言語的表出に対して、そばにいる養育者が自分への発信であると受け止め、すぐに応答するというやりとりを赤ちゃんと養育者双方が経験することで、信頼に基づいたコミュニケーションの関係性が形成されていくと考えられています。

8、9か月頃になると、相手が物をみているときの相手の凝視を追ったり（追随追視）、今までみたことのない物に出会ったとき、同じ物をみている相手の反応をみたり（社会的参照）するようになります。また、相手にものを渡したり、みせながら同時に「アーアー」と発声したりするなど、自分の意思を相手に伝えるということが明確になってきます。こうした子どもと養育者、その2人が注意を共に向けている事物の三者により構成された三項関係は、言語獲得の基盤となります（小椋，2006）。

12か月頃からは、指さしがみられます。手の届かないところにあるおもちゃを指差し（要求の指差し）ながら「アーアー」といったり、散歩の途中で見つけた犬を指差し（叙述の指差し）ながら、「ワンワン」といったりします。それに対し、養育者は、「おもちゃ　あったね」「ワンワン　いたね」などと応答します。前言語期において発達する養育者とのやりとりは、子どもの語用能力を発達させ、語彙・構文の学習の機会にもなっていることがわかります。

2　言語障害児（者）の心理・行動特性

吃音がある子どもの心理特性について、小林（2009）は、①思うように話すことができないことへの不全感や欲求不満、②自分の話し方が他の人とは違うことへの気づき、③発話時に吃音が出てくることへの予期不安、④苦手なことばや場面を回避することに伴う肯定的な感情と否定的な感情の同居、⑤自信や自己肯定感の低下があると述べています。しかし、このような心理的な状態については、周囲から理解されにくく、学校においても、誤った構音、非流暢性

といった言語症状に注意が向けられやすい実態にあります。

言語障害のある子どもたちの心理的な困難の状態について理解するとき、参考になるのが、ジョンソン（1967）の「ことばの問題の図」です。

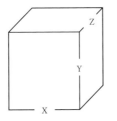

X＝話しことばの特徴
Y＝聞き手の反応
Z＝話し手の反応

図6-2-1　ことばの問題の図（Johnson, 1967）

ジョンソン（1967）は、ことばの問題は、3つの要素、すなわち、X（話しことばの特徴）、Y（話しことばの特徴に対する聞き手の反応）、Z（話しことばの特徴と聞き手の反応とに対する話し手の反応）から構成され、各要素の広がりの大きさによって変化する体積で表されるとしました。この図によれば、ことばの問題は、聞き手の反応や、聞き手の反応に対する話し手の反応によって大きくなったり、小さくなったりすることが考えられます。吃音がある子どもの場合、幼児期後半頃には、吃音に対する聞き手の反応（例えば、会話が流暢に進まないことへの養育者のいら立ち、子どもが言い終わらないうちに養育者が話し始めてしまう、他の子どもたちからのからかいなど）によって、子ども自身が話し方そのものに対する意識を高めてしまい、話すことに不安や恐れを感じたり、うまくいえない自分に対して自信をなくしたりすることがみられてきます。

ジョンソン（1967）の考え方は、吃音以外の言語障害のある子どもの心理的な状態を理解する際にも有効です。子どものことばの問題には、環境要因が大きく影響していることがわかります。子どもの発話の聞き手である保護者や教師、あるいは教室の他の子どもたちの反応のしかたを変える環境調整をいかに実施していくかが重要です。同時に、子ども本人には、話し方そのものの改善を促すアプローチを行う中で、子ども自身の発話意識に対する支援を行っていくことが指導上のポイントになると考えられます。

3　言語障害児（者）への支援
（1）言語障害のある児童生徒への支援における教師の態度

わが国の言語障害教育の礎を築いた田口（1974）は、アメリカの言語病理学

者ジョンソンのことばを紹介しています。

　「子どもの言うことをよーく聞くんです、いまその子が言っていることも、いままさに言わんとしていることも、まだぜんぜん言えていないことも。その子はあなたに言いたいことがあるんです、その子にとっては意味のあることなんです、その子にはだいじなことなんです。ただのおしゃべり遊びだなどと思ってはいけません。

　話し手としてのその子を尊重することです。なにもかもすっかり、よく聞いてあげてください。自分の言うことが聞いてもらえていると感ずることや、ほかの人が自分の言っていることに関心をもってくれていると感ずることは、成長しつつある人としてのその子にとっては、実にすばらしいことなんです。子どもはその子なりに、ベストをつくしているんだと思うことです。子どもにとっては、あなたに話をしたいということのほうが、正しくしゃべれるかどうかよりも、ずっと重要なことなんだと思うことです。」

　ジョンソンのことばは、支援者自身が適切な聞き手になっているかを、常に省察することが何よりも重要であることを示唆しています。言語障害のある子どもに関わるすべての大人がもつべき態度を示していると思われます。

(2) 自立活動としての言語障害児への指導

　学校教育の場では、言語障害があることによる学習上または生活上の困難に対する指導は、自立活動の指導を中心に実施されます。特別支援学校の学習指導要領を参考にして指導を進める必要があります。

(3) 個別の指導計画に基づく指導

　自立活動の指導を行う際は、「個別の指導計画」を作成することが義務づけられています。言語障害のある児童生徒の実態を的確に把握し、自立活動の時間における指導目標・指導内容を設定するとともに、在籍する学級での各教科等の学習の時間における配慮事項等を決定します。

　(1) 実態把握
　① **検査からの情報収集**　　言語障害のある児童生徒の指導を行う際、まず

欠かせない検査は、聴力検査です。聴覚障害の有無を判断するため、耳鼻咽喉科医との連携が重要になります。その他、発達検査（津守・稲毛式乳幼児精神発達質問紙や遠城寺式分析的検査法、新版K式幼児発達検査等）、知能検査（田中ビネー知能検査、WPPSI知能検査、WISC知能検査等）、言語検査（絵画語彙検査、新版構音検査（構音臨床研究会，2010））、吃音検査法（小澤・原・鈴木ら，2016）などがあり、検査から得られる情報を実態把握に活用します。

② **関係者からの情報収集**　病気等の有無、生育歴、身体機能、視機能、児童生徒自身の障害理解の状態、学習上の配慮事項や学力、進路、家庭や地域の環境等について、学級担任、保護者、医療・福祉機関から情報を収集します。

③ **観察による情報収集**　児童生徒に実際に接する中で、言語・コミュニケーションの視点からだけではなく、全体的な発達の様子を観察します。そのため、授業中はもちろんのこと休み時間の様子も観察し、学習上の困難や生活上の困難の実態について明らかにします。また、給食の時間を参観することで、食べるときの口の動かし方（舌、顎の使い方など）を把握することもできます。

コラム7　ひとさじごとのやりとりで育む主体性

　口は、ことばを話すときに使う器官ですが、食べ物や水分を摂取する器官でもあります。食べたり飲み込んだりするときの口の動かし方は、話すときの口の動かし方にも影響するため、口の運動機能を高めることは、言語指導においても重要になります。

　特別支援学校には、咀嚼がうまくできずに口に入った食べ物を丸のみしてしまう子ども、水分などをうまく飲み込めずにむせてしまう子どもなど、口の動きに課題のある子どもも多く在籍しています。そのため、給食では、スプーンで口元に食べ物を運ぶなどの食事介助が行われています。調理形態は適切か、ひとさじの量や口元に運ぶタイミングはよいか、椅子の角度や姿勢はどうかなど、安全を確保し、誤嚥を防ぐために細心の注意を払った上で、食事介助を行います。このような食事介助を通して、口の運動機能を高めることも期待できるのです。しかし、それだけではなく、食事介助は、言語指導において最も根本的なコミュニケーションの力を育てる上で、大変重要な関わりとなることに着目する必要があります。

　給食の時間、担当教師とのひとさじごとのやりとりを通して、児童生徒は、食べ物のにおいや食感を味わい、おいしさを経験します。その中で、味覚を発達させ、満腹感、満足感を得ていきます。そして、それは、「もっと食べたい」という意欲、「自分で食べたい」という意思を生み出します。「食べる主体」としての意識の育ちです。担当教師との安心感・信頼感に支えられたひとさじごとのやりとりが、児童生徒の「主体性」を育むのだと考えます。

さらに、在籍学級の担任教師等の関わり方についても把握することが必要です。保護者との面談も行い、家庭での保護者の関わり方についても把握します。言語障害は、環境要因の影響を受けるからです。

　(2) 個別の指導計画作成

　収集した情報を整理し、指導目標・内容を設定します。その際、学習指導要領に示されている「指導計画の作成と内容の取扱い」に従います。このとき、学級担任や保護者と協働して個別の指導計画を作成することが重要です。個別の指導計画作成に参加する過程を通してこそ、学級担任や保護者は、子どもの実態や関わり方を互いに共有し、それぞれの役割に応じた、適切な関わりができるようになると考えられます。安藤（2001）は、特別支援学校において、複数の教師が協働して作成する個別の指導計画作成方法を提案しています。この方法は、やはり、複数の関係者が協働して作成する言語障害のある児童生徒の個別の指導計画作成においても参考になると思われます。

　(3) 指　　導

　構音指導の方法については、湧井（1992）にわかりやすく示されています。正しい音（単音）の獲得から始め、徐々に句、文へと進め、会話においても正しく発音できるようになるまで、段階的に指導を行っていきます。吃音については、吃頻度を軽減させる直接的アプローチと話しやすい環境づくりを目的とした環境調整があります。直接的アプローチとしては、発話モデリングと発話誘導（原，2005）が知られています。言語発達障害については、「INREAL」（竹田・里見，1994）、「NCプログラム」（津田・東，2005）等、多くの指導法があります。

　しかし、言語障害の背景要因は多様であり、児童生徒の教育的ニーズも多様です。指導目標・内容は、言語障害の種類によってあらかじめ決められるものではなく、個々の実態に応じて選定することが重要です。例えば、構音障害を主訴としているからといって、構音指導を実施し、構音が改善されれば指導が終了するというわけではないのです。吉田（2011）は、構音障害を主訴としながらも、不注意・多動性・衝動性があり、コミュニケーションの面でも課題がみられた小学生の指導事例を報告しています。1、2年生時は、口腔機能の向

上を図ることを中心とした構音練習のベースづくりを行うとともに、在籍学級での集団適応の困難を改善するための指導を行い、自分の構音の誤りに気づき始めた3、4年生からようやく構音練習に取り組み始めました。5、6年生では、構音の定着を図りながら、自分の強みや弱みを知って、強みを生かしたり、弱みは工夫したりして課題解決を図る力を身につけさせる指導を行っています。

　このように、言語障害のある個々の児童生徒の困難を教師が見極め、それらの困難を児童生徒自身が解決する力を、言語指導を通して身につけさせていきます。指導の妥当性を担保するために、学級担任や保護者との評価、指導の修正を行っていくことが重要であると考えられます。

【引用・参考文献】

安藤隆男（2001）　自立活動における個別の指導計画の理念と実践.
原由紀（2005）　幼児の吃音. 音声言語医学, 46, 190-195.
石田宏代（2009）　第5章　支援. 石田宏代・大石敬子編, 言語聴覚士のための言語発達障害学. 医歯薬出版, 183-201.
Johnson, W., Brown, S. F., Curtis, J.F., Edney, C. W., and Keaster, J. Johnson, W. and Moeller, D. (Eds) (1967) *Speech Handicapped School Children*, Third Edition. Harper & Low. 田口恒夫訳（1974）　教室の言語障害児. 日本文化科学社.
小林宏明（2009）　学齢期吃音の指導・支援. 学苑社.
構音臨床研究会（2010）　新版　構音障害. 千葉テストセンター.
松井智子（2015）　語用能力の発達. 発達. ミネルヴァ書房, 18-23.
文部科学省（2013）　教育支援資料. 日本精神神経学会（2014）　DSM-5精神疾患の分類と診断の手引. 日本語版用語監修日本精神神経学会. 高橋三郎・大野裕監訳. 医学書院.
小椋たみ子（2006）　前言語コミュニケーションの発達. 岩立志津夫・小椋たみ子編, よくわかる言語発達. ミネルヴァ書房, 22-25.
大石敬子（2009）　言語発達障害とは. 石田宏代・大石敬子編, 言語聴覚士のための言語発達障害学. 医歯薬出版, 2-20.
小澤恵美・原由紀・鈴木夏枝・森山晴之・大橋由紀江・飯田亜希子・坂田善政・酒井奈緒美（2016）　吃音検査法第2版. 学苑社.
竹田契一・里見恵子（1994）　インリアル・アプローチ. 日本文化科学社.
田中裕美子（2014）　特異的言語発達障害（SLI）. 大石敬子・田中裕美子編, 言語聴覚士のための事例で学ぶことばの発達障害. 医歯薬出版, 83-93.
津田望・東敦子（2005）　認知・言語促進プログラム. コレール社.
湧井豊（1992）　構音障害の指導技法. 学苑社.
吉田麻衣（2011）　ことばの教室の目指すもの：教育における言語指導のあり方. コミュニケーション障害学, 28, 93-99.

7 情緒障害

1 情緒障害の概要
(1) 情緒障害と関連用語

　子どもの障害の診断は、彼らを支援する上で貴重な情報となります。本章で紹介する情緒障害は診断名ではありませんが、今も学校教育の中で、しっかりと使用されています。例えば、自閉症・情緒障害特別支援学級は、小・中学校に設置される特別支援学級の名称となります。

　普段の日常会話では、心の状態を表す感情や気分（felling／mood）といった用語がよく使用されます。感情や気分が落ち込んだり変動が大きかったりすると、情緒不安定と表現することもあるでしょう。ただし、こうした会話の中で、情緒や情動（emotion／affection）に障害の用語を付け加えて、情緒障害と呼ぶことはまれです。教育分野の専門用語となる情緒障害は、emotional disturbance（以下、ED）の訳語となります。わが国において、情緒障害の概念が示された当初、情緒につけられる disturbance は、混乱や妨害、不安や心配を意味することから、「情緒混乱」が適切ではないかという意見もありました。disturbance は、医療用語として患者の可変する、移り変わる状態を表す意識障害（disturbance of consciousness）や記憶障害（disturbance of memory）で使用されます。disturbance は、可変的な状態を表す障害の概念と捉えた方がよさそうです。

　アメリカでは行動障害（behavior disorder）の用語も使用されます。ED と行動障害では状態像が似通っています。小野（2016）は、行動障害について、社会生活及び人間関係や心身の健康に問題を引き起こす逸脱行動や不適応行動と定義し、自閉症スペクトラム症／自閉症スペクトラム障害（以下、ASD）、知的能力障害／知的発達障害、ADHD やそれらの二次障害として生じやすい反抗挑戦症／反抗挑戦性障害（以下、ODD）といった幅広い障害種の子どもに認

められると述べています。行動障害は、1985年頃からわが国独自に福祉分野で使用され始めた「強度行動障害」の考え方に影響を与えました。強度行動障害は、福祉施設の現場において、利用者の示す深刻な問題行動に対して危急な支援を必要とするニーズに基づく概念となります。

　アメリカでは、EDに加えて、情緒と行動障害、情緒あるいは行動障害（Emotional and/or Behavioral Disorders/Disturbance, 以下、EBD）も使用されます。EBD児の多くが、様々な複雑に絡み合った情緒面や行動面の課題を示す実態を踏まえています。イギリスでは、EBDよりもさらに包括的で、「社会性」の概念を加えた、社会性／情緒／行動困難（Social, Emotional and Behavioral Difficulties, 以下、SEBD）が使用されます。

（2）EDの定義

　わが国の特別支援教育の支援体制やその仕組みを構築する上で、アメリカのそれはモデルとなります。アメリカの仕組みを支える法律であり指針となる障害者教育改善法（Individuals with Disabilities Education Improvement Act of 2004, Pub. L. 108-446）の施行規則において、EDは障害種のひとつに位置づけられています。EDとして教育サービスを受ける対象者は、限局性学習症・限局性学習障害（以下、SLD）、言語障害、知的障害に次いで4番目に多くなっています（吉利，2010）。モデルとなるアメリカにおいて、EDが障害種に位置づけられている事実は、わが国におけるEDの捉え方にも影響を与えます。こうした諸外国の動向を踏まえると、診断名ではないEDをすぐに無くして、彼らを支援の対象としないことは現段階では適切ではありません。

　アメリカの障害者教育改善法によるEDは、子どもの教育上の遂行に影響を及ぼす(A)～(E)のうち、1つもしくは2つ以上の特徴を長期間かつ際立って示すことと定義されています。(A)知能、感覚、健康要因では説明できない学習上の困難、(B)仲間や教師との満足な対人関係の構築や維持の困難、(C)通常の環境下での不適切な行動や不適切な感情、(D)幸せでないことや抑鬱の慢性化、(E)身体症状または恐れを発現させる傾向は個人的な問題または学校での問題と関連しています。(A)学習上の困難、(B)対人関係の構築や維持の困難、(C)不適切な行動

や感情の3つは、先に述べたEBDやSEBDの状態像と重なります。

わが国におけるEDの定義に目を向けると、昌子（1978）は情緒の現れ方の歪曲が起こり、それが一般の人たちより強度と頻度が高く、かつひどい不適応が起こっている状態と述べています。内山（1979）は不安、恐れ、あるいは敵意など種々の情緒が何らかの原因によって過度に発現して本来の正常な機能を逸脱し、その結果、各種の不適応行動が発生、定着し、ときには特定の症状が発現した状態としています。これらをまとめると、情緒の現れ方の歪曲が過度に発現している、正常から大きく逸脱している、不適応行動が定着していることが要点となります。内山はEDの原因に触れていますが、何らかの原因というあいまいな言及に留まっています。EDが特定の原因に依らない定義であることがわかります。EDは、その症状をもたらす原因に関係なく、似通った症状や困難を示す一群へのラベリング（名称を付ける）と捉えることができます。

現在の学校教育の定義では、状況に合わない感情・気分が持続し、不適切な行動が引き起こされ、それらを自分の意思ではコントロールできないことが継続し、学校生活や社会生活に適応できなくなる状態を指すこと、こうした状態が一過性でなく定着し繰り返されることが特徴となります（文部科学省，2013）。これは昌子や内山を包括したもので、学校生活や社会生活での不適切な行動や適応できない状態の定着が要点となります。

課題となるのは情緒の現れ方の歪曲、正常からの逸脱、適応・不適応の線引きです。歪曲や適応・不適応の基準は多分に社会的な性質をもち、時代や文化、価値観や社会的通念、時や場所によっても左右されます。子どもの生活環境によって判断基準は異なるでしょう。正常といえる範囲とEDとして支援対象となる子どもとの境界をどこでつけるのか、誰がどのような手順で適応・不適応を定めるのかが課題となります。

2　情緒障害児（者）の心理・行動特性
（1）ED児にみられる中核症状

ED児の行動特性に関する具体的な症状として、杉山（1996）は、以下の①〜⑭に類型化しています。①食事の問題（過食、拒食、偏食、異食など）、②睡

眠の問題（不眠、不規則な睡眠習慣など）、③排せつの問題（夜尿、失禁など）、④性的問題（性への関心や対象の問題など）、⑤神経性習癖（チック、髪いじり、爪かみなど）、⑥対人関係の問題（ひっ込み思案、孤立、不人気、いじめなど）、⑦学業不振（全般性学業不振、特定教科不振など）、⑧不登校、⑨反社会的傾向（虚言癖、粗暴行為、攻撃傾向など）、⑩非行や不良行為（怠学、窃盗、暴走行為など）、⑪情緒不安定（多動、興奮傾向、癲癇など）、⑫言語の問題（吃音、言語発達遅滞など）、⑬かん黙、⑭無気力を挙げています。他障害種に比べて症状や状態像が実に幅広いことがわかります。

（2）ED児にみられる周辺症状

アメリカのEBDやイギリスのSEBDにみられるように、EDやその周辺にある子どもが不適切行動、学習困難、社会的スキル困難といった幅広い症状を示すことを裏づける知見も報告されています。マジソンは、ED、SLD、言語障害、他健康障害を併存する182名の中高生徒の個人記録を調べ、43％の生徒がEDやADHD、SLDの症状を併存すること、明確な分類困難な事例が多いことを報告しています（Mattison, 2015）。学業成績との関連について、アンダーソンは、EBD生徒は数学、読みの理解、語彙、書字の学業不振や幅広い欠如を示すことを報告しています（Anderson et al., 2001）。

こうしてみると、EDにみられる症状には、近年になって対応が急速に進んでいるSLD等発達障害児の行動面や学習面でのつまずきに重なる部分が多くあります。杉山（1996）の14類型にみられる症状は、発達障害児の症状と密接に関連し、それらが発端となって二次的障害として生じる併存症状と捉えることも可能です。例えば、SLDが発端となって⑦学業不振や⑭無気力が生じたり、ADHDが基盤にあって⑥対人関係の問題、⑧不登校、⑨反社会的傾向、⑩非行や不良行為、⑪情緒不安定が生じたりするケースは臨床的によくみられます。発達障害の社会的な認知や診断基準が明確でなかった頃、彼らの一部がEDの枠組みの中で支援されてきたと捉えることもできるでしょう。

3　情緒障害児（者）への支援
（1）情緒障害児短期治療施設での支援

　わが国でEDの用語が公的に初めて使用されたのは、旧厚生省が管轄し1961年児童福祉法改正で規定された情緒障害児短期治療施設となります。当時の入所対象者となるED児とは、家庭、学校、近隣での人間関係の歪みによって感情生活に支障をきたし、社会的適応が困難になった児童、例えば登校拒否、かん黙、ひっ込み思案等の非社会的問題を有する児童、反抗、怠学、金品持ち出し等の反社会的問題を有する児童、吃音、夜尿、チックなどの神経性習癖を有する児童でした。精神薄弱や精神病に代表される脳器質障害のある児童と、自閉症及び自閉的傾向のある児童は除外されていました。

　当施設の近況について、厚生労働省（2014）の児童養護施設入所児童等調査では、入所児童は全体で1,235人となります。委託経路では「家庭から」が76.0％と最も多く、在所期間の平均は2.1年です。入所児年齢では中学校41.4％が最も多く、次いで小学校高学年32.7％です。放任・怠惰、虐待・酷使、棄児、養育拒否の合計は50.0％で、被虐待児が半数となっています。「障害等あり」の割合が72.9％と高く、その内訳は広汎性発達障害29.7％、ADHD19.7％、知的障害14.0％となっています。木村・鈴木（2016）の調査では、入所児童の33％でADHDの診断があること、そのうち70％でASDやODDの併存や合併症状が認められることが報告されています。現時点で、発達障害と虐待との明らかな相関は認められず、障害のあることが虐待を受ける直接的要因ではないという見方が一般的ですが、結果として、虐待児の中にEDやADHD等の症状を示す児童が含まれること、また虐待に随伴してEDに近い症状を示す児童が潜在的に多く含まれていることが懸念されます。

（2）学校教育での支援

　1960年代、親の会や教師を中心として、自閉症児に対する特別な教育の場の機運が高まり、東京と大阪に情緒障害学級が設置されました（寺山ら，1988）。当時の旧文部省では、従来の知的障害教育で培われた指導では十分に対応できない自閉症児への教育の場の整備が急務な課題でした。そして1969年、東京都

杉並区立堀之内小学校に、日本で初めての情緒障害特殊学級が設置されましたが、在籍児童のほとんどは自閉症児でした。つまり、ED児への学校教育は、自閉症教育から始まりました。

1993年より情緒障害通級指導教室が制度化されました。通室児は通常の学級に在籍し、特定の学習や対人関係や集団活動への適応に困難を示す軽度発達障害児でした。2006年4月の文科省通知「通級による指導の対象とすることが適当な自閉症者、情緒障害者、学習障害者又は注意欠陥多動性障害者に該当する児童生徒について」では、情緒障害者の対象変更がなされました。それまで情緒障害者として、自閉症等及び主として心理的な要因による選択性かん黙等の2つの障害種が対象とされていましたが、自閉症が脳機能障害に基づく発達障害であることが確かな事実となり、自閉症と情緒障害者の原因や効果的な指導法は異なるため、自閉症等の者を独立し、前者を自閉症者、後者の選択性かん黙等を情緒障害者としました。

2016年6月、文部科学省より公表された特別支援教育資料（平成27年度）（文部科学省，2016）では、小学校の自閉症・情緒障害特別支援学級は15,571学級、児童数は64,385名です。小学校の自閉症・情緒障害特別支援学級において、すべての障害種に占める割合は学級で41.7％、児童数で46.1％を占め、中学校でも近似した値となっており、知的障害特別支援学級の次に多くなっています。通級による指導を受けている児童生徒数では、障害種であるEDは小学校で8,863人（11.0％）、言語障害（43.2％）や自閉症（14.9％）に次いで多くなっています。

学校教育におけるED児への指導の場は、自閉症・情緒障害特別支援学級と通常の学級、通級指導教室が中心となり、困難の具合や程度、支援ニーズに応じて幅広く柔軟に用意されています。加えて、特別支援学校も指導の場となります。熊地ら（2012）は、全国の知的障害者を主とする特別支援学校600校を対象に調査を行い、45％の学校で知的発達に遅れのない発達障害児が在籍していること、その多くが小・中学校や高等学校からの転入学で、その理由が学業不振・学習困難で3分の1を占め、不適応や不登校・引きこもり、いじめを合わせたものが3割を超えている実態を報告しており、これらの問題はEDの状

態像と重なります。特別支援学校の高等部や病弱特別支援学校では、以前から不登校や不適応、適応障害を示す児童生徒への対応は急務な課題のひとつでした。EDの症状を示す児童生徒が通常の学校だけでなく、特別支援学校にも在籍し、すべての学校種でED児への教育が実施されていると捉えることができます。

（3）選択性かん黙児への支援

2009年2月の文科省通知より、選択性かん黙（以下、SM）は、主として心理的な要因による社会生活への適応が困難である程度の者としてEDの枠組みに残されました。SMは明確な一次障害がなく、ほぼ正常な言語能力をもちながら特定の状況で話せない子どもたちを総称したものです。その程度は様々で、全く話せない全かん黙はまれで、大部分が部分かん黙や学校かん黙となります（相馬，1991）。

DSM-5では、SMは不安症群／不安障害群のカテゴリに含まれるようになりました。DSM-5による定義では、A．他の状況では話しているにもかかわらず、話すことが期待されている特定の社会状況（例：学校）において、話すことが一貫してできない、B．その障害が学業上、職業上の成績、または対人的コミュニケーションを妨げている、C．その障害の持続期間は少なくとも1か月（学校の最初の1か月だけに限定されない）、D．話すことができないことは、

コラム8　選択性と場面　どっち？

かん黙に付加する用語として「選択性」と「場面」の両方が使用されますが、どちらが適切かの議論は今も続いています。DSM-Ⅲ-Rでは子どもが意図的に発話を拒否するという仮説に基づきelective mutismの名称が使用されていましたが、DSM-Ⅳ以降、子どもが特定の場面に遭遇したときに発話が抑制される特徴が強調され、selective mutismに改められました（青柳・丹，2015）。DSM-Ⅲ-Rのelectiveでは子ども自らが特定場面で意図的に話さないことを選択している語感が伴うのに対して、selectiveは子どもの選択や自由意思ではなく、特定の決まった場面で話せない、特定の場面では落ち着いて話せる状態像を表現しています。最新のDSM-5でもselectiveが使用され、選択性と訳されますが、当事者や親の会の意見では、選択性は子ども自らが話さないことを選択していると誤解されやすいため、状態像を示す「場面かん黙」が適当という意見が多くあります（久田ら，2014）。

その社会的状況で要求される話しことばの知識、または話すことに関する楽しさが不足していることによるものではない、E．その障害はコミュニケーション症（例：小児期発音流暢性）ではうまく説明されないし、またASD、統合失調症または他の精神病性障害の経過中にのみ起こるものではないとされています。

　従来からSMの随伴症状として、緊張による身体の硬直、表情の硬さ、運動面、夜尿や遺尿などの排せつ問題が報告されています（相馬，1991）。クリスチャンセンは、SM児54名と定型発達児108名を対象に調査し、SM群の46.3％で不安障害と発達障害や発達遅滞（認知障害、言語障害、運動遅滞など）の症状が認められることを報告しています（Kristensen, 2000）。SMの「話せない」という言語面のみに着目するのではなく、その背景にある不安障害やその程度、随伴しやすい緊張状態や発達遅滞の併存について評価し、支援計画を立てる方略が求められます。SMの本質は不安障害であり、対人場面での緊張状態の緩和、学校生活での困難を少しでも改善し、折り合いをみつける支援がポイントとなります。まずはかん黙の程度や対人交流場面での緊張や不安症状が「いつ・どこで・誰との関わりで・どのように」生じているのか、併存しやすい学習面や行動面のつまずきはあるのか、どのような支援環境が整うとうまく適応できるかといった評価が必要となります。

（4）ED児への適応状態を高める支援

　以上みたように、EDは単一または複数の要因が同時に、または積み重なることで不適応行動が定着した状態と捉えることができます。EDの要因として何らかの器質的・機能的障害の有無を証明するのは困難で、いわゆる医療モデルにみられる病因の特定と処方箋を提供するような方略は難しくなります。藤原（2002）は、ED児本人及び周囲の人の日常生活における適応状態の改善にあること、「適応障害」と捉えて「適応援助」とする視点の重要性を指摘しています。つまり、ED児への支援で大切な視点は、一人ひとりの社会生活における適応状態を高めることです。EDが何らかの要因で生じる不適応な状態と捉えれば、それを軽減するための支援が必要となります。不適応状態は、子ど

もを取り巻く周りの環境との相互作用の中で生じています。子どもの周りの人的、物理的な支援環境を整備し、再構築することで、子どもの学校生活での不適応状態が改善され、適応状態へと導くことも可能になるでしょう。例えば、SM児の学校場面での話せない不適応状態において、周りの支援者が話しことば以外の動作や書字によるコミュニケーション手段を積極的に活用することで、対人や会話に伴う不安や緊張は和らぎ、適応状態は高まるでしょう。適応とは環境の要請に対して子どもが自ら適応させる能動的な過程を含んでいますので、周りが支援環境を整備するとともに、子ども自らが支援環境に適応できるためのステップが次の目標となります。

【引用・参考文献】
Anderson, J. A. et al. (2001) A comparison of the academic progress of students with EBD and Students with LD. *Journal of Emotional & Behavioral Disorders*, 9, 106-116.
青柳宏亮・丹明彦 (2015) SMに関する研究動向―臨床的概念の変遷を踏まえて―. 目白大学心理学研究, 11, 99-109.
藤原義博 (2002) 情緒障害の理解と援助. 小林重雄監, 今野義孝・藤原義博編, 発達臨床心理学. コレール社, 51-54.
久田信行ら (2014) Selective mutism の訳語は「SM」か「場面緘黙」か?. 不安障害研究, 6, 4-6.
木村拓磨・鈴木太 (2016) 情緒障害児短期治療施設入所児童における ADHD 症状と併存症. 名古屋経営短期大学子ども学研究論集, 8, 75-85.
厚生労働省 (2014) 児童養護施設入所児童等調査の結果 (平成25年2月1日現在).
Kristensen, H. (2000) Selective mutism and comorbidity with developmental disorder/delay, anxiety disorder, and elimination disorder. *Journal of the American Academy of Child & Adolescent Psychiatry*, 39, 249-257.
熊地需ら (2012) 特別支援学校に在籍する知的発達に遅れのない発達障害児の現状と課題―全国知的障害特別支援学校のアンケート調査から―. 秋田大学教育文化学部研究紀要・教育科学, 67, 9-22.
Mattison, R. E. (2015) Comparison of students with emotional and/or behavioral disorders as classified by their school districts. *Behavioral Disorders*, 40, 196-209.
文部科学省 (2013) 教育支援資料―障害のある子供の就学手続と早期からの一貫した支援の充実―.
文部科学省 (2016) 特別支援教育資料 (平成27年度).
　http://www.mext.go.jp/a_menu/shotou/tokubetu/material/1373341.htm. (2016.2.1. 参照)
小野次朗 (2016) 行動障害. 日本LD学会編, 発達障害事典. 丸善, 14-15.
相馬壽明 (1991) SMの理解と治療―わが国の最近10年間の個別事例研究を中心に―. 特殊

教育学研究，29，53-59.
杉山雅彦（1996）　情緒障害．小出進編，発達障害指導事典．学研，319-340.
昌子武司（1978）　情緒障害．教育出版社.
寺山千代子ら（1988）　情緒障害学級の成立過程の比較研究(1)．日本教育心理学会総会発表論文集，30，1030-1031.
内山喜久雄（1979）　情緒障害の診断．内山喜久雄・上出弘之・高野清純編，情緒障害の治療と教育．岩崎学術出版社，185-216.
吉利宗久（2010）　アメリカ合衆国 ―インクルーシブ教育政策の動向と改革―．発達障害研究，32，173-180.

8 重複障害

1 重複障害の概要

障害が重いことや複数の障害が重なり合っている状態について使われることばに「重複障害」や「重症心身障害」、「重度・重複障害」などがあります。似ているようですが、どのように使い分けたらよいのでしょうか。ここでは、それぞれの意味について解説していきます。

（1）重複障害

「重複障害」は、「複数の障害を併せ有する」ことをいいます（文部科学省，2009）。この複数の障害とは、一般的に表2-1-1（24頁）に記した学校教育法施行令第22条の3に規定されている「障害の程度」が複数重なり合っている状態のことを指しています。

しかし、実際に学校等では、在籍している幼児児童生徒一人ひとりの状態に合わせて指導していくため、言語障害をはじめ自閉症、情緒障害等が重なり合っている場合も含めて「重複障害」と考えられています。また、厚生行政では、「視覚障害」「聴覚障害または平衡機能障害」「音声・言語障害または咀嚼機能障害」「肢体不自由障害」「内部障害」「知的障害」「精神障害」の中から2つ以上が重なり合っている場合を「重複障害」としています。

（2）重症心身障害

一方、同じような用語で「重症心身障害」というものがあります。「重複障害」は教育現場で多く使われる用語ですが、「重症心身障害」は、医療・福祉関連で用いられることが多いです。「重症」とは、病状が重い状態を示す場合に用いることが多いと考えられます。「知的障害」と「肢体不自由」を併せ有しているため、長期にわたり日常生活や社会生活の上で非常に困難を生じてい

る場合を「心身障害」といいます。その中で、特に重度の知的障害と重度の肢体不自由を有している場合に「重症心身障害」と呼ばれています（児童福祉法第7条第2項）。この場合の「重度」の定義については、大島の分類が多く用いられています（大島，1971）。大島によると、重度の知的障害を「IQ35以下」とし、かつ重度の肢体不自由を「寝たきり」や「すわれる」状態のままで日々の日常生活を送っている場合をまず「重症心身障害」と定義してよいとしています。さらに、「たえず医療管理下におくべきもの」、または「障害の状態が進行的と思われるもの」や「合併症のあるもの」のうち、ひとつでも当てはまり、さらにIQ50以下で、歩行障害もある際には、場合によっては「重症心身障害」に含まれると考えています。

「重症心身障害」の発生原因は胎生期、周産期から新生児期にかけての脳障害によるものといわれています。

最近では、「超重症心身障害」ということばもあり、気管切開や人工呼吸器の使用など常に長期的に高度な医療的ケアを必要としている状態をいいます（杉本・河原・田中・矢澤・田辺・田村・土屋・吉岡，2007；野崎・川住，2012）。

(3) 重度・重複障害

文部省特殊教育の改善に関する調査研究会が1975（昭和50）年3月31日に報告した「重度・重複障害児に対する学校教育の在り方について（報告）」（文部省特殊教育の改善に関する調査研究会，1975）において規定されているものを根拠にしていることが多いです（大崎，2010）。

それによると、以下のような3つの側面で説明しています（文部省特殊教育の改善に関する調査研究会，1975）。

(1) 学校教育法施行令第22条の2（現在は22条の3）に規定する障害（盲・聾・知的障害・肢体不自由・病弱）を2つ以上併せ有する者
(2) 発達的側面…「精神発達の遅れが著しく、ほとんど言語を持たず、自他の意思の交換及び環境への適応が著しく困難であって、日常生活において常時介護を必要とする程度の者」
(3) 行動的側面…「破壊的行動、多動傾向、異常な習慣、自傷行為、自閉性、

その他の問題行動が著しく、常時介護を必要とする程度」

具体的な例では、(1)は複数の障害種の重なりであり、「知的障害＋肢体不自由」や「視覚障害 ＋ 聴覚障害」、「視覚障害＋知的障害＋肢体不自由…」などが考えられます。また、(2)は発達的な側面として特に知的障害の程度について、「知的障害 ＞ 肢体不自由」と想定できます。(3)では、行動的側面として特に問題行動が顕著な場合として、「問題行動＞知的障害 or 肢体不自由…」、さらに(2)・(3)が重なり合い、「問題行動＋知的障害 ＞ 肢体不自由…」となっている場合です。いずれの場合も、(1)・(2)・(3)を総合的に判断して捉えることが必要だとしています（大崎，2010）。

おもな障害が知的障害以外の障害で、重度の知的障害を伴う場合を「重度・重複障害」と呼ぶ場合があります。「重度」は、障害の程度が重い状態を示していることからおもに教育関連で用いられることが多いです。

2　重複障害児（者）の心理・行動特性

「重複障害児（者）」は、複数の障害が重なり合っている状態で、その重なりのパターンや重度の度合いも異なるため、その心理特性も多様に変化しています。ここでは重症心身障害児（者）の多くが共通しているものとして、発達やコミュニケーション、行動といった3つの側面から特性をみていきます。

（1）発達の特性

重症心身障害児（者）はことばを発せず、手足もほとんど動かさず、寝たきりの状態が多いことから、発達面においても、より重度な状態と見誤る危険性があります（佐島，2006）。しかし、一口に発達が初期の発達段階であるといっても、移動や理解などの発達の領域間では一人ひとりにアンバランスがあるはずです。ひとくくりに発達と捉えず、発達の領域ごとに考えていくと、それぞれの発達の状態がより的確にみえてきます。

（2）コミュニケーションの特性

重症心身障害児（者）は、発声や発音に障害がある場合が多く、手足も自由

に動かすことができないため、自分の意思をうまく伝えることができません。しかし、よくみていくと、わずかに動く手や足の指先、目、呼吸、脈拍など、ありとあらゆる部位を懸命に変化させて、私たちに意思表出を図ろうとしているのです。しかしながら、私たちはその反応を的確に捉えきれず、客観的に判断することが難しい状況にあります。そのため、コミュニケーションも受け身な姿勢となり、また、感覚・運動の障害により、自分以外の他者をはじめとした周りの環境との接触が少なく、社会経験の偏りや不足が生じやすくなっています。また、生活上の変化が少ないため、他者と共有し合いたいことや伝えたいことなどの話題がみつかりにくいこともあります（岡澤・川住，2004）。

（3）行動の特性

重症心身障害児は、自傷や首振りや頭叩きなどの常同行動が比較的多いといわれています。これは、自己に向けられた反応で、自分や自分の体を意識する表出行動とともに、運動障害のために、他者に働きかけられない物理的要因も関連しているものと思われます（生川，2012，137）。

3　重複障害児（者）への支援

重複障害児（者）の捉え方と支援について、①様々な様子を考慮し、「画一的」から心身の状態を始点に、一人ひとりに応じた支援（丸ごと捉える）、②生活リズムの形成を心がけた支援、③子どもの興味・関心を大切にした支援（縦・横のつながり）といった方法が考えられます。ここでは、具体的な事例を通して支援の実際をみていきましょう。

（1）重症心身障害児の医療・福祉的な支援の考え方
⑴　医療的な支援

重症心身障害児の医療的な支援については、医療的ケアを必要としている状態の子どもも多いことから、健康を守ることが最優先となります。体温測定や呼吸状態の把握などといった健康観察をはじめ、姿勢保持や運動動作、摂食・嚥下指導などの健康指導、医療的ケアに関する注意や配慮事項などの対応が求

められています。さらに、全身の筋緊張やわずかな表情の変化などを捉えて、個別の成長や発達を促すための対応も求められています。

　(2)　心理的な支援

　現在より豊かな日常生活を過ごす上で、自分の意思を支援者に伝えられることが一番大切な手段といえます。そのために、重症心身障害児はわずかに動く手や足の指先、目、呼吸、脈拍など、ありとあらゆる部位を懸命に変化させて、私たちに意思表出を図ろうとしています。このわずかな反応を的確に捉えられるよう、日々の子どもの観察が大切になっていくと考えます。このわずかな反応を子どもの意思のひとつと捉え、その意思に応じるように行動を起こすことで、子どもとのコミュニケーションがまた一歩確実なものになり、安心感が生まれてくると考えられています。つまり、相互の動きや行動が相互作用となって信頼関係が深まっていくのです。

(2) 重度・重複障害児教育の指導の考え方

　重度・重複障害のある児童生徒には、学校教育の目的や目標を達成するため、教育内容を児童生徒の心身の発達に応じ、授業時数との関連性において総合的に組織した学校の教育計画をする「教育課程」を編成しています。ここでは、その教育課程の具体的な編成の考え方をみていくことにします。

　まず、児童生徒の障害の状態等により柔軟な教育課程が編成可能となっています。その中で、教育課程は知的障害の程度で大きく異なっていきます。

　まず、知的障害を伴わない場合を考えます。この場合、小学校等の各教科を中心とした教育課程に加え、重複している障害特性に配慮しながら、各教科の目標及び内容に関する事項の一部を取り扱わないことが可能となっています。

　また、知的障害を伴う場合は、知的障害者等に関する教育課程の編成を使って、下学年適用の教育課程をはじめ、日常生活の指導や生活単元学習、遊びの指導など知的障害教育を代替とした教育課程、健康管理や生活習慣の形成を軸とした心身の調和的発達の基盤を培うことをねらいとする自立活動を中心とした教育課程を編成できるようになっています。

　さらに、重複障害者のうち学習が著しく困難な場合（「訪問教育」を含む）は、

自立活動を中心とした教育課程のうち、各教科、道徳、外国語活動もしくは特別活動の目標、内容に関する事項の一部または各教科、外国語活動もしくは総合的な学習の時間を「自立活動」に替えることが可能となっています。例えば、知的障害教育代替の各教科の一部を加え、外国語活動もしくは特別活動の一部に自立活動や総合的な学習の時間を加える編成が可能となっています。また、道徳の一部に加え、外国語活動もしくは特別活動の一部に自立活動を加えて編成することも可能となっています。

(3) 事例を通した重複障害児の支援の実際

ここでは、重複障害児がわずかな部位を懸命に変化させて、私たちに意思表出を図ろうとする際に、ひとつの指標として手指機能の操作と自己コントロールの関連性から支援の実際をみていくことにします。

手指機能の操作と自己コントロールの関連性については、これまでの研究から総合的な身体運動を自己コントロールしていく指導の必要性が求められています。知的障害児の「手指機能の操作」においては、目と手の協調運動も上肢と下肢の連続性が関係しており、さらに問題行動に影響している点からも、認知的側面から身体を自己コントロールすることは有効的な手段となっています。

高橋 (2010) は、知的障害児における身体の自己コントロールが日常生活に発達に及ぼす影響の中で、身体への注意が向きやすくなることで自己コントロールが改善し、その結果として日常生活での姿勢が安定し、様々な操作がしやすくなることを指摘しています。これは、生活動作を直接的に指導しなくても、座位姿勢の安定や手足の動きの柔軟性といった身体への気づきや基本的な身体の操作性に着目することで手指機能の操作が改善する可能性を示しています。

香野 (2010) によると、心理・教育領域における支援は、今までの認知面や行動面に加え、姿勢や身体運動面にも着目した支援の必要性を提案しています。これは姿勢や身体の動きは連動していて、姿勢の歪みそのものにアプローチするだけではなく、その結果として反映される物事に対しての「向かいにくさ」に視点を置くことに注目しています。この点からも、自己コントロールの必要性が求められています。これらをもとに、里見 (2012) は自己コントロールの

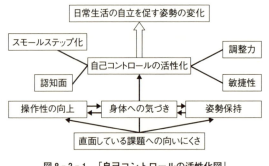

図8-3-1 「自己コントロールの活性化図」
（里見, 2012, p.91より作成）

活性化に向けた関係性を図8-3-1のような概念図に示しています。

この図をもとに知的障害児における支援を考えると、日常生活における物事への操作性の向上や姿勢保持、身体への気づきを育てることで、身体運動の調整や敏捷性、認知面が向上し、さらに個々の課題に応じてスモールステップを設定することで自己コントロールが活性化され、日常生活の自立を促す姿勢の変化につながっていくことが求められると考えます。この支援は知的障害児について考えたものですが、操作性や身体への気づき、姿勢保持といった身体を動かすことが困難な肢体不自由児の場合にもこの支援の図を当てはめて支援することが可能ではないかと想定しています。つまり、この支援の図は知的障害や肢体不自由、さらにこの双方を併せ有している重複障害児においても、適用できるのではないかと考えています。

【事例1】

① 子どもの様子　　図8-3-1に照らし合わせながら中度の知的障害と肢体不自由を併せ有している重複障害児を考えていきます。

まず、「今までの経験に基づく手指機能の操作」としては手が内反しているため、物を持つことはできるが「つまむ、はさむ」といった細かい指の操作は苦手な状態です。「目と手の協調運動」では、コップを取る際には腕から手にかけて微細な揺れがありながらも何とかコップを握ることは可能な状態です。「行動様式」では、好奇心が旺盛で、自分で何でも試さないと気がすまない場面が多くみられる状態です。さらに「上肢・下肢の操作」としては、上肢は勢いをつければゆっくりではあるが、おでこまであげることが可能な操作状態です。

② **おもな個別目標**　左記の子どもの様子から、「自己コントロールの向上」を図るために、学校生活全般において次のような個別の目標を設定しました。
　　○はじまりやおわりのあいさつを意識して見通しをもって行動する
　　○握ったりつまんだりといった手指の操作性を高める
　　○与えられた役割を意識して積極的に活動する

③ **指導場面**　個別の目標を踏まえた上で、「自己コントロールの向上」をねらうために、「朝の会」という授業の中で、「認知面」として、「パパ」「ママ」「テンテイ」（センセイ）など単語の他はほとんどジェスチャーで表出しているため、言語化を図ること、「調整力」として友だちと協力して行う「じゃんけん」ゲームを設定すること、さらに「敏捷性」として手遊びを通して目や口などの位置を正確に指で確認する活動を考えました。これらの「自己コントロールの向上」を基盤として、「手指機能の操作の活性化」に向けた課題設定を行いました。

④ **課題設定までの教材分析**（せんたくばさみ）　児童は、手が内反していて、しっかり物を持つことが難しく、物をつまんだり、はさんだりといった細かい指の操作も苦手な様子がみられます。そこで、手でしっかり持って、つまんだりはさんだりできる教材として、せんたくばさみを活用することにしました。これは、児童の手の大きさに合わせて、自分で持ったりつまんだりできるくらいの大きさで、自分の意思で行った行動を追視できるくらいの弾力性をもち、簡単に入手できることから選定をしました。また、児童の様子に合わせて、針金を工夫しながら弾力性の調整が簡単にできることも選定の理由のひとつでもありました。

⑤ **課題**　教材分析の結果から、せんたくばさみを用いて、次のような課題を設定しました。
　　○手指を使って活動内容カードをせんたくばさみにはさむことができる

⑥ **課題達成へのスモールステップ化**　活動内容カードをせんたくばさみにはさむ過程で、想定される手指の操作段階を次のように「スモールステップ化」しました。

ステップ a	活動内容カードを持つ
ステップ b	先端をつまんでせんたくばさみを開く
ステップ c	せんたくばさみの先端をつまんだまま、活動内容カードを中に入れる
ステップ d	つまんでいる力を緩める

⑦ **指導経過**　ステップaでは、活動内容カードの上部を指でつまみながら持つことができました。ステップbでは、まず単体のせんたくばさみを使って、親指と人差し指で先端をつまむ練習を行いました。市販されたままでは、きつくてなかなか開くことができなかったため、針金を長いものに換え、楕円形になるように針金の丸みを緩やかに工夫してみました。その結果、児童の力でも開くようになり、あそびの場面でも意欲的にせんたくばさみを使うようになってきました。ステップcでは、利き手である右手でせんたくばさみの先端をつまみ、左手で活動内容カードの上部を持ってはさもうとしていたが、せんたくばさみに活動内容カードを近づけようとすると、せんたくばさみをつまんでいる力を緩めてしまい、活動内容カードをはさむことができずにいました。もう一度最初からせんたくばさみをつまむ動作を始めるが、また、すぐにせんたくばさみが閉じてしまいます。そこで、せんたくばさみの先端を長くしてより弱い力でも開くように工夫するとともに、活動内容カードを持つ部分を、上部から左端に変えるようにしてみました。すると、せんたくばさみを簡単に開くことができ、活動内容カードをはさむことに集中できるようになりました。ステップdは、今までの経験を生かして、すぐにクリアすることができました。

　ステップaからステップdまでの一連の流れがスムーズになってくるに従い、1日分の活動内容カードが下げられるように、せんたくばさみの位置にも工夫が必要になってきました。そこで、黒板の下にロープを渡して、そこにせんたくばさみをつるせるようにしてみました。その結果、活動意欲がさらに高まり、進んで活動する姿勢がみられました。

【事例2】

① **子どもの様子**　同様に、重度の知的障害と肢体不自由を併せ有している別の重複障害児の事例も考えていきます。図8-3-1に照らし合わせながら子どもの様子をみていくと、「今までの経験に基づく手指機能の操作」は親指

と人差し指の指先でつまむことはできるが細かい指の操作は苦手な状態です。また、「目と手の協調運動」では、物を取ろうとする際には追視を行わずに手探りで行う状態です。「行動様式」は、引っ込み思案で、自分からはなかなか行動しようとしない状態であります。さらに「上肢・下肢の操作」は、上肢は指先が敏感で物が当たるとすぐに引っ込めてしまったり、下肢は、大股開きで左右の分離が未分化なため、歩行が不安定な場合がみられたりしました。

② **おもな個別目標**　上記の児童の様子から、「自己コントロールの向上」を図るために、学校生活全般において次のような個別の目標を設定しました。
　　○指全体で握ったりつまんだりといった手指の操作性を高める
　　○はじまりやおわりのあいさつは教師と一緒に行う

③ **指導場面**　個別の目標を踏まえた上で、「自己コントロールの向上」をねらうために、「朝の会」という授業の中で、「認知面」を考えると、「座って」「立って」などジェスチャーで指示すると理解することはできるが、表出言語は「アー」「ウー」などの喃語の状態であるため、ジェスチャーとともに言語化も同時に試みました。さらに「調整力」と「敏捷性」の双方の向上をねらうために教師と一緒に正確にやりとりを行う「ボール投げ」活動を考えました。これらの「自己コントロールの向上」を基盤として、「手指機能の操作の活性化」に向けた課題設定を行いました。

④ **課題設定までの教材分析**（衣服の着脱）　児童は、親指と人差し指の指先で物をつまんだりする程度で、指全体でしっかり重さを感じながら指先を動かす操作は苦手な様子がみられました。そこで、指全体でしっかり持って、つまんだりはさんだりできる教材として、衣服の着脱場面を活用することにしました。日常生活動作から児童が必然的に行う課題を選び、自分の意思で行った行動を追視できるような高さにフックを設定しました。

⑤ **課　題**　教材分析の結果から、衣服とフックを用いて、次のような課題を設定しました。
　　○指全体で衣服を握ってフックにかける

⑥ **課題達成へのスモールステップ化**　衣服をフックにかける過程で、想定される手指の操作段階を次のように「スモールステップ化」しました。

ステップa	衣服を脱ぐ
ステップb	衣服の先端にあるフックかけの輪を両手で持つ
ステップc	両手で持ちながらフックかけをフックのところまで移動させる
ステップd	手の力を緩めて放す

⑦ **指導経過**　ステップaでは、衣服は自分で脱ぐことはできました。ステップbでは、まずフックかけの輪を探せずに服を落としてしまう場面がみられました。そこで、フックかけを白色から赤色にし、さらに輪を大きくする工夫を試みました。その結果、児童一人でフックかけの輪を探すことができ、両手で輪も持つようになってきました。ステップcでは、当初フックのところに移動するまでに両手を離してしまうことが多くありました。そこで、あらかじめフックのそばで衣服の着脱を行うように工夫したところ、持続して持ち続けることができ始めました。ステップdは、今までの経験を生かして、すぐにクリアすることができました。

ステップaからステップdまでの一連の流れがスムーズになってくるに従い、教師を待たずに自分から服を脱いでフックまで移動するような積極性がみられました。

さらに手指機能の操作性が高まっていくに従い、歩行場面の改善もみられるようになってきました。

これは、図8-3-1にみられるように、手指の過敏さなど「直面している課題への向かいにくさ」に対して「自己コントロールの向上」を土台にした衣服の着脱場面の課題に取り組み「手指機能の操作の活性化」を図ったことで、自分の「身体への気づき」が芽生え、「自己コントロールの活性化」から「日常生活の自立を促す姿勢の変化」へとつながり歩行動作に向き合う姿勢の改善がみられたと考えられます。

このように、協調運動の調整や認知面、敏捷性などの課題に加え、自己コントロールの向上を加えることは日常生活の自立を促す姿勢の変化に影響を与え、さらに自己コントロールを高めた上でより豊かな日常生活の自立に向けた支援の必要性も求められてきているのではないでしょうか。

> **コラム9　重複障害児（者）への支援の歴史的背景**
>
> まず、重複障害児（者）の支援については、1948（昭和23）年に盲・聾学校の義務制が実施されたことから動き出します。その後、1950年に山梨県立盲学校にて「盲・聾二重障害児」の教育が開始されました。1958年には、国立精神薄弱児施設秩父学園が開設され、「重症心身障害児」の療育が始まりました。1961年には、重症心身障害児収容施設「島田療育園」が開設されました。また同年、山梨県立盲学校を「特殊教育実験学校」に指定しました。研究テーマは「盲学校における重複障害児教育の管理運営および盲ろう唖児の指導計画に関する研究」と題して、1971年まで継続されました。1963年には、糸賀一雄が「びわこ学園」を設立するとともに、厚生省事務次官より「重症心身障害児の療育について」が通達され、全国的に本格的な重症心身障害児の療育が始まりました。1964年には「全国重症心身障害児（者）を守る会」が発足するとともに、厚生省より「重度精神薄弱児収容棟の設置について」や「重度精神薄弱児収容棟の整備及び運営の基準について」が出され、徐々に整備されていきました。1967年に児童福祉法が改正され、重症心身障害児施設が制度化され、「重症心身障害児」を「重度の精神薄弱および重度の肢体不自由を重複している児童」と位置づけました。
>
> また、1969（昭和44）年に、「公立義務教育諸学校の学級編制及び教職員定数の標準に関する法律」で「重複障害学級」が規定され、1970年には文部省より「重複障害児教育の手引き」が刊行されました。1971年には、国立特殊教育総合研究所（現在は、独立行政法人国立特別支援教育総合研究所）が開所されました。1975年には、「特殊教育の改善に関する調査研究会」が「重度・重複障害児に対する学校教育の在り方について（報告）」を報告し、ここで「重度・重複障害」の規定が示されました。1978年には「訪問教育の概要（試案）」が作成され、1998（平成10）年には医療的ケアモデル事業が開始されます。2004年に厚生労働省医政局長より「盲・聾・養護学校におけるたんの吸引等の取扱いについて」が通知され、看護師の常駐や必要な研修を受ける等の条件により教員が行うことはやむをえないとする「実質的違法性阻却」ができるようになったのです。それに応じて、「特別支援学校等における医療的ケアへの今後の対応について」も出され、2012年に、社会福祉士及び介護福祉法の一部が改正され、特別支援学校教員も制度上、医療的ケア実施が可能になり、2017年に新たな学習指導要領が告示され、現在に至っています。

【引用・参考文献】

香野毅（2010）発達障害児の姿勢や身体の動きに関する研究動向．特殊教育学研究，48(1)，43-54．

厚生労働省（2016）児童福祉法．http://law.e-gov.go.jp/htmldata/S22/S22HO164.html ［2017年9月17日参照］

文部科学省（2009）特別支援学校幼稚部教育要領小学部・中学部学習指導要領　高等部学習指導要領．海文堂出版，20．

文部省特殊教育の改善に関する調査研究会（1975）重度・重複障害児に対する学校教育の在り方について（通知）．文部省初等中等教育局特殊教育課．

二宮昭（2007） 重度・重複障害者の心理．障害者心理・『こころ』―育ち，成長，かかわり―．学術図書出版社，138-151．
野崎義和・川住隆一（2012）「超重症児」該当児童生徒の指導において特別支援学校教師が抱える困難さとその背景．東北大学大学院教育学研究科研究年報，60(2),225-241．
生川義雄（2012） 重症心身障害児．特別支援児の心理学．北大路書房，128-1143．
岡澤慎一・川住隆一（2004） 重症心身障害者間相互におけるコミュニケーションの促進．特殊教育学研究，42(4)，303-315．
大崎博史（2010） 重度・重複障害教育の現状と課題．特別支援教育研究，635,6-9．
大島一良（1971） 重症心身障害の基本的問題．公衆衛生，35,648-655．
佐島毅（2006） 重複障害．特別支援教育における障害の理解．教育出版，164-171．
里見達也（2012） 知的障害児入所施設の事例．事例で学ぶ【保育相談支援】．大学図書出版，70-79．
里見達也（2012） 知的障害児の手指機能の操作と不器用さに関する研究動向．山梨障害児教育学研究紀要，6,89-95．
杉本健郎・河原直人・田中英高・谷澤隆邦・田辺功・田村正徳・土屋滋・吉岡章（2007）超重症心身障害児の医療的ケアの現状と問題点―全国8府県のアンケート調査―．日本小児科学会．
鈴木保志（2013） 重複障害，障害児心理入門．ミネルヴァ書房，86-103．
高橋ゆう子（2010） 知的障害児における身体の自己コントロールが日常行為の発達に及ぼす影響―動作法の適用と靴下履きの変容の分析―．特殊教育学研究,48(3),225-234．

第Ⅲ部 発達障害児（者）の基本的理解

なぜ発達障害か？

　2006（平成18）年度までの特殊教育では、教育の対象に発達障害は含まれていませんでした。障害者基本法には、2011年の改正まで発達障害が明記されていませんでした。つまり、発達障害は教育福祉とともにその対象ではなかったのです。しかし、学年相応の学力が身についていない、落ち着きがなく衝動的、人とうまく関われないなどの児童生徒は、いつの時代にも見受けられました。ではなぜ近年発達障害が話題になっているのでしょうか。筆者はいまだに「発達障害は増えていますか」と質問されることがたびたびありますが、そのたびに答えに窮します。単純明快な説明が、筆者には難しく感じます。しかし、確実にいえることは、学習困難、対人関係の苦手さ、行動上の問題のある児童生徒が学校の通常の学級に少なからず存在していて、従来の教育では限界があることです。そして、このような特性を抱えて学校教育を終了しても、高学歴や高い偏差値の大学を卒業しても、仕事に就けなかったり引きこもったり、人との付き合いなどで生きにくさを感じている大人が少なからずいるという事実と、従来の職業教育や福祉制度で対応が十分ではないことです。さらに複雑なのは、虐待や不適切な養育、精神的な問題を抱えた養育者による養育の影響などから、発達障害のようにみえる子どもも増えている（長澤，2016）ことです。

　教育者に求められることは、発達障害という枠にとらわれず、学習困難・対人関係の苦手さ・行動上の問題のある児童生徒に気づき、発達障害という診断の有無にこだわらずに教育することです。今はインクルーシブ教育システムの時代。発達障害の児童生徒は、基本的に通常の学級で学んでいます。そして今後もこのことは変わらないでしょう。診断より支援・教育を肝に銘じて実践しましょう。

＊長澤正樹（2016）　発達障害特性を示す非発達障害グループ―反応性アタッチメント障害、外傷性発達障害、2E、貧困による影響．新潟大学教育学部紀要，18(1)，25-32.

学習障害（LD）

1　学習障害の概要
(1) 学習障害の定義
　学習上の困難さをひとつの障害として捉えるようになってから、様々な定義が提案されてきました。ここではより一般的な捉え方として、医学的定義（DSM-5）である局限性学習障害（Specific Learning Disorder）と文部科学省が示した教育の立場での学習障害（Learning Disabilities）の判断基準を元に、4つの状態を説明します。

　(1)　学習と学習遂行の困難さ
　学習や学業に必要なスキルの使用に困難がみられ、指導や訓練をしても、以下の状態がみられることです。
　①読みの困難さ、②読み理解の困難さ、③綴字の困難さ、④文章作成の困難さ、⑤計算の困難さ、⑥数学的推論の困難さ

　(2)　困難さや遅れの状態
　学習や学業に必要なスキル使用の困難さや遅れは、同じ年齢や学年の標準より、著しく低いこと。ただし、この評価は標準化された学力検査によります。

　(3)　判断の難しさ
　学習困難は学齢期に始まりますが、学校教育を受けている期間にその事実が明らかにならない場合もあります。大人になって仕事上のミスから学習障害が明らかになる場合もあるようです。

　(4)　明らかな他の障害がみられないこと
　学習の困難さが、以下の要因ではないことです。知的障害、視覚障害、聴覚障害、精神障害、劣悪な環境要因、習得していない言語での学習が求められる環境、不登校などの学習空白等の要因が挙げられます。

（2）学習困難（Learning Difficult）という捉え方

（1）の捉え方に該当しなくても、読み書きや学習上の困難さを示す児童生徒は少なからず存在します。貧困など家庭環境の影響、不登校による学習空白による影響など、様々な原因が考えられます。この場合は学習障害と判断しませんが、学力に困難さを示す点は共通しています。そこで、あえて障害と狭めて捉えるのではなく、「学習困難」として捉えて教育することが現実的だと考えることもできます。学習障害と判断して教育するのではなく、学習に困難さを示す子どもに対し、教育介入を段階的に深めていく教育方法を採用する考え方です。三層モデルとして3で紹介します。

（3）学習障害の原因、出現率

学習障害の原因として中枢神経に何らかの機能障害があると推定されますが、詳細はよくわかっていません。出現率についても、学習の困難さ（読みの問題や計算ができないなど）が明らかになって学習障害を疑うことや、学習の困難さがあっても医療機関につながりにくいなどの事情から、正確な数値は出しにくいと思われます。アメリカの場合、ピエランジェロらは5％程度ではないかと示していますが（Pierangelo & Giuliani, 2010）、他の研究者の報告ではかなりのバラツキもみられます。わが国では文部科学省の調査（2012）による4.5％という数値がよく知られています。しかしこれはスクリーニング（学習障害が疑われること）によるものであり、学習障害の出現率（診断された割合）とはいえません。学年進行に伴いこの数値が下がることから、出現率として採用することは適切ではないでしょう。

学習上の困難さの原因として考えられることとして認知の特異性が知られています。認知の特異性とは、物事を捉えたり記憶したり情報処理する上での偏りや困難さのことです。例えば、読み障害と算数障害の場合、コンプトンらは、ワーキングメモリと処理速度の問題が指摘されています（Compton, Fuchs, Fuchs, Lambert, & Hamlett, 2012）。聞いて記憶し、その情報を使って物事を考える能力と、複数の情報を素早く処理する能力が弱いことが読みや計算の困難さに関係していると解釈できます。算数障害の場合、継次処理（情報を順番に

処理する能力）と視覚記憶に問題があるといわれています。くわしくは3（2）で説明します。

（4）学習障害の判断
(1) スクリーニング

学習障害の疑いがあるかどうかを判断する検査としてLDI-R（LD判断のための調査票）が知られています。この検査では、基礎的学力（聞く、話す、読む、書く、計算する、推論する、英語、数学）と行動、社会性の計10領域で構成されています。領域の各項目について、「ない」「まれにある」「ときどきある」「よくある」の4段階で評定し、結果から学習障害が疑われるかどうかを判断します。

(2) ディスクレパンシーモデルによる判断

この考え方は、知能と学力の乖離（ディスクレパンシー）をLDと判断するため、標準化された学力テストと知能検査を実施します。知的な遅れがない（IQ70以上）にもかかわらず学力が低い（平均マイナス2標準偏差未満）、学力が25パーセンタイル未満でIQ80以上など、様々な基準があります。以前はこの捉え方が一般的でしたが、DSM-5ではこの捉え方を採用していないなど現在では一般的ではありません。

2　学習障害児（者）の心理・行動特性

学習障害のある子どもは、読み書きの問題や不器用さ、対人関係の未熟さなどから、様々な失敗を繰り返して自己肯定感が育たなかったり自分に自信がもてなかったりします。さらに、読み書きの問題が国語や算数だけではなく複数の教科学習に影響して、ますます自己肯定感が低くなってしまいます。そこに周囲の無理解や適切な支援がないと、不登校やいじめなど二次的な問題につながり、ますますやる気を失って自己否定感をもつ場合がみられます。このことから学習の困難さへの対応だけではなく、自己肯定感を育てることも重要なのです。

3 学習障害児(者)への支援:三層モデル

　検査から学習障害を特定すること、学習困難という失敗を待って特別な指導をするのではなく、まずはすべての子どもの学力を保障すべくユニバーサルな対応を実施します(一次支援)。一次支援で結果が出せなかった子どもには、小集団・個別学習指導などの対応を実施します(二次支援)。それでも十分な結果が出せなかった場合は専門的な対応を実施します(三次支援)。この方法は三層モデルといいます。なお、最初から学習の困難さがわかっている場合は二次、三次支援も同時に進めます。

(1) 一次支援
⑴ 自己決定支援:自己肯定感を育てるために

　まず、子どもの自己肯定感を育てるために、子どもに注目する・褒める・当たり前の状態(結果)を認めましょう。さらに子どもの話をじっくり聴き、子どもの気持ちを理解し共感しましょう。この対応により「自分は大切にされている」と感じて自己肯定感が育ち、学びの意欲の元になります。第二に、学習や生活におけるものや活動の管理のしかた(自己管理)を教えます。第三に、困ったときにどうやって乗り越えるか一緒に考え実行できるようにします(自己解決)。第四に、自分の気持ちを相手に受け入れられることばで表現できるようにします(自己主張)。第五に、自分の特性・できることと苦手なことなどを認識できるようにします(自己理解)。これらの自己決定の力が育つことにより、学習にも意欲的に取り組むことが期待されます。

⑵ 学習のユニバーサルデザイン(長澤,2017):学力の保障

　学習のユニバーサルデザインとは、多様な子どもの実態に対して多様な学びを保障し、学習参加を促す考えとその方法のことです。多様な方法(手段)により学びを促進する3原則は次の通りです。

【原則1:課題理解と提示の工夫】
　①授業の前に準備確認する、スケジュール表で授業の見通しを示す、前時・本時の学習内容を確認するなど学びに適した環境の設定。②情報を視覚化する、大型モニターや書画カメラなどのICTを活用するなど学習理解のための基本

的な支援。③板書の工夫（板書は1時間1面にまとめるなど）、指示説明の工夫（簡潔、肯定的表現など）、説明と書く時間を別に確保するなど授業内容理解の基本的支援。

【原則2：考えの表現と課題解決】

①質問に答えやすい教示の工夫（選択肢を用意するなど）、発言しやすい雰囲気（失敗への寛容さなど）、考える時間を確保する、ことば以外の手段で訴えることを認めるなど子どもの主体的な意思表現を促進する支援。②一人で問題が解けるための支援（教材・ICT・図式化・マニュアルなどの導入と活用）。③机間巡視、ティームティーチング、ICTによる双方向の学びの保障など課題解決のための支援。④子どもたちからの提案意見の提示の工夫、ペア学習・共同学習を取り入れることなど他者の意見を理解するための支援。

【原則3：学びの自己管理と次の学びへの意欲】

①正答や正答でない結果への対応の工夫、達成感のある課題を出すなど学習の意欲を高める工夫。②学習活動と学習内容の自己管理支援（次の授業モデル参照）。③単元全体と本時の学びとの関係が理解できるようにするなど次の学びへつなげる支援。

(3) 自己評価を取り入れた授業モデル（長澤，2017）

授業で学ぶことを明確にし、学べたかどうかを自己評価できる授業モデルです。その手続きは以下の通りです。

①導入：本時の学習内容と学習活動を提示し、自己評価表（図1-3-1）を配付します。②展開：3原則を取り入れた授業を展開します。授業中、決められた活動に取り組んでいることや学習内容理解を適宜評価します。③終結：授業の終

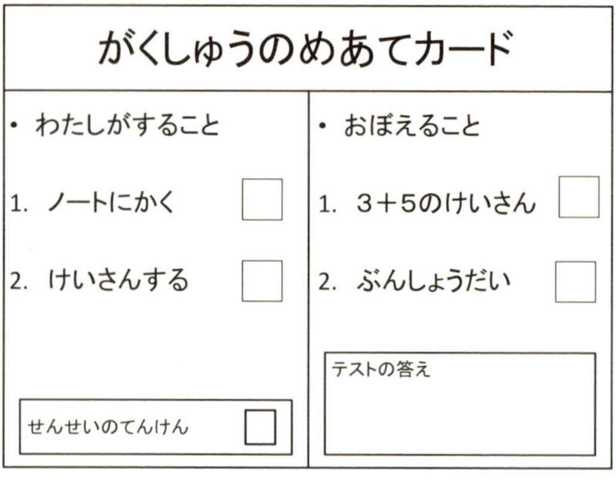

がくしゅうのめあてカード

・わたしがすること
1. ノートにかく □
2. けいさんする □

せんせいのてんけん □

・おぼえること
1. 3＋5のけいさん □
2. ぶんしょうだい □

テストの答え

図1-3-1　自己評価表

結時に、子どもたちは自己評価表で評価し、教師は集中して取り組んだことや学びの結果を評価します（小テストの実施など）。

（2）二次支援（小集団・個別学習指導）

　一次支援の2つの授業方法を適用した結果、十分な学力が獲得できなかった子どもに対して、小集団か個別に学習指導する必要があります。学習困難な子どもへの学習指導の基本は、学習への動機づけ（興味関心）を高めること、できることから始めること、子どものペースに合わせ繰り返し教えること、学びに十分な時間を確保することです。具体的な方法は以下の通りです。①授業の中で時間を確保するか加配教員が個別に教えること、②実態に合わせたグループ編成（小集団）で教えること、③家庭学習の充実・宿題の変更（レベルに合

表1-3-1　達成評価表（小1算数）

領域	番号	内容	達成月日
数と計算	1	順番を数で表し、その意味を理解することができる。	
	2	10までの数について、表し方と意味を理解している。	
	3	10までの数の足し算ができる。	
	4	0を含む足し算ができる。	
	5	10までの数の引き算ができる。	
	6	20までの数について。表し方と意味を理解できる。	
	7	20までの数の足し算ができる。	
	8	20までの数の引き算ができる。	
	9	3つの数の足し算ができる。	
	10	3つの数の引き算ができる。	
	11	3つの数の足し算、引き算の混ざった計算ができる。	
	12	繰り上がりのある足し算ができる。	
	13	繰り下がりのある引き算ができる。	
	14	20より大きい数の数え方、唱え方、意味を理解している。	
	15	100までの数の系列や大小について理解している。	
量と測定	1	3つ以上の具体物の長さを比べることができる。	
	2	ものの長さを○○のいくつ分で表すことができる。	
図形	1	立体図形の特徴をとらえることができる（筒状、球状、箱状について）。	
	2	立体図形を構成する一部分に平面図形があることがわかる。	

わせる）、④放課後や長期休業での補習など授業時間以外に時間を確保すること、⑤通級指導教室や特別支援学級の活用とそのための校内体制の構築。

　小集団・個別学習指導の場合、子どもの学力の実態に合わせた目標設定と指導方法を選択することと、結果の評価・子どもへのフィードバックが不可欠です。表1-3-1のような達成評価表を用い、実態に合った目標設定と評価を保障します。瀬下・長澤（2015）は、中学校社会科の授業に自己評価を取り入れた授業モデルを適用し、十分な学力が身につかなかった生徒を対象として小集団で指導しました。その結果、5名中3名の生徒は求められる学力基準に到達することができたと報告しています。

（3）三次支援

　二次支援でも結果が出せなかった子どもには、より専門的な支援を保障します。

(1) 認知特性に応じた支援

　学習困難に関係する認知の特性を明らかにする方法のひとつとして知能検査を活用することが期待できます。学習障害の場合、WISC-Ⅳ（ウェクスラー式知能検査）を使うことが一般的です。この検査からいわゆる知能指数の他に、言語理解に関する能力（言語理解指標：VCI）、視覚認知と推論に関する能力（知覚推理指標：PRI）、短期記憶に関する能力（ワーキングメモリ指標：WMI）、情報処理速度に関する能力（処理速度指標：PSI）が明らかになります。一般的に、強い能力を使って学習することを教え、弱い能力は支援で補うことが大切です。それぞれの弱さへの支援の例を以下に示しました。

　① **VCIの弱さへの支援**　説明内容が理解しやすいように具体物を使うなど工夫すること。説明した後で理解したかどうか確認しながら次に進むこと。子どもがすでに知っていることばを使って新たな知識につなげること。ことばに替わる手段や視覚的手がかりを活用すること。静かな学習環境を保つこと。文章理解や情報の整理のためにグラフィックオーガナイザーを使用すること（図1-3-2）。

　② **PRIの弱さへの支援**　視覚情報に頼るよりことばで明確に指示を出す

こと。地図や図形などの視覚情報の理解を促すために、ことばでわかりやすく説明すること。ノートに書くなどの作業に十分な時間を与えること。必要に応じて視覚情報（プリント類）を拡大して示すこと。自分で問題を

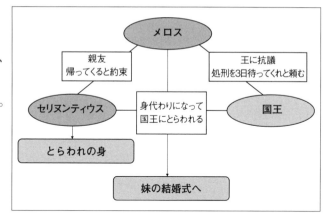

図1-3-2　グラフィックオーガナイザー
「走れメロス」のあらすじを図に表している

解決できるようセルフトーク（自己教示：問題の解き方の手順をことばにして進めること）の活用を教えること。写真など複雑な視覚情報を理解できるよう視点（注目ポイント）を示し、少しずつ全体を把握できるように説明すること。課題が理解（実行）できたかどうか自己評価のためのチェックリストを使用すること（図1-3-1）。

　③　**WMIの弱さへの支援**　　課題と手順が記憶できるように視覚支援（メモ、手順表、マニュアルなど）を提供すること。わかりやすく簡潔な指示を出すこと。要点を絞って示すこと（複数の場合最初に伝えるメッセージ数をいうなど）。スモールステップで指示を出したり課題を実行させたりすること。自分で課題を実行できるようメモの活用を教えること（練習を含む）。自己解決できる方略を教えること（図1-3-3）。学習や活動に集中できるような環境構成を心がけること。日課表やスケジュール表を活用すること。記憶負荷がかからない工夫をすること。

　④　**PSIの弱さへの支援**　　学習や活動を実行できるための十分な時間を与えること。課題の量より質を重視すること（「たくさんできるより、丁寧にやろうね」など）。課題やテストにおける時間の延長を認めること。板書を写すことに時間がかかる場合、板書を印刷した資料を提供すること。タブレットなど

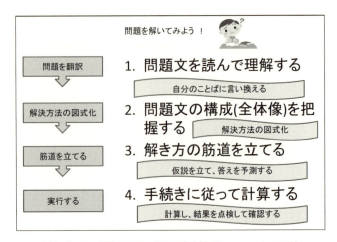

図1-3-3　算数の問題：自己解決支援 (Krawec et al., (2013))

板書に代わる記録方法を認めること。集中できる教室環境を保障すること。スマートフォンやタブレットなどをノートの代わりに利用するのを認めること。

(2) 読み困難への対応

　読み書きに関する実態把握項目は、文字の認知・書字能力、単語の認知・書字能力、文の理解・書字能力、文章の理解・作文能力です。具体的な検査方法として「小学生の読み書きスクリーニング検査——発達性読み書き障害（発達性dyslexia）検出のために」（インテルナ出版）があります。

　読み困難への一般的な指導として、単語から文字の抽出、弁別（「からす」から「か」を探すなど）、文字カード並べから単語の作成（「か」「ら」「す」→「からす」、「からす」→「か」「ら」「す」など）の方法があります。文理解の指導は、絵カードを使って文理解を支援する方法があります。さらにカードを並べたり（「いぬが」「走る」）、動詞や主語を変えたり変化をつけることができます。また、絵本を読み内容理解が進んだら絵を取り除いて読む方法、デジカメを使って絵日記を作成する方法もあります。文章理解の指導として、レベルに合った文章の選択、内容や使っている単語を理解できるようにすること、繰り返し読み（読む部分を抽出、色分けなどわかりやすくする工夫）、多様な教材の使用（マニュアル、コミックなど）、CDによる朗読を使っての黙読・音読、グラフィックオ

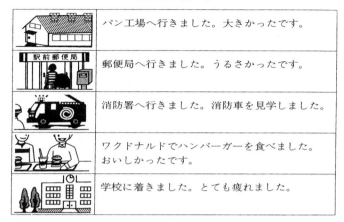

図1-3-4 デジカメとパソコンを使った作文支援

ーガナイザーなど図表化する方法があります。

(3) 書字困難への対応

文字を書く指導として、文字のなぞりから文字を書くことを始めます。文字の特徴を口頭でわかりやすく説明したり、点線による手がかりを与えたり、その文字から始まる単語の絵を添えたり等の工夫もよいでしょう。単語を選ぶ場合は身近なものから始めることです。文を書く指導として、単語、絵カードを使って文を作成する(「いぬが」単語カード・絵を添える、「走る」と並べる、それを見ながら書いてみる、動詞や主語を変えて違う文を書くなどの方法があります)。さらに、絵本を読み、絵と単語を対応させながら文を書く、絵日記を作成する(デジカメ、パソコンの活用。図1-3-4参照)、作成した文をプリントアウトして見ながら書く方法もあります。

(4) 読み書きへの指導事例(渡邉・長澤, 2007)

A児は医療機関にて読み書き障害の疑いがありと診断されました。IQ81、CRT(標準学力検査)では国語(読み書き):読み3、4年生程度。B児はIQ77、CRT国語(読み書き):読み4年生程度でした。ともに小学6年生です。開始当時の作文は図1-3-5の通りでした。指導は毎週1時間半、ことばの教室(言語通級指導教室)にて実施しました。読みの指導は次の通りでした。繰り返

し音読（同じ教材を使用し、部分音読・時間音読・全文音読）、スモールステップの音読（分かち書きなど支援ありの音読から支援を減らす音読へ段階的に進める）、作文音読（日常生活の話題の作文を音読）。書きの指導は次の通りでした。文章量を増やす指導（話し合いによるテーマ設定、連絡文を書き音読、内容についての質疑応答をして執筆）、書き誤りを減らす

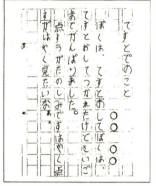 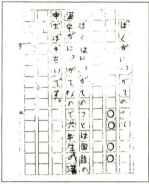

図1-3-5　指導前の作文の実態（左がA児、右がB児）

図1-3-6　指導後（24回）の作文の実態（左がA児、右がB児）

指導（間違い探し：指導者が間違いを音読し気づかせたり例文を比較して間違いに気づかせたり、作文を交換して音読して相手の間違いに気づかせたりする）。その結果、音読では文章量、音読時間が増え、読み誤りが減少しました。読解力では質問への正答率が上昇し、読書力診断検査結果の数値も向上しました。作文では、作文量が増加し書き誤りが減少しました。指導後の作文の実態は図1-3-6の通りです。

(4) 合理的配慮とAT (Assistive Technology) の活用

本人のがんばりや指導によっても読み書きの問題がある場合や、学習に支障

がある場合は合理的配慮を保障します。以下、その例を示しました。

① **読み困難（読み障害）**　まず読み上げアプリの活用です。例えば、タッチ＆リード（atacLab Co., Ltd.）は、印刷物に含まれる文字を認識して音声で読み上げられる（文字認識）、指でタップした部分の文章を読み上げる、写真やPDFに書き込める（手書きの線や文字・写真・録音音声）という3つの特徴をもったアプリです。デジタル教科書も読み困難に対応できます。デイジーでは、視覚障害者や普通の印刷物を読むことが困難な人々のために、カセットに代わるデジタル録音図書の国際標準規格として、約50か国の会員団体で構成するデイジーコンソーシアムにより開発と維持が行われているアクセシブルな情報システムです。

② **書字困難（書字障害）**　スマホやタブレットによる音声入力が一般的です。あるいは、黒板をカメラで写す、写した板書を手元に置いて書き写すなどの方法もあります。ノートパソコンで入力することもできます。

③ **合理的配慮の実践事例（谷川・長澤, 2015）**　文字からの情報を得られにくい音韻性読み書き障害の疑いのある児童1名に対し、デジタル教科書とVOCA-PENを用いて、音声を聞くことで音読の流暢性を高めることと、単元

コラム10　学習の困難さに必要な支援を考える

発達障害のひとつである学習障害と学習困難との違いに焦点化するより、質の高い教育介入をし、その結果から特別な対応を選択することが現実的であること（三層モデル）は本文で述べました。しかし実際、学習困難な子どもの特性には何か共通点があるのでしょうか。筆者は、学習困難と思われる小学生26名（3から5年生）を対象とし、WISC-Ⅳを実施しました。学習困難の定義は、国語・算数のどちらかもしくは両方に2学年の遅れがあることとしました。あいまいな基準ですが、保護者・教師双方が学力の遅れを心配し、検査に同意したことは困難さの根拠として良いと考えました。結果は、WMIが85未満の児童が49.9％（標準以上は4％）、PSIが85未満の児童が46.3％（標準以上は19.2％）。このことから次のことを学校側に伝えました。「集中できる環境で学ぶこと、課題理解と遂行に十分な時間を与えること、子どものペースに合わせて指導することを保障してください。」そうです、小集団（個別）指導の必要性です。実際、3から4名の小集団を構成して、学級で実施している内容と同じ内容の授業を別室で実施したところ、すべての児童が授業の到達目標をクリアできたそうです。このことから改めて思います。子どもの学び方・学びの速度など、同じではない。できるだけ多様な支援が必要なのだと。

別テストの内容を理解し自力でテストに臨むことをねらいとして支援を行いました。その結果、読みの流暢さの改善とテストで内容を理解して回答できるようになりました。このことから、文字から音を想起したり、文字を見て書いてある内容を理解したりすることが困難な本児にとって、音声から情報を得ることは、音読の流暢性を高めることと単元別テストの内容を理解することに有効であることがわかりました。読み書き障害の児童に対する通常学級における合理的配慮として、ICT機器の利用が有効であることが証明されました。

【引用・参考文献】

Compton, D. L., Fuchs, L. S., Fuchs, D., Lambert, W., & Hamlett, C. (2012) The Cognitive and Academic Profiles of Reading and Mathematics Learning Disabilities. *Journal of Learning Disabilities,* 45(1), 79-95.

Krawec, J., Huang, J., Montague, M., Kressler, B., & Amanda Melia de Alba, A. (2013) The Effects of Cognitive Strategy Instruction on Knowledge of Math Problem-Solving Processes of Middle School Students With Learning Disabilities. *Learning Disability Quarterly,* 36(2), 80 -92.

文部科学省（2005）　小・中学校におけるLD（学習障害），ADHD（注意欠陥／多動性障害），高機能自閉症の児童生徒への教育支援体制の整備のためのガイドライン（試案）．
http://www.mext.go.jp/b_menu/houdou/16/01/04013002.htm

文部科学省（2012）　通常の学級に在籍する発達障害の可能性のある特別な教育的支援を必要とする児童生徒に関する調査結果について．
http://www.mext.go.jp/a_menu/shotou/tokubetu/material/__icsFiles/afieldfile/2012/12/10/1328729_01.pdf

長澤正樹（2017）　発達障害児の教科指導をめぐって．特別支援教育の理論と実践．あいり出版（刊行予定）

日本精神神経学会（2014）　DSM-5 精神疾患の診断・統計マニュアル．医学書院

Pierangelo,R. & Giuliani, G. (2010)　Prevalence of Learning Disabilities.
https://www.education.com/reference/article/prevalence-learning-disabilities/

瀬下和峰・長澤正樹（2015）　中学校社会科の授業における自己評価授業モデル導入と小集団による特別な対応の有効性─学習困難生徒への段階的な介入．日本行動教育・実践研究，35, 17-24.

谷川美記子・長澤正樹（2015）　読み障害の児童に対する読みの流暢性と内容理解を高めるためのICTを用いた指導─通常学級における合理的配慮としての利用の検討─．日本行動教育・実践研究，35, 25-32.

渡邉正基・長澤正樹（2007）　読み書き障害の児童に対する音読と作文による読み書き指導．LD研究，16(2), 145-154.

2 注意欠陥多動性障害

1 注意欠陥多動性障害の概要
(1) 定 義

注意欠陥多動性障害（Attention-Deficit/Hyperactivity Disorder：ADHD）は、不注意、多動性、衝動性の症状を特徴とする発達障害のひとつです。文部科学省が2003年に発表した「今後の特別支援教育の在り方について（最終報告）」では、次のように定義されています。

> ADHDとは、年齢あるいは発達に不釣合いな注意力、及び／又は衝動性、多動性を特徴とする行動の障害で、社会的な活動や学業の機能に支障をきたすものである。また、7歳以前に現れ、その状態が継続し、中枢神経系に何らかの要因による機能不全があると推定される。

ADHDの症状には、「注意が続かない」、「忘れっぽい」などの不注意、「じっとしていられない」、「しゃべりすぎる」などの多動性、「順番を待てない」、「質問が終わる前に答え出す」などの衝動性があります。これらの症状は、誰もが多かれ少なかれ示すことがあるでしょう。しかし、それらの症状を単に示すだけでは診断はつきません。ADHDの場合は、これらの症状が学校や家庭などの様々な生活場面で困難をもたらしてしまうほど強く、継続して現れます。

(2) 概 念

最近になって登場した新しい障害（疾患概念）ではありません。名称自体は比較的新しく、日本国内で社会的に広く認知されるようになったのは特別支援教育が開始された2007年以降といえます。しかし、その存在自体は18世紀後半にすでに海外の文献に記述されていたと報告されています。つまり、いつの時代もADHDの症状を示す人は存在していたと考えられます。1902年にイギリ

スの小児科医スティル（Still, G.F.）が行動面に問題を示す子どもの紹介をしましたが、このことが科学的な探求の始まりであるとされています。世界的に注目を集め出したのは、20世紀中頃です。20世紀初頭に脳炎が流行しましたが、その後遺症として ADHD に関連した行動障害に注目が集まるようになったのです。当時、そうした行動障害は「微細脳損傷」（minimal brain damage：MBD）や「微細脳機能障害」（minimal brain dysfunction：MBD）と呼ばれる何らかの脳機能障害が原因となって発症すると考えられ、その実態を明らかにするために世界中で多くの研究が行われるようになりました。概念がより明確になったのは、1960年代頃からです。この時代に、関連症状が、精神疾患のひとつとしてアメリカ精神医学会が発行する精神疾患の診断・統計マニュアル（Diagnostic and Statistical Manual of Mental Disorders：DSM）に記載されるようになりました。

　当初、多動性あるいは不注意のいずれかに注目が置かれました。1968年に発行されたDSM-II（第2版）に「小児期多動性反応」（Hyperkinetic Reaction of Childhood）として関連症状が初めて記載されましたが、ここでは特に MBD の顕著な症状のひとつである多動性の側面により焦点が当てられていました。これに対して、1980年のDSM-III（第3版）では「注意欠陥障害」（Attention Deficit Disorder：ADD）として記載され、多動を伴わないタイプを想定したように不注意の側面が中核症状としてより重視されるようになりました。多動性よりも投薬の影響が大きいことなどを背景として不注意の側面が強調されたようですが、その一方で症状は不注意、多動性、衝動性の3つを含むものとして考えられていました。その後、不注意、多動性、衝動性のいずれの症状も含むものであることがより明確にされました。1987年のDSM-III-R（第3版改訂版）では「注意欠陥多動性障害」（ADHD）として記載され、多動を伴わない ADD（つまり不注意のみのタイプ）は除外され、不注意と多動性の症状を示すものに限定されました。1994年のDSM-IV（第4版）では名称は「注意欠陥多動性障害」（ADHD）のままでしたが、症状は実際の臨床像の分析から不注意と多動性－衝動性の2つに大別され、下位分類として「不注意優勢型」、「多動性－衝動性優勢型」、「混合型」の3つが設けられるようになりました。2000年の

DSM-IV-TR（第4版テキスト改訂版）では、大きな変更はありませんでした。
　最近では、より多様な状態像を示すものとして考えられるようになっています。2013年に DSM-5（第5版）が発行されましたが、その変更のポイントとともに概念を確認しましょう*。まず、3つのタイプが示されています。第一に不注意と多動性－衝動性という2つの特徴をもつ「混合型」であり、第二に「不注意優勢型」で、第三に「多動性－衝動性優勢型」です。これらのタイプは、以前は「下位分類」として変わらないものとされていましたが、DSM-5では「現在の表現型」として変わりうるものとされています。そして、幼い頃では気づかれにくい症状もあることから、発症年齢が「7歳以前」から「12歳になる前」へ引き上げられました。さらに、部分寛解（以前よりも基準を満たす症状が減少すること）に関する記述や17歳以上の場合における診断基準の緩和（7項目から5項目へ）が行われたように、年齢とともに症状が変化しうることが示されています。また、自閉症スペクトラム障害（Autism Spectrum Disorder）との併存診断も可能となりました。このように、現在の ADHD は、多様な状態像とその可変性が想定されていることがわかります。

（3）出現率

　ADHD は、まれな精神疾患ではありません。国を問わず、子どもで約5％、成人で約2.5％の割合で出現するとされています。年齢とともに減少するといえますが、診断基準を完全に満たしている人の割合が減少しているのであって、診断基準を満たさないけれどいくつかの症状を成人になっても示し続ける人は決して少なくありません。その背景のひとつとして、年齢とともに症状が部分的に軽くなったり消えたりするケースがあることが考えられています。他にも、症状の現れ方が年齢とともに変化するケースがあることが考えられています。例えば、成人期の多動性は、行動面ではなく思考などの内面に表れるようにな

＊　DSM-5の日本語版では、名称が従来の「注意欠陥多動性障害」から「注意欠如・多動症」に変更されました。用語のもつ影響力の大きさから「欠陥」は「欠如」に、「障害」は「症」に変更されました。しかし、旧疾患名もある程度普及していることから、「注意欠如・多動性障害」も併記されています。

る場合があります。つまり、成人期になると行動面では落ち着いていますが、頭の中で様々なことを休みなしに考えてしまっているのです。そのため、多動性の症状が内面に隠れてしまい診断基準を満たさなくなってしまうのです。また、出現率には性差も影響します。4対1の割合で女子よりも男子で出現率が高いですが、成人になるとその差はなくなるようです。

(4) 原　因

　ADHDの出現には、遺伝的要因が関連しています。双生児を用いた研究で明らかにされています。双生児には、基本的に100％同じ遺伝情報をもって生まれてくる一卵性双生児と、50％を共有する二卵性双生児があります。おおまかに述べると、二卵性双生児よりも一卵性双生児において、双生児が共にADHDである割合がどの程度大きいかを調べることによって、遺伝率（つまり遺伝の影響の大きさ）を調べることができます。そのような手法を用いた研究では70％程度の遺伝率であることが報告され、ADHDは最も遺伝率の高い精神疾患のひとつであることが示されています。一方で、様々な遺伝子（脳の神経伝達物質であるドーパミン、ノルアドレナリン、セロトニンに関連する遺伝子など）が関連することが明らかにされていますが、原因となる単一の遺伝子疾患の存在はみつかっていません。そのため、頻繁に起こるけれども単体ではさほど影響のない様々な遺伝子の変異が互いに影響し合って、ADHDの出現が高められると考えられています。

　また、環境的要因も関連しています。例えば、不適切な養育が関係していると指摘されています。しかし、不適切な養育がADHDの原因なのか、それともADHDの症状に由来する子どもの育てにくさが不適切な養育をもたらしているのか、その因果関係は今のところわかっていません。いずれにしても、子どもの不適切な行動を助長したり悪化させたりするような周囲の働きかけがADHDの出現に少なからず関連しているようです。

　さらに、遺伝的要因と環境的要因の相互作用も関連しています。遺伝的要因も環境的要因もそれだけではADHDの出現に必ずしも十分であるとはいえません。現在は、遺伝的要因と環境的要因とが相互に働きかけ合って、出現率が

> **コラム11　虐待と発達障害**
>
> 　近年、虐待と発達障害との関係が注目されています。第一に、虐待を受けた子どもの中には、注意欠陥多動性障害や自閉症スペクトラム障害などの発達障害の子どもが少なくありません。その要因として、発達障害の特性から生じる子どもの育てにくさだけではなく、養育者自身における発達障害の存在も指摘されています。第二に、身体的虐待、性的虐待、ネグレクト、心理的虐待などの虐待を受けた子どもは反応性愛着障害や解離性障害など発達障害の症状に類似した様々な後遺症を示します。第三に、発達障害のために虐待を受けやすく、虐待を受けることでさらに症状が悪化するケースがあります。教育現場では、子どもの症状が発達障害によるものなのか、虐待によるものなのかがわかりにくいという問題が起こっています。子どもの症状が発達障害のみによって起こると原因を限定せずに、広い視野で子どものことをみることが大切です。問題行動と虐待の悪循環を断ち切り、発達障害の子どもが生き生きと学校生活や家庭生活を送れるようにしていきたいものです。

高まるのではないかという考え方が有力です。例えば、ドーパミンなどの神経伝達物質の働きに関わる遺伝子に異常があると、行動面の問題が現れやすくなります。そして、そのことは不適切な養育を招きやすくなり、さらに不適切な養育が脳発達に影響を与えて行動面の問題を悪化させるようになるのです。このように遺伝的要因と環境的要因が互いに影響を及ぼし合っているとする考え方が有力になってきており、そのメカニズムの解明が期待されています。

（5）併存症

　ADHDは、様々な精神疾患を併せもつことがあります。発達障害に関しては、自閉症スペクトラム障害、限局性学習障害、発達性協調運動障害、知的障害などを併せもつことが少なくありません。また、睡眠障害、不安障害、気分障害、物質使用障害、反抗挑戦性障害、素行障害などの精神疾患も併せもつことがあります。さらに、複数の併存症を示すこともまれではありません。併存症に注目することは、本人の支援ニーズを明らかにして必要な支援を考えるためにとても重要です。

2　注意欠陥多動性障害児（者）の心理・行動特性
（1）脳病理
　脳の構造的な特異性が報告されています。脳は成長とともに神経細胞が増殖

して少しずつ厚くなり、ピークを迎えると今度は不必要な神経細胞が刈り込まれて薄くなるという変化を示します。脳の厚さがピークに到達する年齢に注目した研究では、ADHD児は全体的に障害のない子どもよりも遅れてピークに達することが明らかにされています。この研究では、特に行動のコントロールに関係する部位で発達の遅れが顕著であった一方で、運動に関係する部位では障害のない子どもよりも早くピークに達することも報告されています。他にも、脳全体の容積の減少や特定の領域における著しい容積の減少がみられることなどがしばしば指摘されています。

さらに、脳の機能的な特異性も報告されています。パズルなどの認知課題に取り組んでいるときの脳活動の様子を分析した研究から、前頭－背側線条体回路（実行機能に関係する神経ネットワーク）、眼窩－前頭－腹側線条体回路（報酬の処理に関係する神経ネットワーク）などにおける機能不全があることが示されています。これらの脳機能の特異性は、ADHDの様々な認知機能の弱さをもたらしていると考えられます。

（2）認知機能

ADHDは、様々な認知機能の弱さを示します。ここでは、弱さを示すおもな認知機能として以下の4つを挙げます。

第一に、実行機能（executive function）の弱さです。実行機能は、目標に向かって思考や行動を意識的にコントロールする能力です。実行機能は、目標を達成する方略を考案すること、方略に従って行動すること、行動がうまくいっているか確認すること、うまくいっていない場合に方略や行動を修正することといった自己の行動のPDCAサイクル（plan-do-check-actサイクル）を円滑に回すために重要です。目標を達成するステップを考えるプランニング、必要な情報を頭に留めたり更新したりするワーキングメモリ、必要のない情報に気をとられないようにする抑制、効果的に行動できているか評価するモニタリングなどいくつかの能力から構成されており、これらの能力の働きによって行動のPDCAサイクルが支えられています。ADHDでは、特にプランニング、ワーキングメモリ、抑制の著しい弱さから全体としての実行機能の弱さが生じ、活

動の取り組み方がわからなくなってしまったり、最後まで集中して取り組み続けられなくなってしまったりします。

　第二に、遅延嫌悪（delay aversion）と呼ばれる報酬に関連した弱さです。これは、報酬が遅れることに耐えられないことです。有名な課題としてマシュマロ・テストがあります。このテストは、子どもの目の前にマシュマロを1つ置いて、その子どもに「今食べるなら1つもらえ、後で食べるならそのときにもう1つもらえる」と伝えて、部屋に一人きりにするというものです。幼い子どもは、今食べるのを我慢すれば後で2つ食べることができるとわかっていても、しばらくすると我慢できずに食べ始めてしまいます。後の大きな報酬よりも目先の小さな報酬に飛びついてしまうのです。ADHDの場合も、これと類似した状況で目先の小さな報酬を選んでしまう傾向があります。

　第三に、時間処理（temporal processing）の弱さです。これは、時間の経過を正確に評価できないことの弱さといえます。例えば、一定の間隔で鳴る音刺激を聞き終わった後にそのテンポで机を手でたたくことが求められた場合、正確なテンポでたたくことに難しさがあります。また、パソコンのモニターに一定時間提示されたイラストを見た後に、そのイラストが提示された時間の分だけボタンを押し続けることが求められた場合にも、正確な時間を見積もることに難しさがあります。このような時間処理の弱さは、段取りの悪さや計画性の甘さにも少なからず関係していると考えられています。

　第四に、情動制御（emotional regulation）の弱さです。まず、感情理解の困難があります。他者の表情やジェスチャーから相手の感情を読み解くことだけでなく、自分の感情を理解することにも難しさがあるようです。そして、感情反応の困難があります。感情反応が強く、特にフラストレーションのたまる状況で過剰な反応を示しやすいようです。さらに、感情コントロールの困難があります。強い感情反応を抑えることだけでなく、感情反応を維持することにも難しさがあるようです。

　ADHDは、すべての認知機能に弱さを示すわけではありません。特定の領域にのみ弱さを示す場合もあれば複数の領域に弱さを示す場合もありますが、すべての領域に弱さを示す場合はとてもまれです。さらに、領域別にみた場合

も、その領域の弱さを示す人の割合は必ずしも高くありません。そのため、これらの認知機能の弱さは、診断基準にはなりにくいと考えられています。むしろ、このことはADHDの多様性を示すものと考えることができます。

(3) 二次的な困難

対人関係に困難をもつことが少なくありません。クラスメイトとの関係や教師との関係をうまく築くことに難しさがあります。例えば、多動性－衝動性タイプの子どもは、クラスメイトと話しているときに相手の話が終わる前に話を始めてしまったり、別の話題にすぐに移ってしまったりすることがあります。それによって、クラスメイトは話をするのをやめてしまい、一定の距離をとって関わるようになったりします。関係がうまく築けないために、いじめの対象になったり、いじめる側になったりすることもあります。

学業面での遅れを生じることも少なくありません。特に実行機能の弱さから、授業に集中できなかったり、宿題を忘れてきてしまったりして、勉強の積み重ねができないことが多いようです。また、身の回りの物を整理することができずに、そもそも勉強に必要な道具が手元に揃わないこともあります。

3 注意欠陥多動性障害児（者）への支援
(1) 実態把握

実態把握は、支援ニーズを明らかにするために重要です。ADHDに関する実態把握の方法として、ADHD-RS-IV（明石書店）やConners 3（金子書房）などがあります。ADHD-RS-IVは、不注意・多動性－衝動性に関する18項目の質問で構成されており、保護者や教師によって子どもの状態を評価します。Conners 3は、ADHD及び関連性の高い問題（学習の問題、実行機能、攻撃性、友人関係）、併存症である反抗挑戦性障害と素行障害を評価する尺度です。保護者用110項目、教師用115項目、本人用99項目で構成されています。

実態把握は、子どもの問題行動の背景を探るためだけに行うのではありません。問題行動の背景と同時に、問題行動を減らすために身につけさせたい適切な行動を明らかにし、その具体的な支援方法を考案するために必要なのです。

そのためには、知的機能や適応行動に関する実態把握に加えて、生育歴や利用可能な支援リソースなどの環境に関わる実態把握なども組み合わせることが重要です。

（2）薬物療法

薬物療法は、有効な支援方法のひとつです。現在、日本で ADHD に適応が承認されている薬物は、メチルフェニデート徐放剤（商品名コンサータ）、アトモキセチン（商品名ストラテラ）、グアンファシン（商品名インチュニブ）の３つです。これらはドーパミンやノルアドレナリンなどの神経伝達物質の働きを改善し、症状を抑えます。一方で、食欲減退、頭痛、不眠あるいは傾眠などの副作用もあるため、当然ながら医師の処方に従って服用することが大切です。また、薬物療法によって一時的に改善した状態において、本人が ADHD 症状を自己の特性として理解し、その特性とうまく付き合っていく方法を身につけることが重要です。そのため、行動療法などのその他の支援と組み合わせることが重要です。

（3）行動療法

様々な行動療法が行われています。第一に、親への支援です。これはペアレントトレーニングと呼ばれ、いくつかのセッションを重ねながら、子どもの行動の観察のしかた、環境の整え方、指示の出し方、子どもの褒め方などを親自身に学習してもらうことを目的として行われます。第二に、本人への支援です。ゲームやロールプレイなどを通じてルールを守って活動することや他の子どもとの相談の方法を学ぶソーシャルスキルトレーニングや、自分の感情に気づいて適切な対処方法を身につけるアンガーマネジメントなどがあり、小集団活動や個別活動としてしばしば行われています。第三に、教室での支援です。

教室での支援を行うときには、課題の調整、環境の調整、関わりの調整の観点から支援を包括的に行うことが重要です。課題の調整は、課題の難度を子どもの発達段階に合わせることです。例えば、注意が続かない子どもには、課題を短く区切って示すことが有効でしょう。環境の調整には、妨害刺激の多い廊

下側の席を避けることや活動に必要な手がかりを板書することなどの物理的な環境調整や、トラブルを起こしやすい生徒との活動を回避するなどの社会的な環境調整があります。それらを通して、いかに集中しやすく活動に必要な情報が用意された環境づくりをできるかが重要です。関わりの調整には、子どもの行動をしっかりと観察しながら、必要なときに必要な支援をできるようにすることが含まれます。最初は一つひとつ丁寧に活動の取り組み方を教えてあげる必要があるかもしれません。子どもができることを少しずつ増やしてきたならば、活動への取りかかりのところだけ支援して後は本人のペースで取り組ませるということもできるでしょう。また、できないときにすべて答えを教えてしまうのではなく、答えにたどり着くために必要な手がかりに目を向けさせるような関わり方も大切です。本人の主体的な取り組みを支援する姿勢が子どもの将来につながっていきます。

　ADHDの子どもの支援では、子ども一人ひとりの多様性に対応できるようにすることが重要です。例えば、教室には様々な発達段階の子どもがいますが、すべての子どもが同じ目標に向かって同じ方法で取り組むことができるとは限りません。同じ目標であることを重視するならば異なる方法で取り組むことを認められるようにすること、同じ方法を重視するのであれば目標を一人ひとりに設定できるようにすることが、授業づくりにおいて重要です。子ども一人ひとりの多様性に対応しながら、その子の自立と社会参加を促していけるようにすることが教育現場には求められています。

【引用・参考文献】
Faraone, S. V., Asherson, P., Banaschewski, T., Biederman, J., Buitelaar, J.K., Ramos-Quiroga, J.A., Rohde, L.A., Sonuga-Barke, E.J., Tannock, R., & Franke, B. (2015) Attention-deficit/hyperactivity disorder. *Nature Reviews Disease Primers*, 1, 15020.
前川久男・梅永雄二・中山健（2013）　発達障害の理解と支援のためのアセスメント．日本文化科学社．
齊藤卓弥（2014）　注意欠如多動症（ADHD）の概念・症候・診断基準．「精神科治療学」編集委員会編，発達障害ベストプラクティス—子どもから大人まで—．精神科治療学，29, 307-312.
杉山登志郎（2015）　発達障害の薬物療法：ASD・ADHD・複雑性PTSDへの少量処方．岩崎学術出版社．

3 自閉症スペクトラム障害

1 自閉症スペクトラム障害の概要

　自閉症が初めて報告されたのは1943年、70年以上も前のことです。アメリカの精神科医カナー（L. Kanner, 1894-1981）は、「情動的接触における自閉的混乱」という論文を報告しました。他者との情緒的な関わりが困難な子ども11人の症例でした。ほぼ同時期の1944年、オーストリアの小児科医アスペルガー（H.Asperger, 1906-1980）は、カナーの症例に似た4人の子どもについて、「小児期の自閉的精神病質」という論文を報告しました。その後、自閉症の症状、原因論、有病率、実態把握や支援の方法について、様々な立場から、現在も活発に研究や臨床が行われています。

（1）診断基準

　以前の診断基準となるDSM-Ⅳでは、自閉症は広汎性発達障害（以下、PDD）の下位診断として位置づけられ、診断名は自閉性障害でした。DSM-ⅣからDSM-5への変更点では、従来のPDDやアスペルガー障害の下位診断がなくなり、すべて自閉症スペクトラム／自閉症スペクトラム障害（以下、ASD）に含まれるようになります。ASDと注意欠如・多動症／注意欠如・多動性障害（以下、ADHD）が併存する（いずれの行動特徴も認められる）ケースも認められるようになります。ASDとADHD症状の両方が認められる子どもたちで、一般的にはどちらの症状が強いか、重篤かで診断が左右されます。

　新たなDSM-5では、以前の（DSM-Ⅳの）対人関係の障害とコミュニケーション障害が統合され、①社会的コミュニケーション及び相互関係における持続的障害、及び②限定された反復する様式の行動、興味、活動の2つの領域にまとめられました。②の下位項目として、ASD児に臨床上よく観察される知覚過敏性・鈍感性などの知覚異常が追加されています。すべてスペクトラム診

断になりますので、表3-1-1のように、支援の必要性の程度から、軽度（レベル1）、中等度（レベル2）、重度（レベル3）という重症度区分が判定されることになります（森ら，2014）。以前の特殊教育の時代に、自閉症の診断を受け、特別支援学校や支援学級で学んでいた自閉症の子どもたちは、中等度や重度レベルに属すると捉えることができます。

表3-1-1　DSM-5　ASDの重症度による区分

重さのレベル	社会的なコミュニケーション	限定、反復された行動
レベル3：きわめて強力な支援を要する	きわめて重篤な言語コミュニケーション能力の欠陥が、重篤な機能障害、社会的交流への導入の制限、他者からの働きかけに対する最小限の反応をもたらしている。	柔軟性のない行動、変化への適応が非常に苦手、限定・反復された行動が明らかにすべての領域で障害となる。焦点や行動の切り替えに非常に困難を伴う。
レベル2：多くの支援を要する	明らかな言語・非言語コミュニケーション能力の欠陥が、適切な支援がある場面でも明らかな社会的障害、社会的交流への導入の困難、他者からの働きかけに対する限弱されたあるいは異常な反応をもたらしている。	柔軟性のない行動、変化への適応が非常に苦手、限定・反復された行動が普通の人々からみても明らかである。焦点や行動の切り替えに非常に困難を伴う。
レベル1：支援を要する	コミュニケーションスキルの欠陥による特記すべき障害が支障のない場面で認められる。社会的交流への導入への困難、他者からの働きかけに対する非定型・非連続的な反応を示す。社会的交流への興味が減退しているかもしれない。	柔軟性のない行動が1つ以上の状況での明らかな困難をもたらす。行動の切り替えが苦手である。組織だった行動や困難を伴う独り立ちを計画する際に問題がある。

（森則夫・杉山登志郎・岩田康英（2014）より作成）

（2）スペクトラム

　DSM-5における最大の変化は、スペクトラムの概念が明記されたことです。スペクトラムとは、従来の自閉性障害（診断名）、アスペルガー障害、特定不能の広汎性発達障害を含めて、周辺障害を含めた連続するグループを指します。この概念を最初に提唱したのは、イギリスの児童精神科医ウィング（L.Wing, 1928-2014）です。ウィングは、自閉症児の示す行動特徴や知的障害、コミュニケーション障害や症状は、連続上として考えることができ、どこかに位置するとして、スペクトラム（連続体）の概念を主張しました。

もともとの語源は、光のスペクトラムや虹色です（森ら，2014）。どこまでが赤で、どこまでが黄色なのかの境界線を引くのが難しくなります。自閉症状も、強い程度から弱い程度まで幅広く、連続の中で認められます。例えば、人とのやりとりでは、障害や欠陥といえないまでも、過度に困難ではないけれどうまくいかない、不具合な事態は誰しも経験するでしょう。異常や特異とはいえないけれど、軽微だけど、常同的（反復的）行為は障害のない私たちにも部分的に認められます。ASD 児の示す行動特徴が、私たち支援者を含めて連続上にあることを認識し、彼らとの違いではなく同じ部分に目を向けることは、彼らの行動を理解する上で大切になります。自分と延長上にあるという見方が、彼らの強みや長所に気づかせ、その人自身や症状のより深い理解につながると考えられます。

（3）有病率

ASD の有病率（もしくは発生率）では、初期には0.16％程度といわれていました（石井・高橋，1983）。しかし、最近の愛知県豊田市の調査では ASD 全体で1.72％の高率であることが報告され、そのうち IQ70以上の高機能自閉症（以下、HFA）は62.6％という報告もあります（河村ら，2002）。100人に1人はASD という高い確率といえます。ヒトとして生物学的に ASD が近年増加しているのではなく、以前は診断されることが少なかった HFA の社会的認知や診断の確立が背景にあると考えられます。なぜ発生するのかについて、遺伝的知見、胎児期・出産時の障害、小脳や大脳辺縁系の異常などの神経学的／神経化学的な知見が報告されていますが、現在も一致した結果は得られていません（Mesibov et al., 1998）。

（4）高機能自閉症

上述のように、スペクトラムの概念によって ASD 児は同様の行動特徴を示す一群として捉えることになりましたが、以前は全般的な知的や認知発達の遅れがなく、IQ70以上の知的障害を伴わない場合、HFA の診断がなされていました。さらに、HFA のひとつの類型として、アスペルガー障害があります。

DSM-Ⅳでは「臨床的に著しい言語の遅れがないこと、例えば、2歳までに単語を用い、3歳までに意思伝達的な句を用いる」とされています。目安として、3歳時に二語文の獲得がなければ、その後の発達が著しくてもアスペルガー障害ではなくHFAもしくはASDとなります。ASDのうち、知的障害を伴う子どもはASD全体の70～80％といわれますので、言い換えると、HFAのASDに占める割合は20％程度となります。スペクトラムの概念によって、ASD児にはとても高い知的機能から最重度の知的障害まで、幅広い知能の分布が認められることになりました。

（5）発生要因

なぜASDが発生するのでしょうか。1960～70年代では「心因論」が優勢でした。心因論とは、親の育て方が自閉症を引き起こす、自閉症であるのは養育環境が悪いから、という考え方です。その後、心因論は否定され、現在では脳機能障害に基づくという見解は、ほぼ一致しています。脳機能の中でも、特に高次な前頭葉機能の障害を示唆する立場もありますが（黒田，1994）、現在の医学でも、脳機能のうち、どこがどのように機能的に不具合を発生しているのかはわかっていません。また、心因論が優勢であった時代から、脳機能障害が推測される事実も認められていました。自閉症児では、障害のない人に比べて、脳波異常やてんかん発作の発生率が高くなります。てんかん発作は、脳損傷や脳機能障害の疑いを示唆します。自閉症児のうち18歳までに20～30％が認められること、知的障害を伴う自閉症児で生じやすくなることが報告されています（Mesibov et al., 1998）。

親の育て方や養育環境は、自閉症児に限らず、すべての子どもの発達に影響を及ぼします。一例を挙げると、今も危急の対応が求められている親による虐待では、養育環境の極度の歪みが作用し、子どもの心身の発達を妨げます。自閉症の要因が不明であった当時、親の育て方に帰属する考え方は不自然ともいえませんが、心因論が親や家族を大いに苦しめたことは歴史的な事実です。他にも、近年では環境要因として、妊娠初期の喫煙、水銀、有機リン酸系農薬、ビタミン等の栄養素、親の高齢、妊娠週数、出産時の状況などが指摘されてい

ますが、いずれが決定要因であるかは未解明なままです（藤原・高松，2010）。

2 自閉症スペクトラム児（者）の心理・行動特性
（1）言語コミュニケーション障害と心の理論

　ASD の最大の特徴、その中核症状は言語コミュニケーション障害、つまり人との関わりの苦手さです。ASD の子どもたちと関わっているときに、とても不思議でユニークな特徴であり、彼らに惹かれる点でもあります。文章構造や語彙といった形式面に比べて、語用論的能力の特異性も指摘されています（伊藤，2006）。語用論とは、言語コミュニケーション行為の機能面に着目し、言語表現とその使用者や文脈との関係を明らかにしようとする言語学の分野のひとつで、平易にいえば、「やりとり」「受け答え」に着目した研究の分野です。

　ASD 児では、早期から相手の表情に注視が向きにくい、相手の表情から感情を読み取れない、視線が合わない、共感的・情動的に関われない、模倣行為ができないなどの言語発達の特徴が認められます。しゃべれるようになっても、対話が一方的で、エコラリア（反響言語）も多く認められます。エコラリアには、質問されたことばをそのまま発語で返答する「即時性エコラリア」と、過去に経験したコマーシャルやテレビの台詞などを文脈に関係なく発語する「遅延性エコラリア」があります。オウム返しや独り言のようですが、機能的にみると他者に要求を伝えようとする話しことばもあります。

　知的障害がなく、話しことばのある軽度 ASD 児では、話し手・聞き手の役割交代ができず一方的に話す、話題が限定的で（ステレオタイプ）文脈に関係ない好きなことを何度も話す、突き詰めて質問しあいまいな終わりを許さない、他人の見た目そのままを口走る、冗談が通じず文字通り受け取る、会話の「間」や空気が読めないなどの語用論的障害が認められます。

　ウィングは、自閉症の中核症状として、言語コミュニケーションと社会性の障害を強く主張した一人です。カナーやアスペルガーの報告を踏まえて、自閉症児に共通してみられる症状の本質について、「社会性／対人関係の障害」「コミュニケーションの障害」「イマジネーション（想像力、思考）の障害」にまと

めています（Wing & Gould, 1979）。これらは自閉症の「三つ組」といわれます。

なぜASD児に語用論的障害が生じるのかの説明は、心の理論（theory of mind）研究からも示唆されています。心の理論とは、他者が心をもっており、他者の行動は心の働きによって理解し予測できるという考え方です。ASD児では、他者の心の働きや意図の理解に困難を示すことで、語用論的障害が生じると説明されます。心の理論研究は、最初チンパンジーを被験体とした霊長類研究から始まりました。その後、障害のない子どもやASD児へとその対象が広がり、初めて誤信念課題による実験によって、ASD児では心の理論が欠如することを示したのはバロン・コーエンら（1985）です。心の理論研究は、その機能と密接に関連し、言語発達の基盤となる共同注意（joint attention）や参照注視（referencial looking）研究にも広がっています。読みやすい一般図書がたくさん出版されていますので、アマゾン等で検索してみて下さい。

（2）感覚知覚異常

もうひとつのASD児の心理面の大きな特徴として、感覚知覚の異常があります。HFAやアスペルガー障害の本人による手記や事例の追跡調査から、生涯にわたって高い確率で感覚異常や過敏性があることが知られるようになりました。感覚異常や過敏性は、彼らの生きづらさや生活上の困難を引き起こします。大きな音や特定の音に癇癪を起こす、服の感触を嫌がる、極端に暑さを嫌がる、極端にまぶしがり目を細めるなどがありますが、その程度や組み合わせは、子どもによって異なり、同じ子どもでも発達段階や成長とともに変化します（井上, 2015）。ただし、過敏性の中には、周りが過敏性に合わせすぎてしまって、その特徴が強くなったり、過敏性を示すことで課題から逃避したりするなどの誤学習も少なくなく、その対応については慎重に進める必要があるでしょう。

こうした感覚異常や過敏性が認められる一方で、何かに集中すると他の刺激に低反応状態になる特性も認められます（岩永, 2015）。当時から、ASDや周辺児に、複合刺激が提示されても特定の刺激のみに反応が制御されてしまう「過剰選択性」の問題がいわれてきました。近年では2つ以上の刺激弁別や情

報処理が困難である状態を指す「シングルフォーカス」の特性として注目されています。例えば、指導場面では、特定の課題に取り組み始めると周りの指示が一切入らないといった様子も観察されますが、前向きに捉えると、集中力の高さともいえ、育てていきたい強みにもなるでしょう。

3　自閉症スペクトラム障害児（者）への支援
（1）自閉症教育の始まり

　わが国での自閉症教育の始まりは1960年代になります。当時、親の会や教師を中心に自閉症児への特別な教育の場の要求が高まっていました。従来の知的障害教育で培われた指導では十分に対応できない自閉症児への指導が急務でした。こうした機運の中で、1969年、東京都杉並区立堀之内小学校に日本で初めての情緒障害特殊学級が設置され、在籍児童のほとんどは自閉症児でした。

　自閉症教育は、情緒障害教育の枠組みで始まり、展開されます。旧文部省が1967年に行った「児童生徒の心身障害に関する調査」において、情緒障害のカテゴリが初めて設けられ、その中に自閉症が含まれていました。1978年の文部省通知「軽度心身障害児に対する学校教育の在り方」では、情緒障害者について、「自閉、登校拒否、習癖の異常などのため社会的適応性の乏しい者、いわゆる情緒障害者については必要に応じて情緒障害者のための特殊学級を設けて教育するか又は通常の学級において留意して指導すること」と明記されています。1979年文部省による「情緒障害児指導事例集――自閉児を中心として――」では、「情緒障害は英語で言えば、emotional disturbanceであり、情緒の混乱、乱れと訳すべきである。…（中略）…すなわち、人間らしい情緒が欠けているとか、他の人と情感の交流がもてない子どもがいるならば、それを情緒障害と呼んでもよいのではないか…（中略）…自閉症というのはまさに、情緒障害に当たっている。自閉症は他の人との関係、特に情緒的なつながりがもてないことが最大の特徴だからである」と述べられています。

　最初に自閉症を報告したカナーは、「早期乳幼児自閉症」と命名し、幼年期に始まる精神病の一種と捉えました（Kanner, 1949）。カナーは、普通なら誰もがもつことができる人々との情動的接触が生来的に形成できず、機械的人間

関係、凝り固まった考え方、養育態度の温かみの欠如が自閉症の原因であろうと述べています。精神分析学のマウラーは、生来的に自閉症児は母親と無生物との違いがわからないために感情的な結びつきができず、外界の刺激や情緒的反応を受け入れなくなると述べています（Mahler, 1952）。こうした報告からも、自閉症の原因が不明であった当時、自閉症が情緒混乱や情緒発達の遅れに基づく障害であり、情緒障害の枠組みの中で捉える流れは自然であったと考えられます。

（2）現在の自閉症教育

2006年4月文科省通知「通級による指導の対象とすることが適当な自閉症者、情緒障害者、学習障害者又は注意欠陥多動性障害者に該当する児童生徒について」では、情緒障害者の対象変更がなされました。それまで情緒障害者として、自閉症等及び主として心理的な要因による選択性かん黙等の2つの障害種が対象とされていましたが、自閉症が脳機能障害に基づくことが確かな事実となり、自閉症と情緒障害者の原因や指導法は異なるため、自閉症等の者を独立し、前者を自閉症者、後者を情緒障害者とされました。2009年2月の文科省通知では、情緒障害者特別支援学級における障害種の明確化がなされ、情緒障害者が自閉症・情緒障害者に変更されました。

現在、教育の場は、知的障害を伴うASD児の場合、知的障害特別支援学校と、通常の学校に設置される自閉症・情緒障害特別支援学級に在籍することが多くなります。近年の知的障害特別支援学校では、ASDまたはその疑いのある者の割合は4割を超え、小学部と中学部でその割合は高くなる傾向にあります（国立特別支援教育総合研究所, 2005）。この傾向はよりいっそう高まっており、現在の知的障害特別支援学校は、自閉症教育を中心に展開しているといえます。また、知的障害を伴わない軽度ASD児では、通常の小・中学校、一般の高等学校や高等支援学校が教育の場となり、卒後、大学や専門学校等に進学する者も少なくありません。

（3）TEACCH プログラムによる支援

ASD児に対して、従来から、遊戯療法、行動療法、応用行動分析、TEACCH（ティーチ）プログラム、太田ステージ評価、医療連携に基づく薬物療法など、ASD児の特性に応じて、様々な立場から多様なアプローチがなされてきました。そのひとつに、ティーチプログラムがあります。TEACCHにみられるアイディアや技法には、ASD児の支援に当たって大切な要素が含まれていますので、次に紹介します。

ティーチプログラムは、1964年ノースカロライナ大学のショプラー（Schopler, E., 1927-2006）教授のプロジェクトに始まり、1971年の州予算で確立した自閉症児への包括的な療育プログラムです。わが国では、1989年、児童精神科医の佐々木正美を中心とするグループの尽力によりスタッフが来日し、最初のトレーニングセミナーが開催されました。佐々木（1993）より、プログラムの基本理念や特徴を示しました（表3-3-1）。D.「構造化された環境」のアイディアは、ASDの特性に応じた指導を背景にして、特別支援学校の授業場面でも多く活用されています。学習指導の中心となる手立てとして、物理的構造化、明確なスケジュールの掲示、ワークシステムがあります。物理的構造化とは、室内にある家具の配置やついたてで仕切り（パーティション）、カーペットや色を活用して、活動場所（エリア、コーナー）と課題をマッチングし、「どこでどの課題に取り組めばよいのか」をわかりやすくし、課題に取り組むワークエリア、遊びや休息のプレイエリアが設定されます。

表3-3-1 ティーチプログラムの基本理念や特徴

A. 自閉症が中枢神経系の器質的（機能的）障害に基づく認知・コミュニケーション障害であることの理解と受容
B. 周囲の人や環境を改善し、自閉症者の適応機能の向上や改善を図る
C. 親を協働療育者として専門家との協力関係を築く
D. 構造化された環境に基づく個別プログラム
E. CARS（Child Autism Rating Scale；CARS）やPEP（Psychoeducational Profile；PEP）による客観的な評定
F. 居住サービスや就労支援を含めた成人期までの生涯に渡る一貫した支援

スケジュールの掲示やワークシステムでは、ASD児が自立して課題に取り組めるように、「どんな順番で、どのぐらいの時間（タイムスケジュール）、どこで何の課題に取り組み、どうすれば終わるか」について、絵や写真カード、文字の視覚手がかりを活用した仕組みが実施されます。順序では、「上から下へ」「左から右へ」というわかりやすいルールが適用されます。「見てわかる・すぐわかる・安心して取り組める」構造化は、知的障害児にも有効で、選択的注意に困難を示す発達障害児にも応用できます。構造化による学習環境の整備は、個々の多様なニーズや学習スタイルを認め、学習参加を保障する合理的配慮にも通じるものです。

コラム12　行動問題の理解と支援

　ASD児には、周りの人が困ってしまう行動問題を示すものが少なくありません。研修会では、行動問題に関する教師の質問は多くなります。「四六時中ずっと指しゃぶりをしています。止めさせた方がよいですか？」「算数のプリント課題を与えると、鉛筆を放り投げます。友達に当たると危険です」などです。その深刻さや緊急性の程度は幅広く見受けられますが、教師の行動問題への関心は高いといえます。教室でよくみられる行動問題として、例えば、目の前で手をヒラヒラさせたり着席したまま上半身を前後に揺らしたりする行動は、常同（または自己刺激）行動と呼ばれます。自分の手を強く噛んだり頭を叩いたりする行動は自傷行動、教師や仲間の身体を叩いたり髪の毛を引っ張ったりする行動は他害または攻撃行動とラベリングされます。ASD児がよく示す行動特徴のひとつで、一過性ではなく慢性化していることが特徴となります。見た目の異常性や特異性から、周囲は戸惑い、注目しやすくなります。

　近年の行動問題への支援やアプローチでは、行動の型（見た目）ではなく、「なぜ、その行動を起こすのか」の機能（行動が環境に及ぼす効果や働き）に着目し、的確な機能的アセスメントを行うことで支援方略の糸口が得られることがわかってきました。機能的アセスメントでは当該行動を起こすことで、子どもにとって、どのような望ましい結果が得られているかを中心に探っていきます。手をヒラヒラさせる行動は、自己刺激機能をもつことが多いですが、調べてみると、同じ行動でも場面状況に応じて、一時的に嫌悪的な事態から逃避する機能であったり、人の注意や関わりを喚起する機能であったり移り変わります。行動問題の多くが環境との相互作用によって学習され、周りの対応によってコミュニケーション機能が育てられることもわかってきました。一例を挙げると、機能的コミュニケーション訓練（Functional Communication Training：FCT）と呼ばれる指導法が注目されています。FCTでは行動問題の機能を査定し、その結果に基づいて行動問題と機能的に等価で、適切なコミュニケーション行動を積極的に形成していきます。こうした行動問題への支援に関する考え方や具体的な事例については、村中（2015）に詳しく紹介されていますので、ご参照ください。

（4）視覚手がかりによる支援

ASD児への学習支援では、視覚手がかり（visual cue）が多く活用されます。「ASD児は視覚優位なので視覚手がかりが有効」と短絡的、固定的に捉えるのは適切ではありませんが、見てわかる、いつでも確認できる、残る、手に持

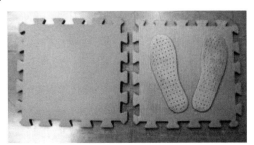

図3-3-1　立ち位置／足形マット

って扱える視覚手がかりは、話しことば（聴覚手がかり）の理解に困難を示す重度ASD児にとって有効になります。図3-3-1は、教室でよく見られる子どもの立ち位置を伝えるマットです。左側の「立ち位置マット」では、立ち位置は伝わりますが、どの方向に向いて立つかは伝わりません。一方で、右側の「足形マット」では立ち位置と向きが伝わります。マットに付けられた足形は100円ショップで購入したものを貼り付けただけです。足形を付けたことで、教師が子どもに伝えたい、子どもに伝わる内容が変わります。「視覚手がかりは有効」と理解するのではなく、「視覚手がかりでわかりやすく伝える」「少し工夫すると伝達内容が変わる」ことを認識して活用することがポイントになります。こうした視覚支援は、ASD児だけでなく、知的障害児にもわかりやすく、伝わりやすい方法となります。

　ASDの特性や個人差を踏まえて、ティーチプログラムの構造化や視覚手がかりにみられる、子どもがわかりやすい、活動参加しやすい手だてが必要です。ASD児に限りませんが、子ども一人ひとりの支援目標は、現在生活している家庭や園、学校等において、可能な限り活動参加を高め、適切な行動（言語コミュニケーションスキルを含む）を育てること、質の高い生活を実現させることがポイントになります。個々のポジティブで強み（strength）な面を引き出し、弱み（weakness）や苦手な面を少しでも改善するための支援を探っていく姿勢が求められます。

【引用・参考文献】

Baron-Cohen et al. (1985) Does the autistic child have a "theory of mind?. *Cognition*, 21, 37–46.

藤原武男・高松育子 (2010) 自閉症の環境要因. 保健医療科学, 59, 330-337.

井上雅彦 (2015) 自閉症スペクトラムにおける感覚異常に関する行動評価と機能分析アプローチ. 発達障害研究, 37, 324-333.

石井高明・高橋脩 (1983) 豊田市調査による自閉症の疫学—1. 有病率—. 児童青年精神医学とその近接領域, 24, 311-321.

伊藤恵子 (2006) 指示詞コ・ソ・アの表出からみた高機能自閉症児における語用論的機能の特徴. コミュニケーション障害学, 23, 169-178.

岩永竜一郎 (2015) 自閉スペクトラム症の感覚処理の問題への支援. 発達障害研究, 37, 334-341.

Kanner, L. (1949) Problems of nosology and psychodynamics of early infantile autism. *American Journal of Orthopsychiatry*, 19, 416–426.

河村雄一ら (2002) 豊田市における自閉性障害の発生率. 第43回日本児童青年精神医学会抄録集, 160.

国立特別支援教育総合研究所 (2005) 自閉症教育実践ケースブック—より確かな指導の追求—. ジアース教育社.

黒田吉孝 (1994) 自閉症の前頭葉機能障害論の検討—最近の神経心理学的研究を中心に—. 特殊教育学研究, 32, 63-72.

Mahler, M.S. (1952) On child psychosis and schizophrenia: Autistic and symbiotic infantile psychoses. *Psychoanalytic Study of the Child*, 7, 286-305.

Mesibov, G.B. et al. (1998) *Autism: Understanding the disorder*. New York. Plenum Publishing Corporation.

文部省 (1980) 情緒障害児指導事例集—自閉児を中心として—.

森則夫・杉山登志郎・岩田康英 (2014) 臨床家のためのDSM-5虎の巻. 日本評論社.

村中智彦編著 (2015) 行動問題への積極的な支援—「困った」から「わかる、できる」に変わる授業づくり—. 明治図書.

佐々木正美 (1993) 自閉症療育ハンドブック—TEACCHプログラムに学ぶ—. 学研.

Wing, L. & Gould, J. (1979) Severe impairments of social interaction and associated abnormalities in children: Epidemiology and classification. *Journal of Autism and Developmental Disorders*, 9, 11-29.

索　引

ア　行

アヴェロンの野生児　3
アジア太平洋障害者の10年　13
アシスティブ・テクノロジー　123,125
AT（Assistive Technology）　182
アスペルガー　195,197-199
遊びの指導　48,162
アユイ　2
石井亮一　5
石川倉次　5
いじめ　192
イタール　3
一次支援　175
医療的ケア　65,161,169
インクルーシブ教育　14
インクルーシブ教育システム　32,33,35,171
院内学級　26
ウィング　196,199
ウォーノック報告　10
運動発達　115
エコラリア　199
LDI－R　174
炎症性サイトカイン　137
応用行動分析　203
オリエンテーション＆モビリティー　92

カ　行

学習系列の構造　118
学習困難　173
学習指導要領　21,38,41,42,44-46,48,49,54,55,58,66,75,169
学習障害児に対する指導について（報告）　9
学習のユニバーサルデザイン　175
学制　4
柏学園　6
柏倉松蔵　6
価値観　135
学校教育法　7,21,27,41,58
学校教育法施行規則　21,27,36,41,42,45,48
学校教育法施行令　16,21,23,33,35,116,128,159

カナー　195,199,201
感音性難聴　95
眼球運動　85
関係機関　72
完全参加と平等　12
寄宿舎　24,25
基礎的環境整備　52
キャリア教育　58
キュー　102
9歳の壁　99
教育基本法　7,21
教育要領　42,43,46
協応機能　113
教材分析　165,167
共生社会の形成に向けたインクルーシブ教育システム構築のための特別支援教育の推進（報告）　16,28,32,56
矯正視力　85
協調運動　163,168
京都盲啞院　4
居住地交流　56
筋ジストロフィー　116
虐待　70,189
Quality of life:QOL　135
クリュッペルハイム　3,6
グラフィックオーガナイザー　178
継次処理　173
軽度弱視　86
言語性IQ　110
言語理解指標　178
権利擁護　58
後期全盲　85
行動障害　148,149
行動様式　164,167
光明学校　6
公立養護学校整備特別措置法　8
合理的配慮　17,51,70,123,128,182
交流及び共同学習　17,19,54
交流教育　54
口話　2,5
語音弁別検査　96

国際障害者年　12
国連障害者の10年　13
心の病気　129
心の理論　200
小西信八　5
個別の教育支援計画　9,11,40,43,50,59,70,72
個別の指導計画　11,38,40,43,49,50,71,78,79,144
今後の特別支援教育の在り方について（最終報告）　9,39,185

サ 行

作業学習　48
サラマンカ宣言　10,14
三次支援　178
三層モデル　173
CVI　86
支援　161
支援ツール　64
視覚手がかり　63,64,205
視覚的模倣　88
視覚の成立する過程　82
視覚表象　85,87
自校通級　27,36,38
自己解決支援　180
自己管理　132
自己肯定感　174
自己コントロール　163,168
色覚　85
思斉学校　5
思春期　131
自尊感情　132
肢体不自由児（者）の支援者　121
実行機能　190
自閉症スペクトラム　69,195
島田療育園　169
視野　54,84
社会モデル　15,54
弱視　86
就学猶予・免除　4,5,7,8,43
重症心身障害　158
重症心身障害児　161,169
重度弱視　86
重度・重複障害　160,162,169
重度・重複障害児に対する学校教育の在り方について（報告）　159,169

重度精神薄弱児　169
重要な他者　135
授業づくり　62
手話　2,69,102
純音聴力検査　95
巡回相談　36,39,40
準ずる教育　22,44,45
障害者基本法　15,51,55,58,171
障害者差別解消法　16,51,53-55,58
障害者に関する世界行動計画　13
障害者の権利に関する条約　12,14,51,55
障害者の権利に関する宣言　12
障害重積深化過程　118
障害のある児童生徒等に対する早期からの一貫した支援について（通知）　26,126
情緒障害児短期治療施設　152
衝動性　185
小児慢性特定疾病対策　129
職業教育　58,59,61
書字困難　181
触覚の認知　87
処理速度　173
処理速度指標　178
自立活動　27,41-44,47-49,75,144,163
自律性　134
視力　83
人口内耳　101
新生児聴覚スクリーニング　97
進路指導　29,59-61
スクールクラスター　17,32
スペクトラム　195-198
スモールステップ　164
スモールステップ化　165,167
生活　41,43
生活単元学習　48,162
整肢療護園　6
精神障害　172
精神遅滞　104
精神薄弱　42,43,104
西洋事情　4
生理学的教育法　3,5
生理的要因（生理型）　106
セガン　3,5
全国重症心身障害児（者）を守る会　169
センター的機能　23,32,48

全盲　85
専門家チーム　36,39
早期全盲　85
属性　111
ソーシャルスキルトレーニング　70,193

　　　　タ　行

第3次アジア太平洋障害者の10年　13
ダウン症候群　107
高木憲次　6
滝乃川学園　5
他校通級　27,36,38
多動性　185
WISC‐Ⅳ　178
多様な学びの場　17,28
探索能力　90
知覚が未分化　112
知覚推理指標　178
知的活動（言語）　109
知的障害者の権利に関する宣言　12
知的能力　69
知能検査　69
チーム力　72
抽象化　112
中途失明　85
超重症児　68
超重症心身障害　159
調整力　111
重複障害学級　169
通級指導教室　9,27,35,76,178,181
通級による指導　9,27,49,50,138
通級による指導に関する充実方策について（審議のまとめ）　9,27,35
ディスクレパンシーモデル　174
ティーチプログラム　203,205
TEACCHプログラム　203
適応機能　105
デジタル教科書　183
dB(デシベル)　95
手指機能の操作　163,168
伝音声難聴　95
点字　3,5,43,69,91
同一性（identity）　131
東京盲啞学校　5
動作性IQ　110

特殊学級　7,8
特殊教育　7-10,171
特殊教育の基本的な施策のあり方について（報告）　8,54
特殊教育の充実振興についての答申　8
特定行為　65
特別支援学校における医療的ケアへの今後の対応について　65,169
特別支援教育コーディネーター　10,11,32,39,40
特別支援教育の推進について（通知）　11
特別支援教育を推進するための制度の在り方について（答申）　10,23
特別支援教室　38
特別な教育的ニーズ　9,10
特別の教育課程　27,28,36,49,75
特別の指導　27
特例子会社　61
ド・レペ　2

　　　　ナ　行

長野尋常小学校　6
二次支援　177
21世紀の特殊教育の在り方について（最終報告）　9,32
日常生活動作（ADL）　117
日常生活の指導　48,162
二分脊椎　117
日本国憲法　7,21
認知特性　178
認知の特異性　173
脳性まひ　116

　　　　ハ　行

廃人学校　4
ハイニッケ　2
白十字会林間学校　7
発達検査　69
発達障害者支援法　16
発達段階　69,129
発達の特性　160
バーバリズム　88
晩熟生学級　6
PDCA　72,78,190
びわこ学園　169

フォールズ　5
福沢諭吉　4
不注意　185
ブライユ　3
古川太四郎　4
平均聴力レベル　96
訪問教育　48,162
訪問教育の概要（試案）　169
補充現象　97
補助具　69
補装具　69
補聴援助システム　102
補聴器　101

マ 行

松本尋常小学校　6
明・暗順応　85
目と手の協調運動　164,167
盲学校　2,3,5,7,42,55

盲学校及聾唖学校令　5
盲・聾二重障害児　169

ヤ 行

ユニバーサルデザイン　40
指文字　103
養護学校　7,8,42,43,55
養護・訓練　43
読み困難　180

ラ・ワ 行

楽善会訓盲院　5
落第生学級　6
リーチング　88
両耳聴効果　98
聾学校　2,3,42,55
ワーキングメモリ　173,190
ワーキングメモリ指数　178

わかりやすく学べる
特別支援教育と障害児の心理・行動特性

2018年4月10日　初版第1刷発行
2022年4月15日　初版第3刷発行

編著者　河　合　　　康
　　　　小　宮　三　彌
発行者　木　村　慎　也

・定価はカバーに表示　　印刷 恵友社／製本　川島製本所

発行所　株式会社 北 樹 出 版
URL:http://www.hokuju.jp

〒153-0061　東京都目黒区中目黒1-2-6　電話(03)3715-1525(代表)
©Yasushi Kawai & Mitsuya Komiya 2018, Printed in Japan
ISBN978-4-7793-0561-0
(落丁・乱丁の場合はお取り替えします)